KB071265

KBS〈추억의 골든팝스〉 D.J.(1993)

내한공연한 Deep Purple과 함께(1994)

Bruce Willis와 Planet Hollywood 개장 인터뷰(1994)

Arnold Swartzneger와 도쿄에서(1994)

Stevie Wonder의 기자회견(1995)

독일 록그룹 Scorpions와 인터뷰(1996)

인기 절정의 룰라와 필자의 가족(1996)

필자와 유난히 친했던 Mamas & Papas(1996)

컨트리 가수 John Denver와 인터뷰(1988)

KBS 〈굿모닝팝스〉 M.C.(1988)

팝계의 요정 Tiffany의 기자회견(1988)

공저자 김형엽 교수님과 함께(옆은 이숙희 조교)

팝스 잉글리시 와이즈

팝송을 통한 7단계 영어학습법

김형엽(고려대학교 영문과 교수)
곽영일(KBS/SBS 방송영어강사)

"POPS
ENGLISH
WISE"

**7 Steps To Learn English
Through Pops**

한울
아카데미

이 도서의 국립중앙도서관 출판시도서목록(CIP)은 e-CIP홈페이지(http://www.nl.go.kr/ecip)에서 이용하실 수 있습니다.
(CIP제어번호: 2008002667)

책을 펴내면서

학생들에게 영어를 가르치다 보면 어학공부라는 과제가 정말 어렵다는 사실을 항상 확인하곤 합니다. 특히 한국과 같이 아주 어린 시절부터 영어를 공부해야만 하는 환경에서 수년 동안의 학습과정을 거치고도 영어 활용에 문제가 있는 곳에서는 어학 공부의 방법이 무엇보다도 중요한 관건이 될 것입니다. 초등학교부터 대학까지 영어를 줄곧 공부하지만, 정작 영어를 발휘해야 할 때나 장소에 이르게 되면 엄청나게 많은 시간을 할애하고서도 영어 사용을 주저하는 학생들을 여럿 만나게 됩니다. 이들 중에선 영어 활용이 요구되는 환경에 이르게 되면 기초적인 영어 지식조차 없는 듯이 머릿속이 하얗게 변해버린다고 호소하는 사람조차 있습니다. 이런 사람들이 저에게 어찌하면 영어를 잘 할 수 있냐고 물을 때 사실 답을 주기가 난감할 경우가 적지 않습니다. 때로는 영어만을 위하여 무작정 미국 또는 캐나다 같은 지역으로 방문하여 영어 환경 속에 들어가기만 하면 영어 활용 부분이 해결되는 것인지 문의하는 사람들도 있습니다. 모두들 영어를 잘 해보려는 열의에서 답답한 심정으로 질문을 던지는 것이 아닐까 하고 생각해보았습니다.

그러면 어린 시절 미국이나 캐나다처럼 영어를 모국어로 사용하는 곳에 가서 주어진 환경에만 들어가면 영어가 저절로 해결되는 것일까요? 지금부터 4, 5년 전 제가 캐나다로 가는 비행기 안에서 보았던 일을 기억하면서 질문에 대한 답을 생각해볼까 합니다. 당시는 여름방학 기간이어서 비행기 안은 캐나다로 영어연수를 떠나는 학생들로 매우 복잡했습니다. 마침 제가 앉았던 좌석 옆에는 초등학교 5, 6학년 정도의 아이들과 중학교 1, 2학년 정도의 학생들이 서로 섞여 앉아 있었습니다. 꽤 장시간을 비행기 안에 갇혀 있어야 했던 터라 학생들이 서로 장난치고 재잘대는 소리가 좀 성가시게 저를 괴롭히고 있었습니다. 그런데 갑자기 한 남자 아이가 바로 제 옆에 앉아 있던 중학생 정도의 학생에게 질문을 하는 소리가 귓전을 맴돌았습니다. 질문 내용인즉 자신은 영어 연수를 처음 가는 것인데, 형인 듯한 학생은 경험이 있냐는 것이었습니다. 물론 제 옆의 학생은 수차례 여러 나라에서 영어 연수 프로그램에 참여했다는 말을 했습니다. 그러자 그 아이는 갑자기 신나는 목소리로 자신이 경험이 없어서 그런데 어떻게 하면 연수 프로그램을 잘 마칠 수 있을까 하고 물었습니다. 학생은 마치 수십 년간 한 분야에 종사했던 노련한 숙련공처럼 귀찮다는 듯이, 별로 할 것은 없고 그저 연수를 담당하시는 선생님들의 말만 잘 따르면 된다고 간단하게 답을 했습니다. 아이는 거듭 물었습니다. 그런데 영어 연수 프로그램만 하면 영어가 많이 향상될 수 있냐고 말입니다. 그러자 학생은 곧 영어실력 향상은 그리 기대할 만한 것이 못 된다고 말합니다. 아이가 좀 의아한 듯한 목소리로 다시 물었습니다. 그렇다면 형은 왜 그렇게 여러 차례 영어 연수에 참가하는지 말입니다. 그러자 학생은 웃으면서 답하기를 자신이 원해서 영어 연수를 간다기보다는 부모님께서 가라고 하니까 여러 프로그램에 참가했고, 지금도 마찬가지라고 합니다. 또한 아이에게 몇 차례 참가하다 보면 자신과 비슷한 생각을 가지게 될 거라는 말도 덧붙이는 것이었습니다.

위의 예는 어쩌면 지나가는 이야기에 불과할 수도 있습니다. 그렇지만 학생의 대답을 잘 되짚어보면 현재 한국에서 영어공부를 위하여 애를 쓰고 있는 현실을 상당 부분 반영하는 것이라고 볼 수 있을 것입니다. 비록 어린 시절부터 영어 학습이라는 미명하에 엄청나게 많은 아이들이 외국으로 가고 있지만, 이들이 대학에 가고 4년 이상 영어와 씨름을 하고 난 이후에도 정작 사회에 진출한 뒤 영어 활용 현장에서 머릿속이 하얗게 변하는 듯한 느낌이 든다고 호소하기 때문입니다. 영어교육에 종사하는 학자들의 진단을 보면 대부분은 영어교육이 너무 학과로서만 운영되기 때문에 영어 학습 효과가 전혀 나타나지 않는다는 결론에 도달하고 있습니다. 물론 옳은 말입니다. 무슨 분야든지 부담을 가지고 접근하게 된다면 대부분 좋은 결과를 기대하기란 쉽지 않기 때문입니다. 음악이든 미술이든 실기가 반드시 수반되어야 하는 분야에서는 흥미가 너무도 중요한 요소입니다. 춤을 추는 무희는 춤이라는 행위 자체가 신명나는 일이어야 무대에서 몸으로 표현하는 자신은 물론 그 모습을 보는 관객들이 감명을 받을 것입니다. 피아노를 연주하는 피아니스트 역시 스스로의 행복이 곧 듣는 이들의 감동으로 이어질 것입니다. 따라서 영어를 공부하는 사람들도 영어를 수행하는 과정이 즐거움 그 자체여야 할 것입니다. 영어로 자신의 생각을 표현하고 상대방과 의견을 나눌 수 있을 때 영어 사용자의 마음속에 자심감이 넘칠 것이고, 그런 사람의 영어 표현을 듣는 영어모국어 화자들도 덩달아 전해지는 내용에 관심을 보이게 되고 대화에 적극적으로 참여하고 싶은 욕구를 느낄 것입니다.

다만 문제는 어떻게 영어 학습자가 영어 공부를 하면서 즐거움을 갖게 될 수 있는가 하는 방법일 것입니다. 즐거움이란 땅 밑에서 저절로 솟아오르는 샘물 같아서 인간들의 경우에는 어떤 일을 하든지 각자의 마음 안에서 저절로 발흥해야 하는 것입니다. 이와 같은 느낌을 경험하기 위해서는 자발적인 참여 태도가 필수적인데, 비행기 안에서 보았던 영어 연수 프로그램에 부모의 강요에 의하여 참가하는 학생들에게는 매우 어려운 부분일 것입니다. 때에 따라서는 한 권의 책을 자신이 선택하는 과정을 겪은 사람이 느낄 수 있는 것이라도, 거창한 프로그램에 무조건 참가하기만 하는 사람들에게는 너무도 먼 이야기일 수 있습니다. 이 책을 통하여 저자인 우리들이 여러분에게 제시하고 싶은 중요한 요점은 바로 '스스로의 즐거움'을 경험하도록 기회를 마련해보려는 욕심이라고 말하고 싶습니다. 아무 생각 없이 이 책을 열어본 사람일지라도 책 내용을 살펴보는 동안 자신이 스스로 영어공부에 참여하고 싶다는 욕구를 느끼게 하자는 취지에서 책의 주제를 선택했고, 여러분에게 책을 내놓는 지금도 동일한 심정으로 이 내용을 전달하고 있습니다.

노래는 오랜 역사를 거치면서 인간과 함께 희로애락을 같이 했고, 때에 따라서는 노래를 통하여 우리들은 자신의 감정을 표현하거나 마음속에 남아 있던 응어리를 씻어내곤 합니다. 이처럼 우리와 너무도 친근한 노래를 통하여 어렵다고 생각되던 영어공부를 시도하는 것은 학습 과정에서 나타날 수 있는 인내의 스트레스와 성취의 즐거움을 동시에 가져볼 수 있는 기회가 될 것입니다. 이런 기대감으로 노래 중에서도 영어로 구성된 'Pop-song'을 영어학습의 주제로 선택했습니다. 비록 노래 자체는 즐거움의 중요한 관건이 될 수 있지만, 노랫말 자체가 영어이기 때문에 상당히 많은 영어 지식이 노래마다 제시될 것입니다. 아마도 내용 중에는 어려운 부분도 있을 것입니다. 하지만 그럴 때마다 노래 가사를 살짝 다시 들어보시기 바랍니다. 어쩌면 가사의 내용과 멜로디가 각자의 마음속에 감흥을 다시 한 번 일으키는 느낌을 가져볼 수도 있을 것입니다.

김형엽

감사의 글

『Pops English Wise』를 내면서 지난 20여 년을 돌아보지 않을 수 없다. 너무나 고마운 분들이 많기 때문이다. 언제나처럼 MBC라디오 최도영 부장님께 감사드린다. 이 분으로 인해 1985년 가을 생애 최초로 방송에서 영어를 강의할 수 있었다. 1987년 KBS에서 <굿모닝팝스>를 진행한 것은 강현국 차장님의 아이디어였다. 충주방송국장을 끝으로 퇴직한 뒤 현재는 강화도에서 전원생활을 만끽하고 계신다. 1993년 KBS <추억의 골든팝스>는 장형순 프로듀서의 추천과 이상욱 국장님의 결단으로 진행자가 되었다. 어려움을 겪고 있는 형순 형의 재기를 간절히 소망한다. 필자는 1996년 중국 광저우에서 열린 세계음악박람회에서 영어 DJ 부문 최우수상을 받았다. 원어민 출전자 (미국, 호주, 뉴질랜드)를 제치고 나에게 표를 던져준 이름 모를 심사위원들께 감사한다. <추억의 골든팝스>를 진행하던 6년간 게스트로 나와 프로그램을 빛내주었던 수많은 외국스타들(스콜피온스, C.C.R., 로보, 폴 앵카, 닐 다이아몬드, 홀리오 이글레시아스 등)에게도 감사의 뜻을 표하고 싶다. 어릴 적 우상들을 진행자로서 만날 때의 느낌은 말로 형언할 수 없는 것이었다. 1999년부터 진행한 SBS <Power English>는 2006년 월드컵까지 계속되었다. 박동주 국장님과 이윤경, 이정은, 손승욱, 김삼일 PD께 감사드린다. <Power FM>의 이숙영 MC와 송정연 작가는 항상 내 편이 되어 주었다. 그저 고맙고 송구스러울 따름이다. 누님 같은 송연호 위원께는 KBS, SBS를 거치며 속을 좀 썩혀드렸다.

필자는 오랫동안 솔로로 활동하다가 저술부문은 작년부터 공동으로 진행하고 있다. 파트너는 고려대학교 영문과 김형엽 교수님이다. 필자가 유일하게 학자들에게 비교 우위를 강조하는 부분이 바로 생활영어인데 그마저도 능통한 이 시대 최고의 언어학자와 함께 작업한다니 그저 영광스러울 뿐이다. 6개월여가 소요되는 작업 기간 내내 필자는 교수님을 평균 주 1회 이상 만나면서 교수님의 박람강기한 학문의 세계에 푹 빠져 지냈다. 원고를 정리해준 고려대학교 대학원 후배인 이숙희 씨에게도 다시 한 번 감사드린다. 도서출판 한울의 윤순현 과장님과 김현대 팀장님의 노고에도 감사드린다.

　이 책을 준비하는 동안 개인적으로 무척 기쁜 소식을 접했다. 2002년, 2006년 양대 월드컵을 통해 아들 차두리로 인해 차범근 감독의 이미지가 더 좋아지는 걸 보며 내심 "나도 자식 덕 좀 볼 수 있나?"라는 엉뚱한 상상을 했는데 연세대학교에서 학부과정을 마친 딸 수지가 영문과로 배정을 받았다는 것이다. 한때 영어가 아닌 다른 길을 모색하는 딸에게 "차두리가 축구 아닌 농구나 야구를 했으면 어떻게 되겠냐!"라며 억지 충고를 했던 것이 주효했을까? 필자의 생각이 이기적인 것을 알면서도 딸아이를 통해 나 자신의 족적을 다시 한 번 돌아보고 싶은 마음은 어쩔 수 없는 인지상정인 듯싶다. 이 책은 어느 생활영어 전문가의 방송 25년의 결정판이자 한평생 언어학의 길을 걸어온 학자의 조용한 외침이 서려 있는 책이다. "좋은 책은 마음속에 있는 두꺼운 얼음을 도끼로 깨는 역할을 한다"라는 프란츠 카프카의 말이 다시금 떠오른다. 팝송이라는 즐거운 도구로 여러분의 영어에 대한 응어리를 다소나마 푸는 좋은 계기가 되길 간절히 소망한다.   곽영일

왜 Pops English인가?

　팝송이 영어 학습에 도움이 된다는 것은 주지의 사실이다. 그러나 막상 왜, 얼마큼이라는 물음에는 대답을 망설이게 된다. 팝송은 일단 좋은 영어발음을 갖게 해준다. 특히 눈으로 보는 영어가 아닌 귀로 듣는 영어에 관한 한 이 소재를 따라올 경쟁자가 없다. 연음 학습에 최적이기 때문이다. 영어발음의 4요소 중 한국 학생들은 강세와 억양에는 어느 정도 자신감을 보이지만 끊어 읽기와 연음에는 취약함을 드러내는데 팝송은 이 두 가지 요소를 정복하는 데 효과적인 도구가 된다. 가사를 이해한 뒤 자연스럽게 따라 부르기만 해도 영어발음 실력이 저절로 좋아지며 더 나아가서 청취력의 향상도 꾀할 수 있다. 팝송은 경우에 따라 상당 부분 영어권의 문화와 관습을 이해하는 데 도움이 된다. 물론 가사가 시적인 내용을 담고 있는 경우이다. 이 책에서 다루는 많은 팝송들이 여기에 해당한다.

　혹자는 팝송 가사를 폄하하여 가볍게 여기는 분들이 있는데 이는 아주 잘못된 것이다. 물론 시가 팝송 가사에 비하여 우위에 있는 것은 사실이다. 하지만 영어교육자의 입장에서 보면 꼭 그런 것만은 아니다. 활자에만 의존하는 시는 시간의 제약을 받지 않고 재독, 삼독을 통하여 내용을 곱씹으며 연구할 수 있지만 팝송 가사는 통상 3~4분 내외의 짧은 시간을 통하여 그 메시지를 이해해야 하는 중차대한 과업이 기다리고 있다. 한마디로 오디오가 가미되어 촌철살인의 의미가 전달되어야 하기 때문에 중요성에 있어서는 팝송가사가 시의 그것을 훨씬 앞지른다고 보는 것이다.

더구나 팝송 가사는 자주 반복되는 부분이 있어서 자연스럽게 패턴이 익으면서 일정한 규칙이 형성되는데 이를 통하여 살아 있는 문법을 접할 수 있다.

이 책 『Pops English Wise』가 다른 유사한 팝송 영어책에 압도적인 비교우위를 점하는 부문이 바로 '문맥을 통한 문법학습'이다. 시중의 문법서는 정형화된 이론에 억지성 예문을 꿰맞춘 감이 없지 않다. 이 책은 즐겁고 자연스럽게(fun and natural) 영어를 접하면서 생활영어와 문법도 익히는 양수겸장의 영어교육 자료이다. 막연하게 팝송이 좋다는 '카더라'식의 영어 학습이 아닌 팝송을 통한 영어 학습은 다음과 같은 장점이 있다.

1. 연음과 끊어 읽기에 큰 도움이 된다.
2. 시적인 가사를 통해 생활영어와 문화적 배경을 익힐 수 있다.
3. 반복되는 패턴을 통해 살아 있는 영문법을 접할 수 있다.

이러한 연유로 팝송영어는 살아 있는 영어를 배우는 최고의 교재이다.

7단계 학습법과 이 책의 활용방안

7단계 학습법은 방송을 통해 약 20여 년간 실용영어를 강의해온 필자의 현장 강의 중 영화부문에, 고려대 영문과 김형엽 교수님께서 체계적인 방법론에 입각한 이론적인 배경을 부여하며 탄생했다. 이미 출간된 『Screen English Wise』가 그 첫 번째 산물이다. 이 책은 영화를 통한 말하기에 주안점을 두었다. 『Pops English Wise』는 팝을 통한 영어청취와 문법학습이 목표이다. 여기에도 7단계 학습법이 고스란히 적용되었다.

1. Lyrics Preview (선곡) : 강의용 콘텐츠가 풍부한 자료의 선정 단계.
2. Between the Lines (심층 번역) : 팝 가사가 시적인 표현이 많은 만큼 심층적 해석이 요구된다. 언어의 의미를 깊이 파악하는 단계.
3. Words and Idioms (어휘와 관용구) : 노래 속에 나오는 단어와 숙어를 정리하는 단계.
4. Pronunciation Drill (발음 연습) : 노래 속의 연음을 음운현상을 통해 학습하는 단계.
5. Expression Check List (구어체 표현 연습) : 시적인 표현은 도저히 일반적인 해석으로는 감당할 수 없다. 한국어와 영어의 문화적 차이까지 감안해야 하는 단계. 이 책의 백미(cream of the crop)이다.
6. Grammar Catch (문법 설명) : 기존 문법책에 나오는 나열식 설명이 아닌 노래와 밀접한 문법사항을 밀도 있게 해설하는 단계.
7. Workout Exercise (연습문제) : 이 책은 대학의 교양학부에서 채택되도록 고안되었다. 따라서 강의 중 퀴즈문제로 활용되는 것을 염두에 두었다.

한 학기를 14주로 볼 때 주당 3시간, 2곡씩 학습하면 중간, 기말고사를 빼고 12주 프로그램이 된다. 자습하는 학생들은 1주일에 2곡씩 학습하면 좋다. 홀수는 다소 난이도가 있고 상대적으로 짝수는 부담이 덜 되는 곡으로 정했다. 한 곡당 하루 4차례씩 MP3를 따라 불러보길 제안한다. 일주일에 약 30회 정도를 채우면 3개월 뒤에 원어민 못지않은 발음실력을 갖추게 될 것을 확신한다. 단, 노래를 부르기 전에 반드시 7단계 학습법을 통해 노래내용을 완전히 이해하는 것이 우선이다.

"POPS
ENGLISH
WISE"

팝스 잉글리시 와이즈

01 | Hotel California

Artist: Eagles

1. On a dark desert highway
Cool wind in my hair
The warm smell of colitas
Rising up through the air
Up ahead in the distance
I saw a shimmering light
My head grew heavy and my sight grew dim
I had to stop for the night

There she stood in the doorway
I heard the mission bell
And I was thinking to myself
This could be heaven or this could be hell
Then she lit up a candle
And she showed me the way
There were voices down the corridor,
I thought I heard them say

Welcome to the Hotel California
Such a lovely place, such a lovely face
There's plenty of room at the Hotel California
Any time of year, you can find it here

2. Her mind is Tiffany-twisted
She's got a Mercedes Benz

She's got a lotta pretty, pretty boys
She calls friends
How they dance in the courtyard
Sweet summer sweat
Some dance to remember,
Some dance to forget

So I called up the captain
Please bring me my wine
He said "We haven't had that spirit here since 1969"
And still those voices they're calling from far away
Wake you up in the middle of the night
Just to hear them say

Welcome to the Hotel California
Such a lovely place, such a lovely face
They're livin' it up at the Hotel California
What a nice surprise, bring your alibis

3. Mirrors on the ceiling, the pink champagne on ice
And she said "We are all just prisoners here, of our own device"
In the masters chambers they're gathered for the feast
They stab it with their steely knives but they just can't kill the beast

Last thing I remember, I was runnin' for the door
I had to find the passage back to the place I was before
"Relax" said the night man "We're all programmed to receive
you can check out anytime you like, but you can never leave."

1. 캄캄한 사막의 고속도로에서 찬바람이 머리를 스칩니다.
   콜리타스의 은은한 향이 하늘을 찌르네요.
   저 멀리에서 희미한 불빛을 보았어요.
   머리도 무겁고 눈도 침침해서 하룻밤 쉬어가기로 했습니다.
   그녀는 현관에 서 있었는데 교회 종소리가 들리더군요.
   나는 "이곳은 천당 아니면 지옥일 거야"라는 생각이 들었습니다.
   그 여자는 촛불을 켜더니 길을 안내했어요.
   그리고 복도 끝에서 들리는 목소리. 나는 분명히 들었습니다.
   캘리포니아 호텔에 잘 오셨어요. 멋진 곳입니다. 예쁜 사람도 많아요.
   방도 많이 있습니다. 연중 어느 때나 묵으실 수 있어요.

2. 그녀는 온통 보석 생각에 빠져 있어요. 승용차는 벤츠더군요.
   주위에 미소년들을 많이 데리고 다녔는데 전부 친구라나요.
   마당에서 춤을 어찌나 춰대는지……
   어떤 이는 아름다운 추억을 떠올리려는 듯, 어떤 이는 아픈 추억을 잊으려는 듯·
   나는 지배인에게 전화해서 "맡겨놓은 술 좀 갖다 줘요" 했더니
   그가 말하길 "1969년 이래 그 술은 처분했어요"라는 겁니다.
   ("예배 좀 봤으면 하는데요" 했더니 "1969년 이래 그 종교는 없어졌어요"라고 해요.)
   지금도 그 목소리가 멀리서 들리는 것 같아 자다가도 벌떡벌떡 깨곤 합니다.
   캘리포니아 호텔에 잘 오셨어요. 멋진 곳이죠. 예쁜 사람도 많고요.
   캘리포니아 호텔에서 푹 쉬세요. 놀랍지 않나요, 알리바이까지 제공하다니.

3. 그녀의 방은 천장에 거울이 있고 분홍빛 샴페인이 얼음에 재워져 있더군요.
   그녀가 말하길 "우린 모두 스스로가 원해서 된 죄인들이예요"라는 겁니다.
   악단의 연주에 맞춰서 사람들이 모여들었습니다.
   날카로운 칼로 뭔가를 찔렀는데 결국 맹수는 죽지 않더군요.
   지금도 생생히 기억나는 일은 내가 들어온 통로를 찾으려고 문으로 달려갔던 때입니다.
   "잠깐!" 경호원이 말했습니다. "우리는 시킨 대로 할 뿐이오. 방값을 계산하는 건 자유지만
   결코 이곳을 나갈 수는 없소. 그리 아시오."

☕ Artist Profile

전설적인 포크록(folk rock) 그룹인 미국의 Eagles가 1970년대 중반에 발표한 작품이다. Eagles는 1970년대 초반에 결성되어 1980년 초에 해체되었다. 1994년 M-TV의 공개방송을 통해 14년 만에 재결합하여 지금까지 팬들의 사랑을 받고 있다. 이 곡은 Team의 리더인 드러머 Don Henley가 직접 겪은 일을 노래로 만들었다고 한다. 우연히 접하게 된 '신흥종교'에 대한 악몽 같은 기억을 멋진 리듬에 맞춰 풍자적인 가사로 노래했다.

Step Ⅲ: Words and Idioms

1 colitas: 식물의 일종

2 shimmering light: 희미한 불빛

3 my head grew heavy and my sight grew dim: 머리가 무겁고 침침하여

4 mission bell: 교회 종소리

5 light up a candle: 촛불을 켜다

6 corridor: 복도

7 Tiffany-twisted: 보석에 눈이 먼

8 wine: 포도주, (성경에서) 성령, 은사, 종종 종교(기독교)의 뜻

9 spirit: 영혼, 정신, 종교, 유령, (위스키 같은 독한) 증류주

   ex) I prefer spirits to beer. (맥주보다 독주가 좋아.)

10 live it up: 즐기다, 긴장을 풀다

   (특히 돈을 펑펑 쓰며 질펀하게 놀 때 쓰는 표현)

   ex) Why don't you live it up this weekend? (이번 주말은 좀 쉬지 그래?)

11 alibis: 현장부재증명

12 of our own device: 우리의 책략에 따라, 우리의 선택으로

13 gather: 모이다

   ex) A crowd gathered to see what had happened.

   (군중들은 무슨 영문인지 보려고 모여들었다.)

14 check out: (호텔에서 나가려고) 계산하다

Step Ⅳ : Pronunciation Drill

1️⃣ on a: [ən ə]

/n/이 자음이동되어 [ənə]로 발음된다.

2️⃣ wind in my hair: [wind in mai hɛər]

잘못하면 '윈드 인 마이 헤어'로 발음할 수 있다. 하지만 '윈딘마헤'처럼 들리는 것에 유의해야 한다. wind의 /d/가 자음이동하여 [win din]으로 되고 my hair는 '마이헤어'가 아니고 '마헤'로 발음해야 한다. 이중모음의 원리 때문이다. 따라서 노래를 들어보면 '윈딘마헤'처럼 들리는 것이다.

3️⃣ up ahead in the distance: [əp əhed in ðə distənse]

up의 /p/가 자음이동하여 [əpəhed]가 되고 ahead의 /d/가 단타음현상을 일으켜 /r/로 변하면서 [rinðə]로 발음된다. 따라서 전체를 발음해보면 [əpəherinðə distəns]가 된다.

4️⃣ This could be heaven or this could hell.

여기서 could be의 발음은 '쿠드비'가 아니고 '쿳비'이다. [kud]의 발음이 '쿠드'가 아니고 '쿳'이기 때문이다. 이렇듯 모음 뒤에 나오는 /t/와 /d/는 우리말의 'ㅅ' 받침을 쓴다고 생각하면 쉽다.

ex) about: [əbaut] 어바웃　(O)　　　　scout: [skaut] 스카웃　(O)

어바우트 (X)　　　　　　　　스카우트 (X)

5️⃣ light up a candle: [lait əp ə kændl]

light의 /t/가 자음이동과 단타음현상을 동시에 일으키며 [lairəp]이 되고 up[əp]의 /p/가 자음이동하여 [pə]가 되므로 [lairəpə kændl]이 된다.

6 livin' it up: [livin it əp]

독자들 중에는 living을 livin'으로 표기한 것에 대해 의아심을 가질 수도 있을 것이다. 하지만 구어체 영어 발음에서는 -ing를 -in에 가깝게 발음하는 것이 일상화되어 있다.

ex) singing   →   singin'

     dancing   →   dancin'

     thinking   →   thinkin'

따라서 living → livin'은 지극히 자연스런 현상이다.

it의 /i/가 약모음이동하여 [livini]가 되고 it의 /t/는 자음이동하여 단타음현상을 일으키므로 [rəp]이 된다. 전체를 발음하면 [livinirəp]이 된다.

Step Ⅴ : Expression Checklist

1 Her mind is Tiffany-twisted

(그녀는 온통 티파니 보석에만 빠져 있어요.)

Tiffany는 세계적인 보석상 체인점인데 특히 New York에 있는 본점이 유명하다. 오드리 헵번이 주연한 영화 <Breakfast at Tiffany(티파니에서 아침을)>를 보면 가난한 여주인공이 보석상 앞에서(들어가지 못하고) window shopping(eye shopping은 콩글리시)을 하며 햄버거를 먹는 장면이 나온다. 여하튼 Tiffany는 사치품의 대명사이다. 따라서 "그녀의 마음이(Her mind is) 티파니에 사로잡혀 있다(Tiffany-twisted)"라는 표현은 "보석이라면 사족을 못 쓴다" 정도의 뜻이다.

ex) My younger brother is computer game-twisted.

     (동생이 컴퓨터게임에서 헤어나질 못해요.)

My sister is bible-twisted.

(여동생이 성경에 너무 빠져 있어요.)

2 Livin' it up at the Hotel California

(호텔 캘리포니아에서 좀 즐기세요.)

원래는 live it up이라고 해야 하지만 운율과 분위기상 진행형으로 한 것 같다. 어쨌든 live it up은 enjoy의 뜻이다. 특히 (돈을 아끼지 않고) 펑펑 쓰는 휴가스타일에 어울리는 표현이어서 주로 휴양지의 특급호텔 홍보책자에 많이 나온다.

ex) Live it up at Grand Hyatt in Hong Kong!

(홍콩의 그랜드 하얏트에서 즐기세요!)

You've been working too much. Why don't you live it up?

(자넨 일을 너무 많이 했어. 이젠 좀 쉬면서 즐기지 그래?)

3 My head grew heavy and my sight grew dim

(머리가 무겁고 눈이 침침하여)

여기서 grew는 '자라다'로 해석하지 않는다.

4 You can check out everytime you like

(아무 때나 숙박비는 낼 수 있어요.)

check out은 원래 '샅샅이 조사하다'라는 뜻인데 주로 면접 때 상대방의 됨됨이를 알아보거나 범인을 수사할 때 쓴다. 호텔에서 퇴실할 때 일체의 경비를 모두 계산한다는 뜻으로도 쓰인다.

5 They're gathered for the feast

(그들은 축제를 위해 모였습니다.)

feast와 festival 모두 축제지만 feast는 주로 음식(food)과 관련이 있고 festival은 정기적인 예술관련 행사(performance held regularly in a particular place)이다.

ex) MB gave a feast to all diplomats in Korea.

(MB가 모든 주한 외교사절들에게 만찬을 베풀었다.)

The movie 'Ghost' was invited to this year's Cannes Film Festival.

(영화 <괴물>이 올해 칸 영화제에 초대되었다.)

※ **Function**

You can check out

(계산하십시오.)

팝송이다 보니 아무래도 영화처럼 존대어가 많이 등장하거나 극존칭의 표현이 사용되는 경우는 많지 않다. 하지만 노래 속에서 종종 나름대로의 function이 존재한다. 여기서는 신흥종교집단으로부터 탈출하려는 주인공에게 경비원(night man)이 다가와 강압적으로 하는 말이기 때문에 거의 협박에 가깝다. 이 표현을 부드러운 충고로 바꿔보면 존칭도에 따라 다음과 같이 표시된다.

★ You can check out.

★★ Why don't you check out?

★★★ Would you like to check out?

★★★★ Have you ever thought of checking out?

★★★★★ I was wondering if you'd ever thought of checking out.

Step Ⅵ: Grammar Catch

1. My head grew heavy and my sight grew dim.

동사 'grew'(grow의 과거형)는 불완전자동사(incomplete intransitive verb)인데 「······
이다」 또는 「······이 된다」의 뜻이며, 유사한 종류의 동사는 다음과 같다.

be	(······이다)	become	(······이 되다)
remain	(······그대로이다)	grow	(······이 되다)
keep	(······그대로이다)	seem	(······인 듯하다)
look	(······의 모양을 하고 있다)		
prove	(······임이 판명되다)		

He became rich. (그는 부자가 되었다.)

He remains poor. (여전히 가난하다.)

He grew tall. (키가 컸다.)

He kept silent. (가만히 있었다.)

He seems clever. (영리해 보인다.)

He looks healthy. (건강해 보인다.)

He proved dishonest. (정직하지 않은 사람으로 판명되었다.)

2. Her mind is Tiffany-twisted.

'Tiffany-twisted'는 분사형으로서 형용사의 기능을 한다.

a Tiffany-twisted mind	(보석에 정신이 빠진)
a well-dressed woman	(옷을 잘 입은 여인)
a blue-eyed doll	(푸른 눈의 인형)
a one-legged sailor	(외발의 선원)
a kind-hearted gentleman	(친절한 마음을 지닌 신사)
a hot-tempered matron	(신경질적인 여사감)

영어에서는 'a Tiffany-twisted'와 유사한 표현들을 묶어서 Phrasal Compound(구합성어: 句合成語)로 분류한다. 이런 종류의 합성어를 분석한 Vladimir Ž. Jovanović의 "Morphological Aspects Of English Adjectival Compounds: Corpus Analysis"(2005)라는 논문에서는 다음과 같은 예들을 선별하였다.

> the **saw-toothed** blades of grass
> her **still-dazzled** son had gone into Portland
> the **mile-long** Canon gate
> where something furry and **sharp-toothed and-clawed** waited
> a beer belly, **slab-muscled** arms and legs
> and **impromptu-looking** wooden huts
> we may take a general, **culture-free** theory of human nature
> a final, **not-to-be-refused** offer
> by those liberal-minded, **open-hearted** aristocrats
> the **fully-furnished** family play
> some **highly-paid** engineers
> in addition it was **double-barred** across the inside

Shakespeare의 작품 속에서 사용되었던 합성어들의 예:

ill-tuned	baby-eyes
smooth-faced	puppy-dog
canker-sorrow	widow-comfort
bare-pick't	halfe-blowne

3 He said "We haven't had that spirit here since 1969"

have의 현재형 'have, has'에 동사의 과거분사형 'had'를 붙인 것이다. 현재완료형의 용법은 다음과 같이 정리할 수 있다.

a. 현재에 있어서의 동작의 완료를 나타낸다.

Tom has just finished the project.

(Tom은 마침 과제물을 끝낸 참이었다.)

b. 과거의 동작의 결과로 생긴 현재의 상태를 의미한다.

Tom has become rich. (= Tom is rich.)

(Tom은 부자가 되었다.) (= 현재 부자이다.)

c. 현재까지의 경험을 나타낸다.

I think I have seen Tom once or twice.

(한두 번 Tom을 만난 일이 있다고 생각합니다.)

d. 과거에서 현재까지 상태의 계속을 가리킨다.

Tom has been ill for several days.

(Tom은 여러 날 동안 앓고 있다.)

I have known Tom from(since) my high school years.

(나는 Tom을 고등학교 시절부터 알고 있다.)

4 Just to hear them say. → 지각동사＋동사원형

지각동사로는 see, hear, feel을 대표적으로 들 수 있다.

I saw Tom enter his office.

(나는 Tom이 자기 사무실에 들어가는 것을 보았다.)

I never heard Tom speak English.

(나는 Tom이 영어하는 것을 들은 적이 없다.)

I felt the trees and buildings shake.

(나는 나무와 건물이 흔들리는 것을 느꼈다.)

I was watching butterflies fly to and- from in the middle of flowers.

(나는 나비들이 꽃 사이로 이리저리 나는 것을 보고 있었다.)

⑤ What a nice surprise, bring your alibis.

'What a 형용사 + 명사 + 주어 + 동사' 구문

놀라움, 기쁨, 슬픔 등의 강한 감정을 나타내는 감탄문이다. 문장 끝에 주로 감탄을 표시하는 느낌표 부호 '!'을 붙인다. 문장 전체의 발음은 하강조이다. 감탄문 구조는 두 종류가 있다. → 'what'으로 시작하는 것, 'how'로 시작하는 것. 여기서는 'what' 으로 된 감탄문 예를 설명하겠다.

> ▶ 감탄사 문장 구조: what a(an) 형용사 + 명사 + 주어 + 동사
>
> What a pretty lady Mary is! (Mary는 얼마나 매력적인 여성인가!)
> What a cold winter it was!   (그 계절은 얼마나 추웠던지!)

Step VII: Workout Exercise

A ▪▪ Listen to the song and fill in the blanks.

01_ This _____ ____ heaven or this _____ ___ Hell.

02_ Her mind is _____ _____.

03_ Such a _____ _____, _____ ___ lovely face.

04_ They're _____ ____ _____ at the Hotel California.

05_ You can _____ _____ everytime you like, but you can never leave.

B ▪▪ Choose the right answer for the questions.

01_ 빈칸에 맞는 표현은? (   )

My head grew _____ and my sight grew _____.
(머리가 띵하고 눈이 침침하다.)

① heavy - unclear
② crazy - dim
③ heavy - dim
④ aching - unclear

02_ Hotel California의 내용과 다른 것은? (   )

① 신흥종교의 폐해
② 교주가 남자이다
③ 사막에서 벌어진 일
④ 교주는 사치를 즐긴다

03_ 다음 숙어에 대한 정확한 번역은? (   )

live it up!

① 살아라
② 즐겨라
③ 용기를 내라
④ 일어나라

04_ 다음 중 feast에 해당하는 축제가 아닌 것은? (   )

① 성탄절
② 문학의 밤
③ 추수감사절
④ 설날

05_ 다음 중 check out의 용법이 다른 하나는? (   )

① Did you check him out?
② I checked out a new house.
③ When did you check out at that hotel?
④ You should check out your health.

02 | If I Needed You

Artist: Don Williams & Emmylou Harris

If I needed you
would you come to me
Would you come to me
for to ease my pain

If you needed me
I would come to you
I would swim the sea
for to ease your pain

Well, the night's forlorn and the morning's born
And the morning's born with lights of love
And you'll miss sunrise if you close your eyes
And that would break my heart in two

If I needed you
would you come to me
Would you come to me
for to ease my pain

If you needed me
I would come to you
I would swim the sea
for to ease your pain

Baby's with me now
Since I showed her how to lay her lily hand in mine
Who could ill agree
She's a sight to see a treasure for the poor to find

If I needed you
would you come to me
Would you come to me
for to ease my pain

If you needed me
I would come to you
I would swim the sea
for to ease your pain

* 내가 당신을 필요로 한다면
당신께서 내게로 와주실 건가요?
내게 와서 내 고통을 잠재워주시겠어요?

당신이 날 필요로 하신다면
난 기꺼이 당신께 가겠어요.
바다를 헤엄쳐서 당신께 가서
당신의 고통을 덜어드리겠어요. *

밤은 외로웠지만 아침이 밝았어요.
사랑의 빛으로 아침이 밝았어요.
당신이 눈을 감아버리면 일출을 보지 못할 거예요.
그것은 곧 내 마음이 둘로 쪼개지는 것을 의미하죠.

* 반복 *

그대는 지금 나와 함께 있지요.
내가 그녀에게 어떻게 하면 백합 같은
그녀의 손을 내게 얹을 수 있는지를 보여주었기 때문이죠.
누가 부정하겠어요?
그녀만이 마음이 가난한 자들이 발견할 수 있는 보물을 찾을 능력을 갖고 있다는 것을.

* 반복 *

 Artist Profile

이 곡은 Don Williams와 Emmylou Harris의 듀엣 곡으로 1970년대부터 지금까지 폭 넓게 사랑받고 있다. 이 곡을 부른 Harris는 Dolly Parton, Linda Rondstat와 함께 세계 3대 여성 컨트리 스타로 꼽힌다. 특히 If I needed you~ If I needed me~ 로 순차적으로 반복되는 리듬은 학생들이 영문법을 처음 배울 때 가장 골치 아파하는 부분 중의 하나인 가정법 과거의 용법에 따른 가사이다. 따라서 다소 쉬운 멜로디의 이 곡을 완전히 소화하면 가정법 과거의 용법도 함께 익히는 효과가 있을 것이다.

Step Ⅲ : Words and Idioms

1 ease: 동 (마음을) 편안하게 하다, 위로하다

ex) I will ease your mind.

(내가 당신을 위로할게요.)

2 pain: 명 고통

동의어: trouble

3 swim the sea: 바다를 헤엄치다

4 morning is born: 아침이 밝아오다

cf. Morning has broken.

5 miss: 동 그리워하다

ex) I think I am going to miss you.

(오랫동안 당신을 그리워하게 될 겁니다.)

I missed you a lot while you were gone.

(당신이 안 계신 동안 무척 보고 싶었어요.)

6 close: 동 닫다, 감다 [klouz]

ex) Close your eyes. (눈을 감아요.)

Close the window. (창문을 닫아요.)

형 가까이 [klous]

ex) Come close to me. (내게 가까이 와요.)

☞ 특히 발음에 주의해야 한다. close가 동사로 쓰일 때는 '클로우즈', 형용사일 때는 '클로우스'가 된다.

7 break one's heart: ~의 마음을 상하게 하다

ex) Don't break my heart any more.

(더 이상 내 마음을 아프게 하지 마세요.)

cf. She is broken hearted.

(그녀는 사랑에 상처를 입었어요.)

　　☞ break는 '깨다', '부수다'의 뜻이지만 break one's heart라고 하면 '상대의 마음을 아프게 하다'라는 뜻이 된다.

8 baby: 몡 연인 (sweetheart)

ex) She was my baby until he steeped in.

(그가 끼어들기 전까진 그녀는 나의 연인이었어요.)

　　☞ baby는 당연히 '아기'라는 뜻이지만 사랑하는 사람들 사이에선 '연인'의 의미로 쓰인다. 그 밖에 sweetheart나 better half 혹은 bird, sunshine 등 다양한 표현이 있다.

> ※ 1970년대 중학교 3학년 때 필자는 종로 2가의 입시학원에 다니고 있었는데 화신백화점(지금의 삼성증권 빌딩) 지하의 분식센터 옆에 Juke Box에서 Andy Kim의 'Baby I love you'가 늘 흘러 나왔다. 그때는 '아가야, 난 널 사랑해'로 생각하고 미국의 탁아소에서 부르는 노래라고 생각했었다. 훗날 baby에 우리말 '그대여', '자기야' 정도의 뜻이 있다는 것을 알기까진 족히 10년은 걸린 것 같다.

9 lay: 동 (물건을) ~에 놓다

ex) Lay your head on my shoulder.

(머리를 내 어깨에 기대세요.)

cf. lie: 눕다.

ex) Please lie down.

(편히 쉬세요.)

> ※ 위의 두 단어는 특히 3단 변화에 유의해야 한다.
> lay　－　laid　－　laid　(놓다)
> lie　－　lay　－　lain　(눕다)
> lie　－　lied　－　lied　(거짓말하다)

⑩ agree: 동의하다

ex) I agree with you.

I agree to your idea.

⑪ treasure: 몡 보물

ex) treasure island (보물섬)

동 (보물처럼) 소중하게 여기다

ex) I'd like to treasure our friendship forever.

(나는 우리의 우정을 영원히 보물처럼 간직하고 싶어요.)

⑫ the poor: 가난한 사람들

the + 형용사: 복수 보통명사 (~한 사람들)

the rich: 부유층 사람들

the hungry: 굶주린 사람들

Step Ⅳ : Pronunciation Drill

① If I: [ifai]

'이프아이'라고 하지 않고 '이파이'라고 한다. 특히 /f/ 발음은 윗니가 아랫입술을 살짝 눌러준다.

② needed you: [nidid yə]

needed의 /d/가 you의 /y/와 동화작용을 일으켜서 [ʤ]로 발음된다.

* 강모음과 약모음 사이에서 /t/나 /d/는 /r/로 발음된다.

ex) water → 워러 [wərə]　　　peter → 피러 [pirə]　　　better → 베러 [berə]

3 would you: [wuʤju]

'우쥬'로 발음된다.

4 and the: [ænðə]

'앤더'로 발음된다.

Step Ⅴ : Expression Checklist

1 For to ease my pain.

(나의 고통을 덜어주기 위해)

어느 모로 보나 for easing이나 to ease라고 해야 하는데 for와 to가 함께 쓰인 것은 의아해 보인다. 하지만 pop은 의미도 중요하지만 운율도 중요하다. 별다른 뜻 없이 단지 rhyme을 맞추기 위해 for가 삽입되었다.

2 I would come to you.

(내가 당신께 가겠어요.)

'come = 오다, go = 가다'로만 이해하면 이해가 되지 않는다. 하지만 come에는 '가다' 라는 뜻이 있는데 주어는 반드시 I(나)가 되고 나(I)의 말을 듣는 상대방 쪽으로 가 다라는 뜻이다. 가령 약속 시간에 늦었을 경우 전화를 걸어서 "I'm coming now"라고 하면 "나 지금 가고 있어"가 된다. 친구 사무실에 들어갈 때도 노크를 하고 "May I come in?"라고 하면 "들어가도 돼요?"가 된다.

3 I will ease the pain.

(내가 고통을 덜어드리죠.)

ease를 '용이한'이란 뜻으로만 고정시키면 안 된다. 얼마든지 '고통을 덜어주다'는 동사로 쓰일 수 있다. Simon & Garfunkel의 「Bridge Over Troubled Water」의 가사 중에 "I will ease your mind"가 있는데 "(고통 받은) 너의 마음을 어루만져 주겠다" 라는 뜻이다.

※ Function

If you were in my position (shoes), what would you do?
(당신이 나라면 어찌 하겠어요?)

현재 자신의 고민을 상대의 충고를 통해 덜어보려고 할 때 충고를 바라는 표현이다. 반드시 한 가지 선택을 해야 할 때 적절하게 주변의 조언을 얻기 위해 쓰는 표현이다.

A: *I just don't know what to do.*

B: *What happened?*

A: *My girlfriend wants to marry me. But I'm not ready.*

 I have to go to Military Service.

 If you were in my shoes, what would you do?

B: *Well, If I were in your shoes, I would advise you to tell your girl to wait a little bit.*

위의 예문에서 보듯 군 입대를 앞둔 사람에게 여자친구가 결혼하자고 조른다면 대략난감일 것이다. 이때 친구는 일단 여자친구에게 기다리라고 말할 것을 충고하고 있다. 이렇듯 현재에 처한 환경에 대해 주변의 도움을 얻거나 충고를 할 때(making suggestion)는 이 표현을 사용한다.

Step VI : Grammar Catch

이 곡의 가사에 제시된 If I needed you, would you come to me라는 표현은 영어문법 표현 중 가정법 과거 형태를 보여주고 있다.

A. 가정법 과거의 기능

영어 가정법 과거 문장에는 'be' 동사를 제외하고는 직설법과 동일한 모습을 보여준다. 다만 'be' 동사의 경우 주어의 인칭이 무엇이든 항상 'were'로 쓰이며, 조동사의 경우에는 항상 과거형으로 사용된다는 점이 직설법 형태와 다르다.

Tom was not rich; so, he was not happy.
(Tom은 돈이 많지 않았다. 그래서 행복하지 못했다.)　　[사실]
If Tom were rich, he would be happy.
(만약 Tom이 부자였으면 행복했을 텐데.)　　　　　[가정]

B. 가정법 과거 표현 구조

가정법 과거의 문장 표현의 특징은 'if'를 수반하고 있는 부사절을 갖추고 있다는 것이다. 'if'를 수반한 절의 내용은 주로 현재 사실에 반대되는 가정된 사항들을 가리킨다.

Ⅰ. If - 주어 - were - 보어, ……

If Tom were a bird, he could fly to the island.
(Tom이 새라면, 그 섬으로 날아갈 수 있을 텐데.)
[→ 사실은 Because Tom isn't a bird, he cannot fly.]

Ⅱ. If - 주어 - 조동사 과거형태 - 보어, ……

If Tom could fly, he would fly to Mary.

(Tom이 날 수 있다면, Mary에게 날아갈 텐데.)

[→ 사실은 Tom cannot fly.]

C. 가정법에 대하여

가정법을 가리키는 Subjunctive는, 술어는 본래 주절에 연결되는 종속절에서 쓰이는 데 적절한 서법이라는 뜻으로 라틴어의 'subjunctivus'에서 온 것이다. 고대영어 시대만 해도 가정법에 쓰이는 독특한 동사의 굴절형이 있었는데, 현대영어에 와서는 기타의 굴절형에 있어서와 같이 서법에서도 대부분의 굴절형이 없어지고 말았다. 현대영어의 가정법에서는 3인칭 단수에서 -s가 없어지는 것과 be, were 등의 특수한 형태를 제외하고는 직설법과 가정법 사이에 형태상의 차이가 없다.

이처럼 형태표시 방식이 점차 쇠퇴해버린 가정법상 표현형을 보강하기 위하여 조동사를 사용하는 2차적 가정법 형태가 등장하였다. 따라서 현대영어에는 두 가지 형태의 가정법 표시 방법이 있다. 현재의 추세로는 가정법 표현은 주로 조동사를 이용하는 것이 일반적인 현상이다.

> a. 굴절 가정법 형태 (inflectinal subjunctive form)
> 동사의 굴절형에 의하여 가정법 표현을 조성하는 방식이다.
> b. 조동사의 2차적 가정법 형태 (periphrastic subjunctive form)
> c. 가정의 분류 및 종류
> 직설법에서나 가정법 모두 현재, 과거, 과거완료 등의 술어를 쓰기 때문에 용법상 혼동을 일으키기 쉽다. 이유는 가정법에서 시제형의 기능이 직설법에서 시제형의 기능과 매우 다르기 때문이다. 직설법에서는 시제형이 시간대의 분류를 그대로 반영하고 있지만, 가정법에서는 시제형들이 화자의 심적 태도와 심리적 표출에 초점을 맞추고 있기 때문에 시제형에 관하여 동일한 명칭을 사용하더라도 의미가 다르다.

Ⅰ. 현재

직설법 현재

Tom is here. (현재의 상태)

가정법 현재

If it be (or is) fine tomorrow, I will go. (미래와 연관된 가정 상황)

Ⅱ. 과거

직설법 과거

We were sorry for what he had done. (과거 일정시의 상태)

가정법 과거

If I were there, everything would be fine. (현재 사실과 상반되는 상황의 가정)

Ⅲ. 과거완료

직설법 과거완료

It had been a common until he became the mayor. (과거 일정시간까지의 상태)

가정법 과거완료

If it had not been for your assistance, this project would have failed.

(사실과 상반되는 과거의 상황을 가정)

Memo Pad

영어를 사용하는 경우 단어들의 성격을 결정하는 요소들 중 하나인 품사가 단어를 구분하는 데 애매모호할 때가 있다. 예를 들어 *I will ease the pain*에서 'ease'가 동사로 쓰이고 있다. 이렇듯 동일한 단어가 명사와 동사의 품사 경계를 넘어서 다양하게 사용되기도 한다.

현대영어에서 품사를 다룰 때 몇 가지 주의할 사항이 있다. 명사, 대명사, 동사, 형용사, 부사에 해당하는 단어들은 뚜렷한 형태 차이가 있어서 단어 모양만을 보는 것으로도 품사를 구별할 수 있지만, 경우에 따라서는 문장 안에서만 품사를 알 수 있는 것들도 많이 있다. 예를 들어, goodness(명사), harm(명사), truth(명사), administration(명사) : good(형용사), harmless(형용사), truly(부사), administrate(동사) 등은 모양만으로도 명사, 형용사, 부사, 동사라는 것을 알 수 있지만, 'love(명사), love(동사) ; run(명사), run(동사)'은 명사인지 동사인지 구별할 수가 없고 문장에 삽입되어야만 품사의 성격을 가릴 수 있다. 이 단어들은 외형을 변화시키지 않은 채 동사로 쓸 수도 있고 명사로 사용될 수도 있기 때문이다. 이처럼 한 개의 낱말을 여러 가지 품사로 쓸 수 있다는 것이 현대영어의 특색이며 아래와 같은 예문은 이러한 사실을 보여주고 있다.

I love her. He loves her. (동사)
the story of two loves. She was his love. (명사)

I run. He runs. (동사)
He made a run. He made two runs. (명사)

He was that angry. (부사)
I think that he is planning to go abroad. (접속사)

The servants blacken our shoes. (동사)
The black dog on the porch is mine. (형용사)

Please ship sails today. (동사)
The ship sails today. (명사)

Step VII: Workout Exercise

A▪▪ Listen to the song and fill in the blanks.

01_ If I _____ _____ would you come to me.

02_ for _____ _____ my pain.

03_ And the _____ _____ with lights of love.

04_ And that would _____ _____ _____ in two.

05_ To lay her lily _____ ____ _____.

B▪▪ Choose the right answer for the questions.

01_ 빈칸에 맞는 형태를 고르시오. (   )

If I _____ you, _____ you come to me?
(내가 당신을 필요로 한다면, 당신께서 내게 와주실 건가요?)

① need - will
② needed - will
③ need - would
④ needed - would

02_ 올바른 답을 고르시오. (　)

I will _____ your pain.
(당신의 고통을 잠재워드리리)

① easy
② easing
③ have eased
④ ease

03_ 다음 중 miss의 용법이 다른 하나는? (　)

① I will miss you.
② I missed my bus.
③ I missed sunrise.
④ You can't miss it.

04_ 노래 속에 나온 baby의 뜻이 아닌 것은? (　)

① honey
② sweetheart
③ young child
④ flame

05_ since의 용법이 다른 하나는? (　)

① I haven't seen you since 1969.
② Since you are my sister, I will help you.
③ You're with me since you love me.

03 | Always On My Mind

Artist: Willie Nelson

1. Maybe I didn't love you
   Quite as often as I could have
   And maybe I didn't treat you
   Quite as good as I should have
   If I made you feel second best
   Girl I'm sorry, I was blind
   You were always on my mind
   You were always on my mind

2. Maybe I didn't hold you
   All those lonely, lonely times
   And I guess I never told you
   I'm so happy that you're mine
   Little things I should have said and done
   I just never took the time
   You were always on my mind
   You were always on my mind

   *
   Tell me, tell me that your sweet love hasn't died.
   Give me, give me one more chance to keep you satisfied,
   I'll keep you satisfied

1. 아마도 나는 내가 했어야 하는 만큼
   당신을 사랑해주지 못한 것 같소.
   아마도 나는 내가 했어야 하는 만큼
   당신을 잘 대해주지 못한 것 같소.
   내가 혹시 당신을 그들처럼 느끼게 했다면,
   그대여 내가 눈이 멀었소.
   내겐 오직 당신뿐이었소.
   내겐 오직 당신뿐이었소.

2. 당신이 그렇게 외로워할 때
   내가 왜 당신을 잡아주지 못했을까?
   당신이 내게 있어줘서 행복하다는 말을
   나는 왜 하지 못했을까?
   작은 말 한마디, 행동 하나 …….
   왜 내가 시간을 못 냈을까요?
   내겐 오직 당신뿐이었는데 말이오.
   내겐 오직 당신뿐이었는데 말이오.

   *

   말해주오, 당신의 달콤한 사랑이 식지 않았다고 말해주오.
   내게 주오, 다시 한 번 당신을 만족하게 할 수 있는 기회를 주오.
   당신을 만족하게 해드리리다.

 Artist Profile

Willie Nelson은 1933년생이므로 우리 나이로 75세이다. 부모 없이 외롭게 자란 그는 어릴 적 할아버지가 선물한 기타를 배우면서 음악적 재능을 보이기 시작했다. 그 후에 기타리스트, DJ, 및 쇼프로의 MC를 보며 가수로 성장했다. 미국을 대표하는 전설적인 컨트리 가수이다. 원래 「Always on my mind」는 1940년대에 불리었던 옛 노래인데 Willie Nelson이 컨트리풍으로 편곡하여 부른 것이다. 이 노래는 한 마디로 과거에 했던 자신의 행동을 후회하며 아쉬워하는 노래이다. 연인인지 부인인지는 확실치 않으나 자신의 실수에 대해 안쓰러우리만큼 애절하게 후회하며 용서를 빌고 있는데, 우리가 이번에 배우고 익히고자 하는 가정법 과거완료 용법이 아주 적절히 사용되고 있다.

Step III : Words and Idioms

1 treat: 동 대접하다, 한턱내다

   (to) buy or give (someone) something special.

ex) Let me treat you to a good meal.

   (당신께 맛있는 음식을 대접해 드리겠어요.)

   I am gonna treat myself to a vacation in the mountains.

   (나는 큰맘 먹고 산으로 휴가를 떠나려고 해요.)

   This glass must be treated with care.

   (이 유리는 조심스럽게 다루어져야 합니다.)

☞ treat은 단순히 '다루다, 취급하다'의 뜻을 넘어 '대접하다'는 의미가 있다. 이 곡에서도 사랑하는 사람에 대한 '대접'이 소홀했다는 뜻이다. 여러분도 혹시 외국인 친구에게 한턱내고 싶으면 이렇게 말해보라. Tonight, I'll treat you.

2 second best: 2등

3 I never took the time: 시간을 못 보냈다.

4 you were always on my mind: 난 온통 당신 생각뿐이었소.

5 satisfied: 만족스러운

Step Ⅳ : Pronunciation Drill

1️⃣ didn't love you: [didn't ləv yə]

'디든트 러뷰'가 아니고 그냥 '디든 러뷰'이다. 자음과 자음 사이의 /t/는 발음하지 않는다.

ex) exactly [igzæktli]

'이그재크틀리'가 아니고 '이그재클리'로 발음한다.

2️⃣ quite as often as I could have: [kwait æz əftən æz ai kud hæv]

quite as는 '콰이래즈'로 발음한다. /t/가 강모음과 약모음 사이에 존재하면, /r/로 발음된다. as I는 /s/가 이동하여, I와 결합했다(약모음이동현상). could have은 원래 '쿳 해브'지만 현대영어에서는 /h/를 거의 무시하는 성향이 있어서 그냥 '쿠대브'라고 하면 세련된 발음이 된다. 따라서 [kwairæz əfn æzai kudæv]가 된다.

3️⃣ treat you: [trit yə]

'트리츄'라고 발음하면 된다.

> ※ 제가 중학교 1학년 때 짝이 'It's a cap'을 '잇스어 캡'이라고 하지 않고, '잇쳐 캡'이라고 하더군요. 영문과 대학생인 형에게서 과외를 받으면서 배웠다고 해요. 저는 참 의아하게 생각했어요. 나중에 생각해보니 /s/가 자음이동을 하면서 앞의 /t/의 영향을 받아 'ㅊ'에 가까운 발음이 형성되었더군요. 여하튼 treat의 /t/와 you의 /y/가 만나서 'ㅊ' 발음이 나옵니다. 굳이 우리말 문법과 비교하여 설명하자면 자음접변에서 '상호동화' 정도로 해둘까요?

4️⃣ second best: [sekənd best]

second best의 /d/는 생략하고 발음한다. 자음 사이의 /t/가 생략되는 것과 같은 원리이다.

5️⃣ that you're: [ðæ ʧyə]

that you are를 그냥 한 번에 연속하여, 즉 '대춰'로 발음하면 된다.

6 said and done: [sæd æn dən]

said의 /d/가 자음이동과 단타음현상에 의해 [særændən]이 된다.

7 sweet love hasn't died

hasn't의 /t/는 묵음이 된다.

8 give me: [giv me]

give의 /v/가 me의 /m/과 동화하여 [gimme]가 된다.

> ※ 예를 들어 summer는 '써머', tennis는 '테니스'라고 하고, '썸머', '텐니스'라고 하지
> 않습니다. 아, 그러고 보니 왕녀의 인기가수 Madonna도 '마다너'가 되네요. 마돈나가 아
> 니고요. 요즘 10대 분들은 모르시죠? 1980년대 초·중반, 지금의 Britney Spears는 상
> 대도 안 될 정도의 대스타였답니다. 여하튼 '마다너'라고 하셔야 합니다. ABBA의 노래 중
> 에 「give me, give me, give me」라는 노래가 있어요. 잘 들어보시면 '기미 기미 기
> 미'라고 합니다.

Step V : Expression Checklist

1 This is my treat.

(내가 한턱내는 거야.)

treat은 여기서는 '다루다'의 뜻으로 쓰였지만 좀 더 자세히 살펴보면 '대접하다'의
의미임을 알 수 있다. "I will treat you tonight"이라고 하면 "오늘밤 제가 모시겠습니
다"라는 뜻이다. 한편 "This is my treat"라고 하면 "I will pay for everything"이라는
뜻으로 "내가 한턱내겠다"가 된다. 이런 경우 간단히 "It's on me"라고 하면 같은 뜻
이 된다. 가령 "Coffee is on me"는 "커피 값을 내겠다"이고 "The bus is on me"는
"버스비를 내겠다"라는 뜻이다.

② What's on your mind?

(무슨 생각을 해요?)

여기서 "you were always on my mind"는 "온통 당신 생각뿐이었다"는 뜻인데 이 표현은 "What's on your mind?"에서 비롯되었다. 이 말은 단순히 "너의 마음 위에 무엇이 있는가?"가 아니고 "무엇을 그리 골똘히 생각하니?" 혹은 "무슨 걱정 있어?"의 뜻이다.

ex) A: What's on your mind? You look worried.

(왜 그래? 걱정스러워 보여.)

B: No, nothing. I'm thinking about tomorrow's exam.

(아냐, 아무것도. 내일 시험 생각하고 있어.)

※ **Function**

If you had been in my shoes, what would you have done?
(당신이 내 입장이었더라면, 어떻게 했겠어요?)

이 노래는 가정법 과거완료로 시작해서 끝났다고 해도 과언이 아닐 정도로 생생한 예문이 녹아 있다. 한마디로 과거에 있었던 일을 후회하고 있는데 상대에게 충고를 바랄 때(asking advise) 쓸 수 있는 적절한 function이다. 가령 이 노래의 주인공이 위와 같이 노래를 하며 지난날을 후회했다고 하자. 얘기 끝 무렵에 동료에게 조언을 구할 수 있을 것이다.

이 경우 조언을 하는 입장에선 다음과 같이 말할 수 있겠다.

If I had been in your shoes, I wouldn't have done anything that I would have regreted.
(내가 당신이었으면 후회할 일은 안 했을 거요.)

※ '~의 입장이다'라고 할 때 position 대신 shoes를 쓰기도 한다. 영화 <천일의 스캔들(The Other Boleyn Girl)>에서도 "여왕의 입장이 돼보세요(Put your self in Queen's shoes)"라는 말이 나온다.

Step VI: Grammar Catch

'Quite as good as I should have' 부분에 전체 모양으로 나타난 것은 아니지만, 과거의 사실을 후회하면서 '정말로 사랑해주었어야 했는데'라는 과거의 사실을 반대로 가정하는 가정법 과거 형태를 엿볼 수 있다. 가정법 과거를 이해하기 위해서는 영문법에서 어떻게 이 형태가 설명되었는가를 살펴보아야만 한다.

A. 주절에 있어서 실현되지 않은 과거의 소망을 나타낸다.

Had Tom but known it!
(Tom이 그것을 알기만 했었더라면 좋았겠는데!)
Oh, had Tom lived!
(Tom이 살아 있었더라면 좋았을 텐데!)
위 구문에서 소망 내용의 결과를 나타내는 다른 문장을 첨가하여 문장구조를 완성하면, 두 문장의 연결 상황은 조건적 의미를 나타내기 때문에 첨가될 문장은 If-부사절로 표현되어야 한다.

Had Tom but known it!
→ If Tom had but known it, I would not have employed him.
   (Tom이 그것을 알고만 있었더라면 그를 채용하지 않았을 텐데.)

B. 종속절에 있어서 과거의 실현되지 못한 소망을 나타낸다.

I wish that I had learned English.

(영어를 배웠더라면 좋았을 텐데.)

Oh! that I had but done it.

(아아, 그렇게 했었더라면 좋았을 텐데.)

C. 부사절에 있어서 사용되는 경우는 다음과 같다.

If-부사절에서 과거의 사실에 반대되는 가정을 나타낸다. 그 가정의 귀결을 나타
내는 주절의 동사를 보통 조동사의 과거형에 'have + 과거분사'를 붙인 것을 사
용하지만, 귀결이 현재에 관계되는 경우는 '조동사의 과거형 + 원형'도 가능하다.

If you had not helped me, I should have died.

(만약 당신이 나를 도와주지 않았더라면 나는 죽었을 것이다.)

[사실은 As you helped me, I did not die.]

If I had taken your advice, I should have been happier.

(만약 당신의 충고를 받아들였더라면 지금 더 행복했을 텐데.)

as if, as though 뒤에서 쓰인 과거완료는 주문의 동작 직전에 완료한 동작이나
상태를 나타낸다.

Tom looks as if he had seen a ghost.

(Tom은 마치 유령이라도 본 것 같은 얼굴을 하고 있다.)

Tom looked as if he had seen a ghost.

(Tom은 마치 유령이라도 본 것 같은 얼굴을 하고 있었다.)

Step VII: Workout Exercise

A ▪▪ Listen to the song and fill in the blanks.

01_ And maybe I _____ _____ you.

02_ _____ _____ _____ ____ I should have.

03_ you were always _____ _____ _____.

04_ I just never _____ _____ _____.

05_ _____ _____ give me one more chance to _____ you satisfied.

B ▪▪ Choose the right answer for the questions.

01_ 빈칸에 알맞은 표현은? (   )

I should _____.
(나는 당신을 더 많이 사랑했어야 했는데.)

① love you more
② have loved you more
③ have been loved you more
④ loving you more

02_ 빈칸에 알맞은 말은? (   )

If I made you feel _____ _____.
(내가 당신에게 소외감을 느끼게 했다면)

① second chance
② second thought
③ second best

03_ 빈칸에 알맞은 단어를 고르시오. (   )

What's _____ your mind? (무슨 생각을 해요?)

① in
② at
③ with
④ on

04_ 빈칸에 맞는 형태를 고르시오. (   )

Tell me that your sweet love _____. (당신의 사랑이 식지 않았다고 말해주오)

① died
② dies
③ hasn't died
④ will die

05_ 다음 중 treat의 용법이 다른 하나는? (   )

① I will treat you
② This is my treat
③ He treats me well

04 | **Blue Eyes Crying In The Rain**

Artist: Willie Nelson / Olivia Newton John

In the twilight glow I see her
Blue eyes crying in the rain
When we kissed goodbye and parted
I knew we'd never meet again
Love is like a dying ember
And only memories remain
Through the ages I'll remember
Blue eyes crying in the rain

<Now my hair has turned to silver
 All my life I've loved in vain
 I can see her star in heaven
 Blue eyes crying in the rain>   * Olivia Newton John 리메이크 버전

Someday when we meet up yonder
We'll stroll hand in hand again
In a land that knows no parting
Blue eyes crying in the rain

황혼녘에 나는 그녀를 봅니다.
빗속에서 눈물 흘리는 푸른 눈의 그녀
우리가 작별의 키스를 하고 헤어졌을 때
나는 우리가 다신 못 만날 것을 알았죠.
사랑은 꺼져가는 불꽃 같은 것
그리고 남는 것은 추억뿐이죠.
오래도록 그녀를 기억하리오.
빗속에서 푸른 눈에 눈물 흘리던 그녀를

<이제 내 머리는 백발이 되어
내가 사랑했던 삶은 허망하게 되었죠.
나는 하늘에 떠 있는 그녀의 별을 봅니다.
빗속에서 눈물 흘리는 푸른 눈의 그녀>

언젠가 저 높은 곳에서 우린 만날 거예요.
그리고 손잡고 함께 걸어 봐요.
이별이 없는 그 땅에서요.
빗속에서 푸른 눈에 눈물 흘리던 그녀와

 Artist Profile

이 노래는 Willie Nelson이 불렀고 Olivia Newton John이 remake한 전형적인 컨트리송이다. 컨트리는 우리나라의 트로트 정도에 해당하는 전형적인 백인 전통음악이다. 이 노래에서 인생의 황혼 길에 접어든 노신사는 아내가 세상을 떠나고 자식들도 전부 장성하여 부모 곁을 떠났다. 불현듯 저녁노을을 바라보는 순간 첫사랑의 추억, 그것도 이루어지지 못한 아픈 추억을 떠올리며 그녀를 그리워하는 노래이다. 특히 천국에서라도 한번 만나서 손을 잡고 걷고 싶다는 내용은 눈물을 자아낸다.

Step III : Words and Idioms

1 twilight: 황혼

2 glow: 명 빛

　　ex) The oil-lamp gives a soft glow.

　　　　(석유램프가 부드러운 빛을 내고 있다.)

3 part: 동 헤어지다

　　ex) If we must part, let's part as friends.

　　　　(우리가 헤어져야 한다면, 친구로서 헤어지다.)

4 ember: (타다가 남은 장작이나 석탄의) 불씨덩어리

　　　　　　(a piece of red coal that is no longer burning)

5 ages: 세월

　　ex) I haven't seen you for ages.

　　　　(오랜만입니다.)

6 in vain: 허망하게, 효과 없이 (uselessly, without success)

7 yonder: 형 저곳에서

　　ex) He has walked to yonder hill.

　　　　(그는 저기 보이는 언덕으로 걸어갔다.)

8 stroll: 동 산책하다 (walk slowly with pleasure)

9 hand in hand: 형 손에 손을 잡은, 친밀한

10 parting: 명 이별

Step Ⅳ : Pronunciation Drill

1. kissed goodbye: [kisd gudbai]

   kissed의 /d/는 묵음이 되어 [kis gudbai]가 된다.

2. meet again: [mit əgɛin]

   meet의 /t/가 단타음이므로 /r/로 변하여 [mirəgɛin]이 된다.

3. like a: [laik ə]

   like의 /k/는 자음이동하여 [laikə]가 된다.

4. turned to: [tərnd tu]

   turned의 /d/와 to의 /t/가 동화작용을 일으켜 [tərntu]가 된다.

5. loved in: [lʌvd in]

   loved의 /d/가 자음이동하여 [lʌv-din]이 된다.

Step Ⅴ : Expression Checklist

1. When we kissed goodbye and parted.
   (우리가 이별의 키스를 하고 헤어졌을 때)

   주인공의 나이를 70대 이상으로 보면 50년 전쯤 헤어진 옛 연인을 상상하는 듯하다. '헤어지다'를 break up으로 쓰지 않고 간단히 part를 사용한 것이 이채롭다. 둘 다 '헤어지다'는 의미로 쓰지만 특히 break up은 연인 사이뿐 아니라 함께 일하던 동료와 헤어진 경우에도 쓴다.

ex) Eagles broke up in 1980.

　　(이글스는 1980년에 해체되었다.)

② Through the ages, I'll remember.

(오랫동안 그녀를 기억하리오.)

Age는 '나이', '연령'의 뜻인데 복수로 썼으므로 '오랜 세월'을 뜻한다. 가령, 꼭 만나고 싶은 친구를 오랜만에 만났다면 "I haven't seen you for ages(참 오랜만이군요)"라고 하면 된다. 물론 "I haven't seen you for a long time"과 같은 뜻이다. 이때 좀 유머러스한 사람들은 "I haven't seen you for dog's age"라고 하는데 여기서 dog's age는 내가 키우는 '우리집 개의 나이'가 아니고 '이웃집 개의 나이'이다. 우리집 강아지 나이도 혼동되는데 하물며 이웃집 개의 나이는 가물가물하다. 즉, 과거에 만나던 적이 언제인지 모를 정도로 가물가물하다는 뜻이다.

③ All my life I've loved in vain.

(내가 사랑한 삶은 허망하게 되고)

여기서 loved와 in 사이에 is가 생략되었다. 원래 vain은 '자만심이 강한'(full of self-admiration)의 뜻도 있고, '실속 없는, 효과 없는'(without result)의 뜻이 있는데 여기서는 후자의 뜻으로 쓰였다. 이 노래의 주인공은 아내도 곁을 떠나고 자식들도 따로 떨어져서 연락이 뜸한 듯하다. 그리고 젊어서 이루고자 했던 부와 명예도 관심이 없다. 이제 남은 것은 첫사랑의 추억뿐⋯⋯.

④ We'll stroll hand in hand.

(우리 손에 손잡고 산책해봐요.)

개인적으로 필자가 이 노래 가운데서 가장 좋아하고 또 감동을 느끼는 부분이기도 하다. 얼핏 속물근성(?)을 발휘하여 옛날에 헤어졌을 때 입맞춤도 했으니(kissed goodbye) 이제는 좀 더 친한 스킨십도 기대해볼까 하겠지만 주인공은 그렇지 않다. 오직 손에 손잡고(hand in hand) 산책(stroll)하고 싶다고 하니 참으로 platonic love의 전형을 보는 듯하고 나 자신도 10대로 돌아간 듯한 느낌을 준다.

⑤ In a land that knows no parting
(이별을 모르는 그 땅에서)

that 이하는 land를 수식해주는 관계대명사의 형용사절이다.

※ **Culture Tips**

「배반의 장미」의 주인공 Olivia Newton John, 수년 전 주말연속극의 제목 중에 <배반의 장미>가 있었다. 어느 여성이 자신을 위해 헌신한 남성을 뒤로 하고 돈 많은 남자의 품에 안기며 옛 애인의 눈에서 피눈물을 나게 하는 내용인데, 출연한 탤런트는 정애리로 기억된다. Olivia Newton John(통상 O. N. J.라는 약칭을 쓴다)은 원래 Cliff Richard라는 영국가수가 발탁하여 가수로 데뷔시켰다. 그런데 가수의 꿈을 이루는 데는 Cliff Richard의 도움을 받았지만 그녀는 Cliff Richard의 라이벌인 Elton John의 왕팬이었다. 그래서 결국 예명을 지을 때 Olivia Newton 뒤에 John을 붙였다. Cliff Richard가 분개한 것은 당연지사였지만 Elton John을 향한 그녀의 맹목적인 사랑 앞에서는 속수무책이었다. 그러나 어쩌랴 정작 Elton John은 훗날 '동성연애자'로 밝혀졌으니 …….

Step Ⅵ : Grammar Catch

1 All my life I've loved in vain.

위 문장 구조의 특징을 본다면, 'loved'와 'in vain' 사이에 be 동사가 생략된 것으로 볼 경우에 본래 형태인 'be in vain'은 '헛되이 되다'의 의미를 가진다. 결국 어떤 일도 이루지 못한다는 의미를 가리키는 말이다. 실제 미국인의 구어체 표현에는 be 동사가 생략될 때가 많이 있다. 이 문장에서 '헛됨'에 대한 의미 자체는 결국 'in vain'에서 충분히 나타날 수 있기 때문에 가사를 작성하면서 당연시되는 부분을 노래의 편이성을 위하여 생략한 것이라고 볼 수 있다. 영어에서 'be' 동사가 문장 내부에서 생략되는 예들이 여럿 발견되기도 한다. 특히 주절 이후에 따라오는 부사절에서 'be'가 없어지는 것을 많이 볼 수 있다. 기차나 비행기의 내부 방송에서도 'be' 동사가 생략되는 경우가 많다.

My grandfather (was) off in an ambulance to hospital.
(할아버지께서 구급차로 병원으로 실려 갔다.)
While (he was) shopping in the department store, Tom ran across a few friends.
(Tom이 백화점에서 쇼핑하는 동안 친구 몇 명과 마주쳤다.)

Doors / opening. (문이 열립니다.) (지하철 열차가 정차할 때 실내 방송 내용)
→ Doors are opening에서 'are'가 생략되었다.
Stop / requested. (정차해주세요.) (승객이 버스를 정류장에 멈추게 하기 위해 선반 밑에 있는 줄을 당길 때 운전자 앞 화면에 나타나면서 차내 방송으로 나오는 녹음 내용이다.)
→ Stop is requested에서 'is'가 생략되었다.

Memo Pad

① All my life I've loved in vain의 구조를 분석함에 있어서 'All my life, in vain' 둘 다 모두 부사구로 분석한다.

> All my life → '평생 동안, 일생 내내'
> in vain → 보람 없이, 헛되이, 수포로, 공연히
> All my life(부사구) I(주어) have loved(동사) in vain(부사구)
> (일생 동안 내내 나의 사랑은 수포로 돌아갔다.)

비슷한 구조의 예문의 분석을 바탕으로 위에서 제시한 의미에 대하여 확실하게 이해할 수 있을 것이다.

All my life I have tried to avoid a disaster.
(평생 동안 재앙을 피하려고 했지요.)
→ 이 예문에서 'avoid'와 'a disaster' 사이에 be 동사가 있다면, 의미가 매우 달라질 것이다.
　　All my life I have tried to avoid is a disaster.
　　(내가 피하려 했던 인생 전체가 재앙이다.)

② 'parted' ⇒ '헤어지다' 영어에서 여러 표현들이 유사한 의미로 사용될 수 있다.

> 헤어지다 → (유사의미 단어들) 이별, 작별, 고별, 석별

　a. John separated himself from his family.
　　(John이 가족과 헤어졌다.)
　b. Mary broke with a boyfriend.
　　(Mary는 남자친구와 헤어졌다.)
　　Mary broke up with Tom, her boyfriend, again.
　　(Mary는 또 남자친구하고 헤어졌다.)
　　So far this year, Mary has split up with 3 boyfriends.
　　(금년 들어 Mary는 벌써 3명의 남자친구와 헤어졌다.)
　c. They were quite sure that nothing could ever split us up.
　　(어떤 것도 그들을 갈라놓을 수 없을 것이라고 확신하고 있었다.)
　d. Tom has left his wife.
　　Tom has divorced his wife.

Tom has put away his wife.
(그는 아내와 이별했다.)

e. The team members got (were) scattered in all directions.
The team members got strewn in all directions.
The team members got dispersed in all directions.
(팀원들이 각처로 헤어졌다.)

f. The husband and wife have lived separately.
The husband and wife have lived apart from each other.
(부부가 헤어져 살았다.)

g. Tom bid farewell to (said farewell to) his daughter when he went away.
(Tom이 떠날 때 딸에게 작별을 고했다.)
Tom said goodbye and left.
(Tom이 작별을 고하고 떠났다.)

h. Tom took leave of his friends.
(Tom이 친구와 작별했다.)

i. tears of parting (석별의 눈물)
the sorrow of parting (석별의 통한)

③ Someday when we meet up yonder
'when'을 수반하고 있는 부사절이 미래의 뜻이지만 현재형 동사 'meet'를 사용하고 있다. 영어에서 부사와 관련하여 시제를 결정하는 경우를 보도록 하겠다. 내용적으로는 미래를 가리키고 있지만, 아래와 같은 조건에서는 현재형을 사용한다.

a. 미래를 나타내는 부사와 함께 왕래를 의미하는 동사가 사용되는 경우
I start for New York tomorrow.
(나는 내일 New York으로 출발한다.)
Tom comes back next week.
(Tom은 다음 주에 돌아온다.)
They begin work next month.
(다음 달부터 일을 시작합니다.)

b. 시간이나 조건을 나타내는 부사절에서 현재형이 사용된다.
Tom will stay here till Mary comes.   [시간]
(Mary가 올 때까지 Tom은 여기 있을 것이다.)
They will leave if it is fine tomorrow.   [조건]
(내일 날씨가 좋으면 갈 것입니다.)

c. 그러나 when이나 if로 이끌리는 절이 명사절의 기능을 가질 때에는 현재형을 사용해야 하는 제약이 적용되지 않는다.
I will tell Tom so when he *comes* next.
(그가 다음에 올 때에 그렇게 말하겠습니다.)   [부사절]
Do you know when Tom *will come* next?

(그가 다음에 언제 올지 알고 있습니까?)　　　[명사절]

I will tell him so if Tom _comes_ tomorrow.

(만약 그가 내일 오면 그렇게 말하겠습니다.)　　[부사절]

Do you know if Tom _will come_ tomorrow?

(그가 내일 올지 아십니까?)　　　　　　[명사절]

④ stroll과 walk의 차이점

　a. stroll은 '슬슬 걸어 다니다, 어슬렁거리다, 산책하다'라는 의미로 사용되지만, 한편으로는 '여행하다, 방랑하다, 배회하다'를 의미하기도 한다.

　　유사한 단어 → ramble, roam, rove, wander

　　Tom rambled about in the country.
　　(Tom은 그 나라 안에서 여행했다.)
　　Mary roamed around the world.
　　(Mary는 세계를 여행했다.)
　　The traveler roved over the desert.
　　(여행자가 사막을 헤매었다.)
　　A cloud was wandering lonely in the sky.
　　(하늘에 구름이 홀로 떠다니고 있었다.)

　b. walk는 주로 '산책하다'를 가리키는 의미로 사용한다.
　　go for a walk
　　be out for a walk
　　My parents often went for a walk in the park.
　　(부모님이 공원에 산책하러 종종 가셨다.)
　　The children had been out for a walk when you came to see them.
　　(당신이 아이들을 보러 왔을 때 이미 산책하러 밖에 나가고 없었다.)

　　다음 표현은 멀리 산책하는 것을 가리킨다.
　　take a long walk

　　When feeling stressed you'd better take a long walk.
　　(스트레스를 받을 때 멀리 산책하는 것이 좋을 것이다.)

Step VII: Workout Exercise

A ▪▪ Listen to the song and fill in the blanks.

01_ I knew we'd _____ _____ again.

02_ Love is like ____ _____ _____.

03_ Through the ages _____ _____.

04_ Someday when _____ _____ _____ yonder.

05_ We'll stroll _____ ____ _____ again.

B ▪▪ Choose the right answer for the questions.

01_ 다음 중 part의 용법이 다른 하나는? (   )

① Which part of town do you live in?
② Do you sell parts for Ford cars?
③ Did you learn your parts?
④ We parted last year.

02_ 「Blue eyes crying in the rain」의 내용이 아닌 것은? (   )

① 노인이 첫사랑을 그리워한다.

② 저승에서의 만남을 기대한다.
③ 자녀들과 불화가 있다.
④ 사랑을 꺼져가는 불꽃에 비유했다.

03_ 빈칸에 알맞은 표현을 고르시오. (   )

My hair has _____ to silver.
(내 머리가 백발이 되어)

① changed
② switched
③ become
④ turned

04_ 이 노래 속에서의 vain의 정확한 뜻은? (   )

① self-admiration
② proud
③ useless
④ unhappy

05_ 빈칸에 올바른 표현을 고르시오. (   )

He walked to _____ hill.
(그는 저기 보이는 언덕으로 갔다.)

① there
② seeing
③ over
④ yonder

05 | Bohemian Rhapsody

Artist: Queen

Is this the real life?
Is this just fantasy?
Caught in a landslide
No escape from reality
Open your eyes, look up to the skies and see
I'm just a poor boy, I need no sympathy,
easy come, easy go, little high, little low
Anyway the wind blows doesn't really matter to me, to me.
Mama, just killed a man
Put a gun against his head, pulled my trigger, now he's dead.
Mama, life had just begun
But now I've gone and thrown it all away.
Mama, ooo, Didn't mean to make you cry
If I'm not back again this time tomorrow
Carry on, carry on as if nothing really matters.
Too late my time has come
Send shivers down my spine body's aching all the time
Good bye everybody I've got to go
Gotta leave your all behind and face the truth
Mama, ooo, I don't want to die
I sometimes wish I'd never been born at all.
I see a little silhouetto of a man,
Scaramouche, Scaramouche, will you do the Fandango.
Thunderbolt and lightning, very, very frightening me.
Galileo. Galileo. Galileo. Galileo. Galileo. figaro. Magnifico

I'm just a poor boy and nobody loves me

He's just a poor boy from a poor family

Spare him his life from this monstrosity

Easy come, easy go, will you let me go.

Bismillah! No, we will not let you go (let him go)

Bismillah! We will not let you go (let him go)

Bismillah! We will not let you go (let me go)

Will not let you go (let me go)

Will not let you go (let me go)

No, no, no, no, no, no, no.

Mama mia, Mama mia, Mama mia, let me go.

Beelzebub has a devil put aside for me, for me, for me.

So you think you can stone me and spit in my eye.

So you think you can love me and leave me to die.

Oh, baby, can't do this to me, baby,

Just gotta get out, just gotta get right outta here.

Nothing really matters, anyone can see

Nothing really matters

Nothing really matters to me.

Anyway the wind blows.

 Artist Profile

영국 그룹 Queen이 1970년대 중반에 발표한 곡이다. 70년대 초반 Team을 결성하여 주로 라이브 공연을 하며 Rock계에 처음으로 Acid Rock을 선보였다. acid는 '산성'의 뜻이지만, 속어로는 환각제(LSD)의 뜻이 있다. Acid Rock이란 노래를 듣는 동안 마치 환각상태에 빠진 듯한 느낌이 든다고 해서 명명되었다. 이 곡은 '엄마가 한 남자를 죽였다'라는 식의 오해가 있었지만 실은 이별의 아픔을 이기지 못한 청년이 스스로 목숨을 끊고 저승의 세계를 경험한다는 몽환적인 얘기를 담고 있다. '대중음악의 오페라화'를 추구했던 그룹 Queen의 진지한 음악세계가 녹아 있다. vocal이자 pianist이고 리더였던 Fredie Mercury는 뛰어난 작곡가였다. 4옥타브를 넘나드는 엄청난 가창력으로 전 세계의 팬을 사로잡았다. AIDS로 불귀(不歸)의 객(客)이 되었으나 그의 노래는 아직도 팬들의 가슴에 영원히 남아 있다.

이것은 꿈인가, 생시인가?

마치 산사태에 휩싸인 듯, 현실을 피할 수가 없어.

눈을 뜨고 하늘을 봐요.

나는 딱한 아이 동정 따윈 필요 없어.

쉽게 오면, 쉽게 가는 거야.

조금 흥분됐다가 다시 내려오네.

그래도 바람은 불고 나는 상관없어요.

맙소사 막 한 남자를 죽였어요.

그의 머리에 총을 겨누고 방아쇠를 당기니 그가 죽었어요.

맙소사, 이제 막 시작된 삶인데

그러나 나는 이제 전부 팽개쳐버렸어요.

맙소사, 아아. 울지 말아요. 혹시 내가 내일 이 자리에 오지 못해도요.

계속 살아가세요. 마치 아무 일 없었던 것처럼

너무 늦었어요. 심판의 날이 왔어요.

전율이 뼛속까지 파고들어요.

몸은 아파오고요.

여러분 안녕, 이제 여러분을 떠나서 나는 진리를 만나야 해요.

죽고 싶지 않아요. 아예 태어나지 말았으면 하기도 하고요.

계속 살아가세요. 마치 아무 일 없었던 것처럼

나는 어느 남자의 그림자를 보네요. 스카라무슈, 스카라무슈 판당고를 춰주세요.

천둥과 번개가 너무너무 무서워요.

갈릴레오 나는 불쌍해, 누구에게도 사랑받지 못해

그는 가난한 집안의 불쌍한 아이

이 악몽에서 그를 구해주소서.

쉽게 오면, 쉽게 가는 거야

비스밀라 오! 우린 그자를 못 보내!

비스밀라 오! 우린 너를 못 보내!

보내요! 못 보내! 보내요! 못 보내!

아냐. 아냐. 아냐. 아냐. 맙소사. 맙소사.

날 좀 보내줘요.

벨제붑이 날 위해 악마를 내 옆에 놔뒀어요.

날 위해서요.

그래 당신이 나에게 돌을 던지고 침을 뱉었군.

날 사랑한다고 하고 죽도록 내버려두다니

나에게 이럴 순 없어. 나는 벗어나야 해. 이곳에서 벗어나야 해.

아무 일 없어. 누구든 알지요.

나와는 아무 상관없어요.

어쨌든 바람은 불 테니까요.

Step Ⅲ : Words and Idioms

1. landslide: 산사태

   ex) The road was blocked by a landslide.

   (길은 산사태로 막혔다.)

2. sympathy: 명 동정

3. Mama: 아이고머니! 맙소사! (Mama Mia의 줄임말)

4. pull my trigger: (나의) 방아쇠를 당기다

5. carry on: 살아가다

6. send shivers down my spine: 고통이 뼛속까지 파고든다

7. aching: 통증

   ex) I am aching all over my body.

   (안 아픈 곳이 없어.)

8. face the truth: 진리를 만나다.

9. silhouetto : 그림자

   ex) His silhouetto appeared on the curtain.

   (그의 그림자가 커튼에 비쳤다.)

10. Scaramouche: 스카라무슈교의 교주

11. Thunderbolt and lighting: 천둥과 번개

12. Galileo: 이탈리아의 천문학자

13. Figaro: 오페라 <피가로의 결혼>의 주인공

14. spare him his life: 그의 목숨을 구해줘요

15. monstrosity: 괴상함

ex) A: Have you seen that new office building in town?

　　(도심의 새로운 사무용 건물 봤어?)

　B: It's a monstrosity.

　　(괴상하더군.)

16 you can stone me and spit in my eye: 내게 돌을 던지고 침을 뱉다니

Step IV : Pronunciation Drill

1 **caught in:** [kɔt in]

　caught의 /t/가 단타음현상에 의해 /r/로 변해서 [kɔrin]이 된다.

2 **reality:** [riælǝti]

　reality의 /i/는 약모음화현상에 의해 /ǝ/로 발음된다.

3 **just killed:** [jǝst kild]

　just의 /t/는 자음 사이에서 생략된다. 그러므로 [jǝs kild]가 된다.

4 **put a gun:** [put ǝ gǝn]

　/a/가 약모음이동하여 [purǝ]가 된다.

5 **thrown it:** [θrɔun it]

　thrown의 /n/이 자음이동하여 [θrɔu-nit]이 된다.

6 **as if:** [æz if]

　as의 /s/가 자음이동하여 [æ-zif]가 된다.

7 **matters:** [mætǝs]

/t/가 단타음이므로 [mærəs]가 된다.

⑧ sends shiver: [sends ʃivə]

sends의 /s/와 shiver의 /sh/가 동화되어 [sen ʃivə]가 된다. /d/는 탈락된다.

⑨ got to: [gat tu]

경우에 따라 강조하기 위해 '갓투'로도 발음되고, 연음으로 가볍게 '가러'로 발음하기도 한다.

⑩ born at all: [bɔn æt əl]

born의 /n/이 자음이동하여 [bɔ-næ]가 되고 at의 /t/는 /r/로 변하여 [bɔ-næ-rəl]이 된다.

Step Ⅴ : Expression Checklist

① Is this the real life? Is this just fantasy?
(이것은 생시인가? 꿈인가?)

환각상태에 빠져 꿈과 현실을 구분 못하는 상황

② Caught in a landslide, no escape from reality.
(산사태에 빠진 듯, 현실에서 헤어나질 못해요.)

역시 환각상태를 벗어나지 못하는 상황이 계속된다.

③ little high, little low
(약간 흥분되고, 약간 침울해지고)

get high는 속어로 '흥분하다'인데 주로 마약류에 의한 '흥분상태'를 뜻한다. 여기서 high와 low는 단순한 높낮이를 뜻하지 않고 환각상태에서 기분이 up and down되는 상황을 표현하였다.

④ Mama, just killed a man
(맙소사, 한 남자를 죽였어요.)

비록 환상 속의 얘기지만 여기의 man은 본인 자신을 제3자로 표현한 것이다. Mama 는 원래 엄마지만 "Mama Mia"라고 하면 "아이구야! 맙소사!"라는 독립적 감탄사이 다. 여학생들이 놀라서 Oh, Brother! 하면 오빠를 부른다기보다는 우리말의 '엄마야' 정도가 된다. 이 부분을 "엄마가 한 남자를 죽였어요"로 번역하면 노래가 이상해진 다. 최근에 유행한 pop 가운데 「It's raining, man」이란 노래가 있는데 종종 raining 뒤에 쉼표가 빠지는 경우가 있다. 어쨌든 여기서 man은 특별한 번역을 요하지 않는 상투적인 호격으로 '에이', '이봐요'라는 뜻이다. 따라서 "아아 비가 오네요"라고 번 역해야지, '그것은 비오는 남자'로 착각하면 안 된다. raining을 형용사처럼 번역해서 '비오는 남자'라는 우스꽝스런 번역이 되면 안 된다.

⑤ Put a gun against his head, pulled my trigger, now he's dead.
(내가 총을 그의 이마에 겨누고 방아쇠를 당기니 그가 죽었어요.)

다시, 나와 그가 분리된 것처럼 보이지만 이것은 어디까지나 환상 속에서 착각한 것 이다. 나와 그는 동일인물이다.

⑥ life had just begun
(인생이 막 시작되었을 때)

여기서 has begun이라고 하지 않고 had begun이라고 한 걸로 봐서 어린아이가 아닌 성인을 뜻하고 있다. 주인공 청년의 나이를 약 20세로 보면 이제 한 20년 살아서 무 엇을 알 만한데 하는 의미가 있다.

⑦ Now I've gone and thrown it all away.
(이제 모두 버리고 사라집니다.)

스스로 목숨을 끊음으로써 세상을 마감한다는 의미이다.

8 If I'm not back again this time tomorrow
(내가 내일 이 시간에 돌아오지 못하더라도)

실제 죽는 것이라면 불가능하지만 환상 속에서 죽음을 경험하는 것이기 때문에 '사후의 세계'를 접해본 뒤 다시 돌아올 생각을 갖고 있다. 소위 염라대왕의 판단에 따라 다시 이 세상에 돌아오지 못할 수도 있음을 내포하고 있다.

9 My time has come.
(시간이 되었다.)

죽음이 가까워짐을 나타낸다.

10 Send shiver down my spine, body's aching all the time.
(전율이 뼛속까지 파고들고, 온몸이 계속 아파와요.)

죽음의 고통을 간접적으로 환상의 세계를 통해 체험하고 있다.

11 Goodbye everybody, I've got to go.
(여러분, 나는 가야 합니다.)

바로 이 부분에서 주인공이 타인을 죽인 것이 아니라 스스로 죽음을 택한 것이 증명된다.

12 I see a little silhouetto of a man, Scaramouche
(나는 스카라무슈의 그림자를 봤어요.)

Queen의 리더로 이미 고인이 된 Freddio Marcury는 스카라무슈교의 신자로 알려져 있다. 자신이 믿는 종교의 창시자를 저승에서 만난다는 설정이다. 뒤에는 오페라의 주인공들과 알려지지 않은 사람들의 이름이 나오는데 이 역시 환각상태에서 평소 흠모하던 사람의 이름이 거명된 것이다.

13 Spare him his life from this monstrosity.
(처참한 상황에 처한 저 친구의 목숨을 살려주세요.)

저승에서 마치 주인공의 생사여부를 판단하는 배심원들이 있는 듯하다. 주인공은 지상에서 할 일이 많으니 목숨을 살려주자는 이야기이다.

14 You think you can love and leave me to die.

(당신이 날 사랑한다면 어떻게 죽도록 방치할 수 있나요?)

이 부분에서 바로 주인공이 사랑하는 사람과의 갈등으로 죽음을 택했다는 사실이 밝혀진다.

15 Can't do this to me baby.

(나한테 어쩔 수는 없는 거야.)

사랑하는 사람을 원망하고 있다. 여기서 baby는 sweetheart, 즉 연인!

16 Anyway the wind blows.

(어쨌든, 바람은 부네요.)

나 혼자 아무리 발버둥치고 세상을 바꾸려고 노력해도 소용없고, 나의 아픔은 내 아픔일 뿐, 나의 희로애락(喜怒愛樂)과는 상관없이 세상사(世上事)는 변함없이 흘러간다. 그래서 마지막에 '그래도 바람은 분다'로 마치고 있다. 이 노래를 통해 Queen은 젊은이의 고독과 소외감 그리고 세상의 변화에 아무런 기여도 할 수 없는 무기력함을 노래하고 있는 것이다.

Step Ⅵ: Grammar Catch

① Mama, just killed a man → 독립어에 관하여

언어에서 문장 앞 또는 맨 마지막에 고유명사 및 일반명사를 별도로 사용하여 문장
이 제시하는 내용에 해당되는 대상을 표기하는 방법이 있다. 이와 같은 방법에 사용
되는 요소는 주로 명사가 담당하고 있으며, 이 때 사용되는 명사는 주로 사람을 가
리키는 단어 또는 이름 등 고유명사가 대부분이다. 'Mama, just killed a man' 그리
고 'Mama, life had just begun'이라는 가사 내용에 제시된 'Mama'는 바로 사람에 해
당되는 명칭인 '엄마, 어머니'를 사용한 경우라고 볼 수 있다. 영어 문법에서는 이처
럼 대상을 호칭하면서 직접 문장 내용을 전달하듯이 사용하는 경우를 가리켜 '호격'
(vocative case)라고 일컫는다.

명사에 포함되는 단어는 문장 안에서 사용되는 위치에 따라서 기능이 달라지는데,
문법에서는 이를 가리켜 '명사의 격'(case of noun)이라고 한다. 영어에서도 명사는
문장 안에서 나타나는 위치에 따라서 격의 기능을 수행하고 있다.

※ 영어 명사의 격

고대영어에서는 격을 표시하는 단어의 어미가 변화하여 격에 따른 단어 모양이 매
우 달랐지만, 현대영어에 이르러서는 's'를 첨가하는 소유격(genitive case form) 정도
가 남아 있을 뿐이다. 그나마 영어 인칭대명사에 'I(주격), me(목적격), my(소유격)'
의 흔적이 남아 단어의 변화를 보여주고 있을 뿐이다. 나머지 명사에는 어미변화형
이 대부분 상실되어 있다. 따라서 한 단어가 문장 내부에서 어떤 격으로 사용되는가
를 알려면 단어의 문법 관계를 따지지 않고는 육안으로 구분하는 것이 거의 불가능
하게 되었다. 이러한 이유 때문에 현대영어에서 여러 개의 격을 설정하는 것에 대하
여 학자들 사이에는 많은 논란이 있었다. 학자들에 따라서는 각자의 문법 분석방법

에 따라서 명사의 격 숫자가 다르지만, 현재 대부분의 학자들이 인정하고 있는 격의 종류는 대체로 다음과 같이 정리될 수 있다.

주격(nominative case) – 주어
대격(accusative case) – 직접목적어
여격(dative case) – 간접목적어
속격(genitive case)
호격(vocative case)

영어에서 호격으로 사용되는 명사는 주로 문장 앞 또는 맨 뒤에 나타난다.

Jonathan, clean your room and come to see me!
(Jonathan, 네 방 청소하고 나에게 와.)
Waiter, a cup of coffee and two pieces of bread, please.
(웨이터, 커피 한 잔과 빵 두 쪽 부탁해요.)
Hello, young lady, it's really a good day!
(안녕, 아가씨 오늘 날씨가 정말 좋군요.)
Your parents are looking for you, Tom.
(부모님께서 찾고 계신단다, Tom.)

한국어에도 호격이 사용되고 있다. 주로 이름 중 성을 빼고 사람을 부를 때 많이 사용되고 있다. 이름이 자음으로 끝나면 '아'를 붙이고, 모음으로 끝나면 '야'를 첨가하여 호격의 의미를 표시한다.

수빈은 학교에 갔니?
수빈아, 학교에 갔니?
철수는 지금 뭘 읽고 있니?
철수야, 지금 뭘 읽고 있니?

2 I sometimes wish I'd never been born at all.

영어 가정법 과거완료에 해당되는 표현이다. 과거에 결코 태어나지 말았어야 함을 절규하는 내용이다. 문장 표현 중 'I wish'가 가정법 표현으로 사용되면, 현재나 과거에 이루지 못한 소망을 나타내기 위하여 기존의 가정법 문장들이 'if' 조건절을 사용하는 가정법 과거, 가정법 과거완료의 공식을 모두 이용하기보다는 가정법 표현 중 일부인 '과거동사, 과거완료 동사'만 사용한다. 이처럼 'if'를 수반하는 조건절을 사용하지 않더라도 얼마든지 과거에 이루지 못했던 소망을 가정의 의미로 전달할 수 있다. 이와 같이 사용되는 가정법 표현은 명사절에 있는 표현을 근거로 가정법 과거, 가정법 과거완료를 분류할 수 있다.

I wish 가정법 과거: 현재 이룰 수 없는 소망 - 유감(I'm sorry)의 뜻으로 해석

I wish I were there.

(내가 거기에 있으면 좋을 텐데.)

→ I am sorry that I am not there.

(→ 실제로는 있지 못해서 유감이다.)

I wish I could meet her.

(그녀를 만날 수 있다면 좋을 텐데.)

→ I am sorry that I can't meet her.

(→ 유감스럽게도 만날 수 없다.)

I wish I were a bird.

(내가 새라면 좋을 텐데.)

→ I am sorry that I am not a bird.

(→ 유감스럽지만 새가 아니구나.)

I wish 가정법 과거완료: 과거에 이루지 못한 소망 - '했더라면' 좋았을 텐데

I wish that I had learned many foreign languages.

(→ I am sorry that I learned few foreign languages.)

(외국어를 여러 개 배웠더라면 좋았을 텐데.)

I wish I had known the fact a little early.

(→ I am sorry that I know the fact quite late.)

(내가 그 사실을 좀 일찍 알았더라면 좋았을 텐데.)

③ **We will not** let **you** go let **him** go

이 가사 내용 중 핵심 표현은 바로 영어 '사역동사' 사용법이다. 사역동사의 문법적 기능은 본래 동작을 나타내는 동사에게 행동을 수행하도록 시키는 의미를 첨가하는 것이다. 영어에서 대표적인 사역동사로는 'let, make, bid, have, help' 등이 있다.

Let me go with Jack.

(나를 Jack과 함께 보내주십시오.)

I made Jack leave at once.

(나는 Jack을 곧 떠나게 했다.)

Bid Jack come.

(Jack에게 오라고 하십시오.)

I must have someone do the homework.

(누구더러 숙제를 해달라고 해야겠다.)

Help Jane put the room in order.

(Jane이 방 정돈하는 것을 도와주십시오.)

영어 문장 구조로 보면 사역동사를 사용한 문장은 '5 형식문장'에 속한다. 영어 표현에 사용되는 문장형식을 정리하면 다음과 같다.

문장의 기본형식
주부와 술부로 되어 있는 문장은 술부의 구조에 따라 다음 다섯 가지의 기본형식으로 분류된다.

1 형식문장: 주어(S) + 동사(V)　　　　　　　　　　　　　　완전자동사
2 형식문장: 주어(S) + 동사(V) + 보어(C)　　　　　　　　불완전자동사
3 형식문장: 주어(S) + 동사(V) + 목적어(O)　　　　　　　완전타동사
4 형식문장: 주어(S) + 동사(V) + 목적어(O) + 목적어(O)　수여동사
5 형식문장: 주어(S) + 동사(V) + 목적어(O) + 보어(C)　　불완전타동사

 사역동사 중에서 make, bid는 수동태로 사용되면 'to 부정사' 형태가 나타난다.

Jack was made to go at once.
(Jack은 곧 보내졌다.)
Jack was bidden to come.
(Jack은 오라는 말을 들었다.)

4 Just gotta get out, just gotta get right outta here.

gotta(got to)는 must, have got to에 관련된 조동사로 볼 수 있다. 영어에서 조동사는 동사와 결합하여 시제(tense), 서법(mood), 태(voice) 등 일정한 문법 형태를 형성한다. 조동사는 본동사와 달리 구체적인 뜻을 가리키거나, 독립적으로 서술하지 못하기 때문에 단지 본동사에 동반되어 부가적인 뜻만을 첨가한다.

A. have got to

여기에 제시된 'have got to'는 준조동사로 분류할 수 있는데, 다음 예들은 영어에 사용되고 있는 여러 준조동사를 보여주고 있다.

have got to	It's 10 o'clock. I've got to leave now.
be to	I am not to do the washing—up, am I?
be about to	Jane was about to leave, when the phone unexpectedly rang.
be going to	Well, are you going to finish your work or not?
be bound to	The fires are bound to go out if you don't make up regularly.

be certain to	And when the post comes, will you please be certain to look for that letter I'm expecting.
be liable to	The baby is liable to wake up as soon as its light.
be supposed to	What am I supposed to do about it, then?
be sure to	When you leave the house, be sure to lock the back door.
have to	It's twelve o'clock. I have to go now.
had better	You'd better lie down if you're feeling poorly.

B. must

Ⅰ. '필요'를 나타내며, 당위성을 가리킨다. 반대 의미를 가리키는 '불필요'는 'need not'을 사용한다.

Must I go home at once? - No, you <u>need not</u>.

(곧 가야 합니까? - 아니, 그러지 않아도 좋습니다.)

I must ask Jack not to do it any more.

⇒ I feel that <u>it is necessary</u> for me to ask Jack not to do it any more.

(앞으로는 Jack이 하지 않도록 부탁해야 하겠습니다.)

Ⅱ. 'must'와 연관된 시제

Jack <u>had to</u> stay there for a month.

(Jack이 한 달 동안 머물러야만 했다.)　　　　　　　[과거]

Jack <u>will have to do</u> it for himself.

(Jake은 스스로 그것을 하지 않으면 안 될 것이다.)　　[미래]

Ⅲ. 문장 주어의 주장을 must를 첨가하여 표현

Jack must always have his own way.

(Jack은 언제나 자기가 하고 싶은 대로 한다.)

→ Jack says, "I must do as I ……"

Ⅳ. must not의 용법

<u>'may'의 부정을 표현</u>

<u>May</u> I visit your house now?

→ No, you <u>must not</u>.

(방문해도 좋습니까? - 아니요, 안 됩니다.)

<u>금지의 표현</u>

You must not speak loudly in the classroom.

(교실에서 크게 말하지 마세요.)

Ⅴ. 말하는 사람이 단정의 뜻을 전할 때

It <u>must be</u> true. (= It is surely true.)

(그것은 사실임에 틀림없다.)

부정의 뜻은 'cannot'

→ It <u>cannot be</u> true.

(그것은 사실일 리가 없다.)

Ⅵ. 과거에 일어난 일에 대한 단정은 must have + 과거분사로 표시

It <u>must have been</u> true. (= It was surely true.)

(그것은 사실이었음에 틀림없다.)

→ It <u>cannot have been true</u>.

(그것은 사실이었을 리가 없다.)

▶ must는 과거형이 없다. '시제의 일치' 또는 '가정법의 과거형'이 요구될 때에도 그대로 must가 사용된다.

<u>시제의 일치</u>

Jack said that he must leave at once.

(Jack은 곧 가야만 한다.)

→ He said, "I must go at once."

<u>가정법의 의미</u>

(과거) If Jack tried much harder, he must(= would surely) succeed.

(Jack은 좀 더 많이 노력하면 꼭 성공할 텐데.)

→ (사실은) As Jack does not try much harder, he will not succeed.

(과거완료) If he had tried harder, he must(= would surely) have succeeded.

(그는 좀 더 노력했더라면 꼭 성공했을 텐데.)

→ (사실은) As he did not try harder, he did not succeed.

Memo Pad

당위적인 상황을 가리키는 영어표현 중 유사한 종류를 좀 더 설명하겠다.

① ought

이 조동사는 to가 붙은 부정사와 함께 쓰인다.

i. 의무를 나타낸다. (= should)
   You ought to(= should) be kind to patients.
   (환자들에게 친절해야 한다.)
   You ought not to say such a story.
   (그런 이야기를 해서는 안 된다.)

ii. 말하는 사람의 추측을 나타낸다. '당연히 …… 할 것이다'의 뜻.
   He ought to succeed because he is really diligent.
→ It is natural that he should succeed.
   (그가 성공하는 것은 당연하다. 그처럼 근면하니까.)

iii. ought to have + 과거분사
   과거에 관한 의무
   You ought to(= should) have said so then.
   (너는 그때 그렇게 말했어야 했다.)

   과거에 대한 추측
   If Jack had started at 7, he ought to have been in Chicago by 10.
   (Jack이 7시에 출발했다면 10시까지는 런던에 도착했을 것이다.)   [추측]

iv. '시제의 일치'에 의해서 과거형이 요구되는 경우에 ought는 그대로 사용된다.
   Jack said that Jane ought to go to the airport at once.
   (Jack은 Jane 곧 공항에 가야 한다고 말했다.)
→ Jack said to Jane, "You ought to go there at once."

I thought that Jack ought to have arrived home long before.
(나는 Jack이 벌써 집에 도착해 있으리라고 생각했다.)
→ I thought, "Jack ought to have arrived home long ago."

② need
　i. 부정문과 부정의 뜻을 포함하는 의문문에서만 조동사로서 사용된다.
　　You need not go.
　　(너는 갈 필요가 없다.)　　[must의 부정]
　　= You don't have to go.

　ii. 'need not have + 과거분사'는 과거에 일어난 일에 대하여 사용된다.
　　You need not have come to see me.
　　(너는 그렇게 할 필요가 없었다.)
　→ You did not need to come to see me.
　　You had not to(or did not have to) come to see me.

　iii. '시제의 일치'로 과거형이 요구될 때 need가 사용된다.
　　Jack told Jane that she need not distress herself.
　　(그는 그 여자에게 근심할 필요가 없다고 말했다.)
　　→ Jack said to Jane, "You need not distress yourself."

Step VII: Workout Exercise

A ▪▪ Listen to the song and fill in the blanks.

01_ I'm just ___ _____ _____ I need no sympathy.

02_ Put a gun _____ his head pulled my _____ Now he's dead.

03_ Spare him his life from this _____.

04_ Easy come Easy go will you _____ me _____.

05_ Nothing really _____ to me.

B ▪▪ Choose the right answer for the questions.

01_ 빈칸에 올바른 단어를 고르시오. (   )

_____ in a landslide
(산사태에 휩쓸리는)

① taken   ② held
③ caught   ④ been

02_ 다음 중 mama의 성격이 다른 하나는? (   )

① Mama Mia!
② Mama, just killed a man
③ Mama don't take this tape away

03_ 다음 중 mean의 뜻이 다른 하나는? (   )

① I don't mean to make you cry.
② I mean it.
③ You mean everything to me.
④ What does it mean?

04_ 다음 중 노래와 일치하지 않는 것은? (   )

① 오페라의 경지에 이른 곡이다.
② 주인공은 연인에게 버림받았다.
③ 천국에 가서 살아 돌아왔다.
④ 엄마가 남자를 죽였다.

05_ 빈칸에 맞는 단어를 고르시오. (   )

_____ him his life.
(그의 목숨을 살려주세요.)

① save
② make
③ spare
④ take

06 | Kodachrome

Artist: Paul Simon

1. When I think back
on all the crap I learned in high school
It's a wonder I can't think at all
And though my lack of education
hasn't hurt me none
I can read the writing on the wall

Kodachrome
They give us those nice bright colors
They give us the greens of summers
Makes you think all the world's a sunny day
I got a Nikon camera
I love to take a photograph
So mama don't take my Kodachrome away

2. If you took all the girls I knew
When I was single
brought them all together for one night
I know they'd never match
my sweet imagination
Everything looks worse in black and white

Kodachrome
They give us those nice bright colors
They give us the greens of summers
Makes you think all the world's a sunny day
I got a Nikon camera
I love to take a photograph
So mama don't take my Kodachrome away

1. 고교시절 배운 잡동사니를 돌이켜보면
   놀랍게도 생각나는 게 없죠.
   부족한 교육은 내게 전혀 해가 되지 않았는데
   벽에 적힌 낙서 정도는 읽을 수 있었으니까요.

   코닥크롬
   우리에게 멋진 밝은 색을 제공하지.
   여름의 초록을 선사하고
   온 세상이 환한 것처럼 느끼게 해준다네.
   니콘카메라를 갖고 있어서 사진 찍는 것이 너무 즐겁네.
   그러니 엄마, 제발 코닥크롬 치우지 말아요.

2. 만약 당신이 내가 총각 때 알았던 모든 여성을
   오늘밤 모두 불러 모은다 하여도
   그들이 어찌 나의 달콤함 상상에 견줄 수 있겠는가?
   자고로 흑백으로 보면 모든 것이 형편없는 거니까.

   코닥크롬
   우리에게 멋진 밝은 색을 제공하지.
   여름의 초록을 선사하고
   온 세상이 환한 것처럼 느끼게 해준다네.
   니콘카메라를 갖고 있어서 사진 찍는 것이 너무 즐겁네.
   그러니 엄마, 제발 코닥크롬 치우지 말아요.

 Artist Profile

Kodak은 잘 알려진 대로 세계적인 film maker인 다국적기업이다. chrome은 문자 그대로 크롬합금의 뜻이다. 그렇다면 Kodachrome이란 조합어는 어떻게 설명해야 할까? 그냥 '코닥크롬'이라고 하는 게 좋겠다. 전체적인 내용을 보면서 의역을 한다면 '코닥칼라 인화지'나 '코닥칼라 현상을 위한 암실' 정도가 좋겠다. 1970년대 중반 Paul Simon이 만들어서 공전의 히트를 기록했다. 항간의 소문에는 Paul Simon이 Kodak 회장의 딸을 사모한 나머지 예비 장인에게 호감을 사기 위해 만들었다는 설도 있다. 가사가 유치하여 음반 제작자가 나서지 않았으나 중간에 Nikon카메라가 스폰서가 되어 음반이 빛을 보게 되었다고 한다. 이 노래는 처음부터 히트를 염두에 두고 만들어진 것은 아니다. 그러나 결과적으로는 대히트가 되어 Paul이 공연 때 늘 대미를 장식하며 부른다.

Step III : Words and Idioms

① crap: 허튼소리, 잡동사니

 ex) Get all this crap off the table.

  (케이블 위에 잡동사니 좀 치워.)

② kodachrome: 코닥크롬 (합성어)

 여기서는 필름인화지 혹은 현상실을 상징함.

③ Nikon: 일본의 카메라회사

④ take away: 치우다, 가져가다

 ex) I want to take away this coffee.

  (커피를 가져가고 싶어요.)

⑤ single: 형 미혼의

 ex) Are you married or single?

  (결혼하셨나요, 아니면 미혼이세요?)

⑥ bring together: 함께 모으다

⑦ match: 동 어울리다

 ex) The curtain and paint don't match.

  (커튼과 채색이 안 어울려요.)

⑧ imagination: 명 상상, 상상력

⑨ black and white: 흑백 그림(사진, 영화, 텔레비전), 흑백의 인쇄(물)

 black-and-white: 형 흑백의, 단색의, 흑백 얼룩의, 흑백이 뚜렷한 (논리 등)

 ex) black-and-white television - 흑백텔레비전

  black-and-white photograph - 흑백사진

⑩ take a photograph: 사진을 찍다

Step Ⅳ : Pronunciation Drill

① on all: [ən əl]

on의 /n/이 자음이동하여 [ə-nəl]이 된다.

② crap I: [kræp ai]

crap의 /p/가 자음이동하여 [kræ-pai]가 된다.

③ at all: [æt əl]

at의 /t/가 단타음이므로 [ærəl]이 된다.

④ writing: [wraiting]

/t/가 단타음이므로 [wrairiŋ]이 된다.

⑤ summer: [səmmər]

/m/이 겹자음탈락현상에 의해 [səmər]가 된다.

⑥ camera: [kæmərə]

/e/가 약모음현상에 의해 [ə]로 발음된다.

ex) going to → gonna

want to → wanna

trying to → trynna

⑦ black and white: [blæk æn wait]

and의 [æ]가 약화되어 black n white(블랙 큰 화잇)으로 발음된다.

Step Ⅴ : Expression Checklist

1️⃣ Though my lack of education hasn't hurt me none.
(부족한 교육이 큰 피해를 주진 않았는데)

흔히 우리가 속어로 '가방끈이 짧다'라는 말을 하는데 영어로 하면 lack of education 이다. 학창시절 공부를 안 했지만 사회생활하는 데 큰 피해를 주지 않았다고 강변한 다. '부정의 부정은 긍정이다'라는 논리로 보면 안 된다. 뒤에 나오는 none은 강조의 의미로 쓰였다. 흔히 교육수준이 낮은 빈민가 청소년들의 말투에 흔히 보이는 표현 이다. 가령, I didn't need no money(나는 돈 필요 없어요)는 I need no money라고 하 면 되는데 구태여 I didn't need no money라고 한다. 작곡가인 Paul Simon은 elite 연 예인이지만 노래의 주인공이 공부는 팽개치고 사진만 찍은 청소년임을 강조하기 위 해 이런 표현을 썼다.

2️⃣ They give us the green of summer.
(그들은 여름의 초록을 선사합니다.)

과거의 코닥칼라의 광고를 보면 유난히 초록색을 강조한 것이 기억난다. 이에 반해 후지칼라는 붉은색을 상징으로 했었다. 여하튼 무슨 이유에서인지 코닥칼라 찬양으 로 일색하고 있다.

3️⃣ I got a Nikon Camera I love to take a photograph.
(나는 니콘카메라로 사진 찍기를 즐겨요.)

필자가 이 노래를 처음 접한 것은 한창 감수성이 예민한 중학교 시절이었다. 도대체 노래가사에 필름회사 이름과 카메라 명칭이 버젓이 들어가 있는데, 이 곡이 전 세계 를 강타하니 충격에 휩싸이지 않을 수 없었다. 요즘이야 PPL(Product Placement)라고 해서 각종 '간접광고'가 난무하지만 1970년대 중반 우리로서는 상상도 하기 힘든 일 이었다. 개인적으로 15년 가까이 DJ 및 MC로 방송 일을 하면 늘 '특정상품에 대한 언급은 불법'이라고 하는 원칙을 지켜왔기에 더욱 더 놀랍게 느껴진다. 항간에 토픽으로 전해진 것처럼 Kodak 회장에 대한 러브콜인지 아니면 엄청난 보상을 받았는지 Paul Simon만이 알고 있을 것이다.

④ So mama don't take my Kodachome away.
(그러니 엄마 제발 코닥크롬을 치우지 말아요.)

수험생인 아들이 공부 안 하고 사진만 찍는다면 어느 엄마인들 걱정을 안 할지? 역시 노래 속의 어머니도 마찬가지였다. 보라, 아들의 절규를 통해서 알 수 있는 일이다.

⑤ They would never match my sweet imagination.
(그들은 결코 나의 달콤한 상상력에 견줄 수 없을 거예요.)

필자와 같은 중년 남성이라면 누구나 한번쯤 꿈꿔 볼 법한 엉뚱한 상상(wildest dream)이 있다. 바로 '소싯적(?)에 만났던 여인들을 한번 보고 싶다'는 것이다. 그런데 이게 웬일인가? 한두 명도 아니고 오늘밤 모두 다 한자리에 모아놓는다고 하니 얼마나 흥분이 되겠는가(brought them all together for one night). 그러나 만나보면 뭐하나? 추억 속의 칼라사진(특히, Kodak으로 찍은)으로 보는 것(sweet imagination)에 실물을 보는 것은 결코 견줄 수 없다고 한다.

⑥ Everything looks worse in black and white.
(흑백으로 보면 모든 게 시원치 않으니까요.)

실제 옛 연인들은 만나는 것도 칼라로 진행된다. 하지만 여기서는 젊은 시절의 아름답던 모습이 아닌 나이 들고 변한 모습은 '흑백사진'에 비유한 것이다(밤에 만나면 더욱 그럴 것이다).

※ Culture Tips

"스필버그 어머니"의 맹모지교(孟母之敎)

「Kodachrome」을 감상하면 떠오른 얼굴이 바로 스티븐 스필버그의 어머니이다. 1993
년, 미국의 시사프로 <60 minutes>에 소개된 기사에 의하면 Speilberg의 어머니는
Kodachrome에 나오는 어머니와는 좀 다르다. 초등학교 때부터 영화에 빠진 아들을
위해 온갖 지원을 아끼지 않는다. 아들이 전투영화를 찍고 싶다면 어머니가 기꺼이
군복을 입고 모래 바닥에 뒹굴기도 예사였다. 공부보다 촬영을 더 좋아한 Speilberg
를 위해 결석계를 가짜로 쳐서 학교에 제출하는 것도 마다하지 않았다고 한다. 좀
색다른 어머니였다. 유태인의 독특한 교육열의 일환이다. 여하튼 학교공부를 제쳐두
고 무비카메라를 좋아하는 아들을 위해 주위의 비난을 무릅쓰고 일구월심 아들의
장기를 살려준 어머니 덕분일까? 그는 20세기를 대표하는 세계 최고의 영화제작자
및 감독이 되었다.

Step VI : Grammar Catch

1. Though my lack of education hasn't hurt me none.

위 예는 영어의 이중부정(double negative) 문장의 예를 보여주고 있다. 다음 설명은
이중부정을 포함한 문장 표현에 대한 설명이다.

(The American Heritage, *Dictionary of the English Language* ; TheBestLinks.com 참조)

A. 이중부정을 긍정으로 본다.

전통문법에서 영어의 표준용법에 대하여 설명할 때 이중부정을 포함하고 있는

문장 내용 중에는 경우에 따라서 '긍정적 의미'를 가리킬 수 있음을 언급하기도 하였다.

Jack cannot do nothing.

⇒ Jack must do something.

　(Jack이 할 수 있는 것이 반드시 있다.)

Jack wouldn't disagree.

⇒ Jack wouldn't interfere.

　[(하려고 든다면 가능할지도 모르겠지만) Jack은 최소한 방해하지는 않을 것이다.]

B. 이중부정이 실제 영어표현에 응용된다.

이중부정이 부정을 강조하는 의미로 사용되기 시작한 것은 10세기 이후라고 할 수 있다 최근에는 재즈음악 가사에 이중부정이 나타나기 시작하였으며, 정치인 들도 이중부정 문장을 자신의 연설문 내용에 포함시키기도 하였다. 이처럼 이중 부정이 생활영어 표현 중에 생생하게 반영되기도 한다.

You ain't heard nothin' yet. (Al Jolson, 재즈가수)

⇒ You haven't heard anything yet.

　(아직 어느 것도 들은 바가 없다.)

You ain't seen nothing yet. (Reagan 미 대통령)

⇒ You haven't seen anything yet.

　(어느 것도 본 바가 없다.)

C. 이중부정 구문은 비문법적 표현이다.

15세기, 르네상스가 지난 후 영어문법 학자들은 이중부정을 포함하는 표현을 적 절하지 못한 방식으로 지적하기 시작하였다. 특히 최근 영어교육자들은 영어 문 장 내부에 부정의 표현을 둘 이상 사용함으로써 부정의 의미 자체를 훼손하는 결과가 초래된다고 주장하였다. 따라서 학자들과 교육자들을 중심으로 이중부정 문장구조가 비문법적인 표현으로 간주되기 시작함에 따라서 사람들이 이중부정을 사용하는 것은 영어 문장을 적절하게 구사하지 못하는 무지한 사람으로 취급받기 시작하였다. 따라서 최신 영어에서는 이중부정을 사용하는 것은 영어를 표현하는 사람이 사회적으로 하류계급에 속하고 있음을 암시하려는 목적을 내포하고 있다고 볼 수 있다. 이중부정은 우선 ⓐ not과 no에 관련된 표현이 한 문장에 나타나는 방식과 ⓑ not과 부정에 해당하는 부사들인 barely, hardly, and scarcely를 포함하는 두 종류도 분류할 수 있다.

ⓐ The teacher says that Jack cannot do nothing.

   Don't nobody go to the store at night.

   If you don't want to go nowhere, you can stay here!

ⓑ I can't hardly wait until he comes.

   Jack could not hardly do the work successfully.

   It has been said that the imported car scarcely needs no oil.

D. 특정 표현방법으로 이중부정 구문을 살린다.

이중부정 구문을 부정의 의미를 강조하는 본연의 기능을 살리고자 한다면, 두 번째 부정사를 별도의 절에 포함시키면 원래의 의미전달을 실현시킬 수 있다. 별도의 절이나 구는 'comma'를 사용하여 표현한다.

Jack will not surrender, not today, not ever.

(Jack은 결코 항복하지 않을 것이다. 오늘이든 내일이든 영원히)

Jack does not seek money, no more than he seeks fame.

(돈을 추구하는 것은 아니다, 최소한 명성 이상만은 아니다.)

② Kodachrome는 합성어이며, Koda + chrome의 구조로 분석된다.

영어에는 새로운 의미를 표현하기 위하여 몇 가지 단어형성 방식이 있다. Kodachrome

는 이들 방식들 중에서 합성의 방식을 따른 것이다(김형엽 외, 『언어의 산책』 참조).

A. 합성어(복합어라고 부르기도 한다) - compounding word

합성어 형성 과정을 도식으로 보면 '자유형 + 자유형'이다. 합성어들은 구성 단어들의 의미를 그대로 반영하지 않는다. 'pickpocket'에서는 '호주머니를 집다'가 아니라 '호주머니를 털다'를 가리킨다. 합성단어들이 내부 구성단어 의미를 반드시 반영해야 하는 것이 아니기 때문이 합성단어 의미를 가리켜 '불투명적 의미'(opaque meaning)라고 한다.

hotdog	형용사 + 명사
playboy	동사 + 명사
pickpocket	동사 + 명사
rainbow	명사 + 명사
postman	명사 + 명사
lighthouse	명사 + 명사

B. 혼성 - blending word

합성의 일종이지만, 결과적으로 형성되는 단어 구조에 차이가 있다. 혼성에 포함된 단어를 보면 내부구조를 형성하는 단어들의 부분만을 반영하고 있는 것을 알 수 있다.

brunch	'아점'	→	breakfast + lunch
motel	'모텔'	→	motorist + hotel
smog	'스모그'	→	smoke + fog

최근에 발견되는 예

geep (goat + sheep)	염소와 양의 교배종
shoat (sheep + goat)	양과 염소의 교배종
sellathon (sell + marathon)	지속적인 판매
Bingdom (Bing Crosby + kingdom)	Bing Crosby의 세계

C. 신조어 - neologism word

특정 상품의 발명, 특정 사건 등에 의하여 조성된 단어들을 가리킨다.

특정 상품
Coke, Pepsi, Kodak, Kleenex, Xerox

특정 사건
Robot – 문학작품 명칭에서 유래(잡일을 하는 '노예'의 의미)
Jumbo – London 동물원에서 미국 서커스단에 팔린 커다란 코끼리
Gargantuan – 입이 엄청난 동물(Rabelais의 소설)

D. 환칭 - antonomasia word

특정 상황에 관련된 고유명사(주로 사람 이름)를 보통명사, 동사 또는 형용사 등으로 사용하는 경우이다. 일종의 상징적인 의미를 가리키는 단어라고 볼 수 있다.

Solomon (왕의 이름)	⇒ 현명한 사람
Nero (왕의 이름)	⇒ 폭군
Cicero (사람 이름)	⇒ 웅변가
Shylock (사람 이름)	⇒ 냉혹한 고리대금업주
Lynch (사람 이름)	⇒ 개인의 사적 형벌

E. 두문자어 - acronym word

단어들의 앞 철자만을 남겨서 단어를 형성한 경우를 가리킨다.

UN　　　국제 연합
　　　　United Nations
UNESCO 유네스코
　　　　United Nations Educational, Scientific, and Cultural Organization
PLATO　컴퓨터 개인교육 시스템
　　　　Programmed Logic for Automatic Teaching Operations
LASER　레이저
　　　　Light Amplification by Stimulated Emission of Radiation

> Scuba   스쿠버
>   self-contained underwater breathing apparatus
> Snafu   혼란상태
>   situation normal all-fouled up

F. 중첩 - reduplication word

단어의 일부나 전체가 반복되어 만들어진다.

> hocus-pocus   주문의 소리
> hodge-podge   뒤죽박죽
> humpty-dumpty   땅딸보

G. 차용 - borrowing word

주로 다른 나라 언어에서 필요한 단어를 빌려서 단어를 조성한다.

> blitzkrieg (sudden, swift, large scale offensive warfare)
> 전격적인 전쟁 작전 수행을 가리킨다. 독일어에서 차용
>
> harakiri (ritual suicide by disembowelment)
> 일본 무사들이 배를 가르고 할복하는 행위이다. 일본어에서 차용

Step VII: Workout Exercise

A ▪▪ Listen to the song and fill in the blanks.

01_ It's a _____ I can't think at all.

02_ They give us those _____ _____ _____
     They give us the greens of _____.

03_ I _____ ____ Nikon camera. I _____ ___ _____ a photograph.

04_ So mama _____ _____ my Kodachrome away.

05_ I know they'd never _____ my sweet imagination
     Everything looks worse in _____.

B ▪▪ Choose the right answer for the questions.

01_ 이 노래의 내용과 다른 것은? (   )

① Kodak과 Nikon의 상표가 등장한다.
② 주인공은 학창시절 공부를 좋아했다.
③ 주인공은 사진 마니아다.
④ 엄마의 지원을 받지 못했다.

02_ 빈칸을 채우시오. (   )

I love to _____ a photograph.

(사진 찍기를 좋아합니다.)

① get
② take
③ hold
④ have

03_ 빈칸을 채우시오. ( )

My _____ of education didn't bother me.
(공부 못해서 피해본 것 없다.)

① short
② poor
③ lack
④ deficit

04_ 노래 속에서 밑줄 친 부분이 의미하는 것은? ( )

<u>Everything</u> looks worse in black and white.

① 모든 것
② 옛 연인들
③ 자연
④ 사진

05_ PPL(간접광고)는 무엇은 약자인가? ( )

① please please
② pace place
③ product placement
④ paper lace

07 | The Boxer

Artist: Simon & Garfunkel

I am just a poor boy
Though my story is seldom told
I have squandered my resistance
for a pocketful of mumbles
such are promises all lies, and jest
Still, a man hears what he wants to hear
and disregards the rest.

When I left my home and my family
I was no more than a boy in the company of strangers
and in the quiet of a railway station running scared.
Laying low seeking out the poorer quarters
where the ragged people go
looking for the places
only they would know (lie, lie~)

Asking only workman's wages looking for a job,
but I get no offers
Just a "come on" from the whores on Seventh Avenue
I do declare there were times
when I was so lonesome
I took some comfort there (lie, lie~)

Then I'm laying out my winter clothes
I was wishing I was gone going home
Where the New York City Winters are not bleeding me,
leading me to going home

In the clearing stands
a boxer and a fighter by his trade
and he carries the reminders of
every glove that laid him down
or cut him till he cried out
In his anger and his shame
I'm leaving, I'm leaving
But the fighter still remains

 Artist Profile

Simon & Garfunkel을 소개하는 영문서적에는 어김없이 그들의 노래를 '영문과 대학원 학생들'의 단골 세미나 교재라고 기술하고 있다. 물론 저명한 critic(비평가)들의 평가이다. 이 곡도 한 소년이 부친과의 갈등으로 가출하여 겪는 어려움을 통해 기성세대의 모순과 싸우는 젊은이의 용기를 그리고 있다. 필자는 중학교 때부터 이 곡을 좋아했지만 대학시절 영국문화원에서 London 대학교 교수인 Ian Brown 교수로부터 특강을 들으며 100% 노래 내용을 이해하게 되었다. 매일 1시간씩 1주일에 걸쳐 이 곡을 해설했던 Ian Brown 교수가 마지막에 칠판에 써준 말은 다음과 같다. "Young people have always been against old generation". 의역하면 "젊은 세대는 언제나 기성세대의 비리에 대하여 항거해 왔다"였다. 1942년생인 두 사람은 초등학교 5학년 성탄절 연극 때 만나 지금까지 우정을 이어오고 있다. 물론 Paul이 갖고 있는 음악적 우위성 때문에 둘 사이는 순탄치 않았지만, 1971년 해체 뒤 1983년, 1993년, 그리고 2003년 세 차례에 걸쳐 팬들 앞에서 콘서트를 가졌다.

나는 참 딱한 소년입니다.
물론 나의 얘기는 그다지 잘 알려져 있지 않습니다.
나는 부모님께 지나치게 반항하였는데
이유는 약속을 잘 지키지 않으셨기 때문입니다.
아버님은 늘 당신이 좋아하는 얘기가
아니면 외면하셨거든요.

그래서 저는 가출을 했습니다.
친구라고는 모르는 사람들뿐
내가 탄 기차가 집에서 멀어질수록
두려움은 더해갔습니다.
잘 곳을 찾아서 거지들이 가는 허름한 지역으로 갔습니다.
그들만이 아는 은밀한 장소지요.

직업을 구하려고 했지만 막노동의 기회도
주어지질 않았습니다.
나를 반기는 것은 7번가의 거리의 여인들뿐이었어요.
지금 와서 감히 얘기하건데 실제 그곳에서 마음의 평안도 얻었습니다.

안 되겠다 싶어 집으로 가려고 겨울옷을 챙겼습니다.
뉴욕의 겨울바람은
나를 집으로 세차게 몰아 붙였거든요.

하지만 나는
권투선수를 빙자한 청부폭력배로 전락했습니다.
나를 좌절시킨 사람들에 대한 복수심으로
가득 찬 채 나는 상대를 괴롭혔습니다.
내가 살기 위해 상대방의 수모, 분노 따위는 문제가 되지 않았던 것입니다.
이 사회의 구조적 모순이 빚어낸
나 같은 싸움꾼은 계속 생겨나겠지요.

Step III : Words and Idioms

1 squander: 동 낭비하다

    ex) The government is squandering our money on helping North Korea.

    (정부는 우리 돈을 북한을 돕는 데 낭비하고 있다.)

2 resistance: 명 반항

    ex) The committee put up a lot of resistance to the plan.

    (위원회는 그 계획에 크게 반발했다.)

3 mumble: 명 중얼거림 (여기서는 아빠의 꾸지람)

    ex) I wish you wouldn't mumble. I can't hear what you are saying.

    (그만 중얼거려라. 도무지 알아들을 수 없다.)

4 jest: 명 농담, 조롱

5 disregard: 동 무시하다 (to pay no attention to)

    ex) He disregarded my instruction.

    (그는 내 지시를 무시했다.)

6 no more than: 단지 (only)

    ex) He was no more than a secretary.

    (그는 비서에 불과해요.)

7 lay low: (허리를) 숙이다.

8 quarter: 특정지역 (a part of town, often typical of certain people)

    ex) student quarter: 학생지구

    poorer quarter: 빈민가

9 ragged people: 걸인

10 workman's wages: 노동자의 임금

11 whore: 매춘부

12 Seventh Avenue: 뉴욕의 홍등가

13 declare: 동 선언하다, 신고하다

　　ex) U.S. declared War on England in 1812.

　　　　(미국은 1812년에 영국에 선전포고를 했다.)

　　　　Do you have anything to declare?　(신고 품목이 있나요?)

14 lonesome: 형 외로운

15 lay out: 정리하다

16 bleed: 피 흘리다, 피해를 주다

　　ex) They are bleeding me for much money.

　　　　(그들은 내게서 많은 돈을 뜯어낸다.)

17 clearing stand: 수비자세(권투선수 등), stand는 (특히 필사적인) 저항, 방어

　　ex) In 1950 the Korean Army made a stand at Nak Dong river.

　　　　(1950년 한국군은 낙동강에서 필사적으로 저항했다.)

18 fighter by his trade: 직업적인 싸움꾼, 청부폭력배

　　ex) He's a printer by his trade.

　　　　(직업이 인쇄공이다.)

19 reminder: (생각나게 하는) 잔재

　　ex) The bank sent him a reminder.

　　　　(은행은 독촉장을 보냈다.)

20 lay down: 눕히다

21 cut: 때리다(hit)

22 cry out: 소리를 지르다(scream)

23 anger: 명 분노

㉔ shame: 몡 수치

㉕ remain: 동 남아 있다

Step Ⅳ : Pronunciation Drill

① just a: [jəst ə]

just의 /t/가 자음이동하여 [jəs tə]가 된다.

② lies and jest: [laiz æn jest]

lies의 /s/가 자음이동하여 [lai zæn]이 된다.

③ left my: [left mai]

left의 /t/가 자음 사이에서 탈락하여 [lefmai]가 된다.

④ quiet of: [kwaiət əv]

quiet의 /t/가 단타음현상에 의해 /r/로 변한다. 따라서 [kwaiə rəv]가 된다.

⑤ but I: [bət ai]

but의 /t/가 단타음이므로 [bərai]가 된다.

⑥ declare: [diklɛə]

declare의 [ɛə]가 이중모음이므로 '**디클레어**'로 발음한다. 마지막의 '어'는 거의 묵음에 가깝다.

⑦ cried out: [kaid aut]

cried의 /d/가 단타음현상으로 /r/로 변한다. 따라서 [krairaut]가 된다.

Step Ⅴ: Expression Checklist

1　I have squandered my resistance for a pocketful of mumbles.
(나는 수많은 꾸지람에 대해 지나치게 반항하였다.)

부모님 중에는 자녀에게 야단을 치며 논리적으로 확실하게 잘못을 따지는 경우가 있는가 하면 일방적으로 주문을 외듯이 혼잣말(mumble)로 불만을 토로하는 경우가 있다. 이에 대해 주인공은 심하게 대들었다. 즉, 저항(resistance)을 했다(squander).

2　Such are promises, all lies, and jest.
(약속은 모두 거짓과 조롱으로 판명되었죠.)

약속이 거짓과 조롱으로 되는 경우는? 가령, 아들이 아버지에게 오토바이(motorcycle)를 사달라고 했을 때 아버지가 "반에서 1등하면 사준다"고 했다 치자. 아들이 열심히 공부해서 1등을 했지만 아버지는 "네가 폭주족이냐?"라는 반응을 보일 경우 안 사준 것은 약속을 지키지 않은 것이고(lie), 폭주족이라고 한 것은 조롱(jest)이 되는 것이다.

3　Still, a man hear what he wants to hear and he disregards the rest
(그는 언제나 그가 원하는 것만 듣고 나머지는 무시하였다.)

참으로 비극적인 현장이다. 상대의 얘기를 경청하지 않고 자기 자신과 관련된, 자신의 기호에 맞는 얘기만 듣고 나머지는 무시한다면……. 실제 이 사회에서 가진 자(have)가 가지지 못한 자(have not)를 대하는 일련의 태도와도 관련이 있다. 이 노래는 일견, 아버지와 아들의 얘기로 보이지만 기성세대(father)와 젊은 세대(son)의 사고의 차이를 다루고 있다. 중요한 것은 젊은이도 곧 머지않아 기성세대로 변한다는 사실이다. 그러면서도 기성세대와 싸우는 젊은 세대는 계속 남아 있는 것이다(Fighter still remains).

4 When I left my home and my family

(내가 가출했을 때)

집(home)과 가족(family)을 모두 떠난 걸로 봐서 완전 가출(?)이다.

5 I was no more than a boy in the company of strangers

(친구라곤 나그네밖에 없는 소년에 불과했다.)

I have no friends라고 해도 될 것을 상당히 시적으로 표현하였다.

6 In the quiet of a railway station running scared

(기차역의 적막은 나를 더욱 소스라치게 하였다.)

quiet가 명사로 쓰였다. run scared에서 run이 해석되지 않는 것에 주의하자.

ex) I am running late.

　　지금 많이 늦어지고 있어. (O)

　　나는 늦게 달린다. (X)

7 laying low, seeking out the poorer quarters

(허리를 숙이고, 빈민가를 찾았어요.)

노숙자나 걸인들을 보면 늘 꾸부정한 자세(laying low)이다. 엄격히 말하면 허리를 숙인다기보다 못 먹고 자신감이 없어서 어깨가 처져 있는데 타인의 눈에 허리를 숙인 것처럼 보인다. quarter를 동전으로 보면 낡은 동전(poorer quarter)을 찾는 것(seek out)도 되지만, 빈민가의 숙소를 찾는다고 해야 더 올바른 번역이 된다.

8 Just a come on from the whores on Seventh Avenue

(7번가의 매춘부가 '이리 온' 하고 부르는 소리뿐)

이 노래를 수업시간에 어린 학생을 가르칠 때 좀 민망한 부분이기도 하지만 내용을 잘 알면 당황할 필요가 없다. 노래의 주인공은 아직 어린 10대이다. 돈 없는 어린 소년을 거리의 여인(?)들이 왜 부를까? 아마도 고향에 두고 온 어린 동생 생각이 나서일 것이다. 이 노래는 1960년대에 나온 노래이다. 길거리를 방황하는 소년을 보고 따뜻한 밥이라도 사 먹이고 싶지 않았을까? 이보단 조금 늦지만, 우리나라에도 <영자의 전성시대> 같은 가족의 생계를 위해 거리로 뛰쳐나온 한 많은 여인의 삶을 조명한 영화가 있었다.

9 I do declare there were times when I was so lonesome, I took some comfort there.
(감히 선언컨대, 외로웠던 시절 나는 그곳에서 위안을 얻었습니다.)

소년은 그곳에서 잠시 위안을 얻는다. 부유했던 집에서 느끼지 못했던 따뜻한 사랑을 느끼는 것이다.

10 New York City winters aren't bleeding me.
(뉴욕의 겨울바람이 나를 홀대하진 않았어요.)

bleed는 '피를 흘리게 하다'인데 여기서는 '홀대하다', '구박하다'로 해석한다. 비록 고향에 가고 싶어 보따리는 쌌지만 뉴욕이 특별히 자신을 내몰지는 않았다고 한다. 뉴욕에 대한 무한한 애정을 엿볼 수 있다. 이들은 유태인이지만 전형적인 New Yorker로서 그곳에서 학교를 다녔고(Columbia 대학교), 늘 중요한 공연도 센트럴파크에서 한다.

11 In the clearing stands
(싸울 자세를 취하고)

선수들이 상대의 주먹을 막기 위해 두 팔로 얼굴을 방어하는 자세를 취한다.

12 a boxer and a fighter by his trade.
(권투선수인 동시에 청부폭력배)

a fighter by his trade는 싸움이 직업인 사람, 즉 청부폭력배이다(돈 때문에 싸우는 사람).

13 In his anger and his shame, I am leaving, I am leaving.
(그의 분노와 수치를 뒤로 하고 오늘도 나는 떠난다.)

권투경기이든 길거리의 주먹질이든 반드시 승자와 패자가 있다. 이때 승자는 환호작

약하며 링을 떠나지만 패자는 지고나면 분하다(anger). 또한 그 사실 때문에 팬과 가족을 대하기가 부끄럽다(shame)고 노래하고 있다.

※ **Culture Tips 1**

"실베스타 스텔론과 Boxer"

실베스타 스텔론이 최근에(2008년 봄) <RamBo 4>를 내놨다. 미얀마 정부군과 싸우는 소수민족의 애환이 주제이다. 그를 유명하게 한 건 1977년에 등장한 <Rocky> 시리즈이다. <Rocky> 1편을 보면 첫 장면이 주인공 Rocky Belbore가 부둣가에서 무고한 노동자를 협박하며 돈을 뜯어내는 장면이 나온다. 물론 boss는 따로 있고 수당을 받고 대신 폭력을 휘두르는 것이다(fighter by his trade). 그리고 저녁에는 챔피언을 꿈꾸며 권투 도장에 나간다(a boxer).

실베스타 스텔론은 무명배우 시절 극장의 청소부로 일하며 힘든 나날을 보낸다. 하루일과가 끝나고 그의 유일한 낙은 Simon & Garfunkel의 「Boxer」를 듣는 것이었다고 한다. 수천 번을 족히 들었다고 한다(1980년대 중반 Johnny Carson의 <Tonight Show>에서). 그리고 그 노래에 영감을 받아서 <Rocky>의 대본을 집필하고 직접 출연하여 스타가 되었다. 영화 속에서 Rocky의 애인은 애견센터에서 사료를 파는 지체장애 여인이다. 그러나 회를 거듭할수록 그녀도 예뻐지고 Rocky도 실력이 일취월장한다. 그녀의 사랑이 Rocky를 변화시키는 것이다. 노래 한 곡이 삶의 지침서가 될수 있느냐 없느냐는 논란의 여지가 있다. 하지만 무명배우 실베스타 스텔론에게는 최소한 생의 전환점(break through for his life)을 마련하는 계기가 되었다.

※ **Culture Tips 2**

"Boxer와 시대정신"

그들의 노래는 특히 노랫말이 시라고 해야 옳을 것이다 1960년대 후반에 발표된 이 곡은 세계유명대학 영문과에서 연구과제로 자주 다루어질 정도로 그 노랫말이 문학 작품에 견줄 만큼 수준 높은 것이 특징이다.

아버지와 아들 사이의 사소한 대화의 단절이 한 인간의 장래에 엄청난 피해를 주었다. 아들이 아버지에게 하고자 하는 얘기는 무엇이었을까? 아니면 아버지가 꼭 듣고 싶어했던 얘기는? 아마도 아버지는 아들이 의대에 진학한다거나, 법관이 되겠다거나 하는 얘기를 듣고 싶었을 것이다. 아들은 아버지에게 여학생들과 미팅한 얘기, 몰래 배운 당구의 스리쿠션 얘기, 아니면 수학여행가서 맥주 마셔본 얘기, 보컬그룹을 만들고 싶다는 얘기를 하고 싶었는지도 모른다. 어쨌든 아버지에게 환멸을 느낀 이 소년은 무조건 가출을 한다. 그리고 방황한다. 재미있는 것은 거리를 떠도는 소년에게 사랑을 베푼 사람들이 바로 걸인과 매춘부라는 사실이다. 어린소년은 학교에서 거지와 창녀는 추한 것이라고 배웠다. 그러나 그들이 굶주린 소년의 허기를 채워주고 사랑을 베푼 것이다. 여기서 소년은 큰 충격을 받는다. 소년은 권투선수(Boxer)가 되고자 했으나 실제로는 청부폭력배(fighter by his trade)가 된다. 그리고는 먹고살기 위해 타인을 괴롭힌다. Simon & Garfunkel은 이 노래를 통해서 이 사회의 구조적 모순을 꼬집고 있다. 가진 자와 못 가진 자, 배운 자와 못 배운 자 사이의 갈등을 아버지와 아들을 등장시켜서 비교한 것이다. 기성세대의 비리와 싸우는 젊은이의 뜨거운 양심의 소리가 이 노래 속에 유유히 흐르고 있는 것이다.

Step Ⅵ: Grammar Catch

1 **Though my story's** seldom **told**

'빈도부사'의 경우로서 발생의 횟수를 가리키며, 영어 문장 표현에서 '빈도부사'는 주로 동사 앞에 위치한다. 'seldom'의 경우는 빈도부사 중에서 부정적 의미를 가리킨다. 횟수를 가리킬 때 'seldom'처럼 ⓐ 부정적 의미를 수반하는 빈도부사와 ⓑ 단순하게 반복되는 횟수를 가리키는 빈도부사 두 종류가 있다.

A. 발생 횟수를 긍정적으로 표현

→ always, ever, often, sometimes, usually

I always go back home around 7 in the evening.

Do you ever think over the story of today's newspaper?

I often visited my friends when I was in America.

I sometimes ate spaghetti at an Italian restaurant.

I usually finish my homework at night.

B. 부정의 의미를 포함하는 표현

→ seldom, hardly (scarcely), never, rarely

I hardly visited my friends when I was in America.

I never finish my homework at night.

I rarely ate spaghetti at the Italian restaurant.

2 I was no more than a boy in the company of strangers and in the quiet of railway station running scared.

A. no more than에 관련된 표현들

비교급 표현이지만, 단순하게 '～보다'로 해석되지 않기 때문에 주의가 필요하다.

Ⅰ. no more than (only - '단지, 겨우')

John spent no more than 100 dollars to buy books.

(그는 <u>겨우</u> 100달러를 썼을 뿐이다.)

No more than seven boys were rescued.

(구출된 것은 <u>오직</u> 7명의 소년뿐이었다.)

There were no more than twenty students in my class.

(우리 학교에는 <u>오직</u> 20명의 학생밖에 없다.)

→ not more than (at most - '많아야, 기껏해야')

Jack spent not more than 100 dollars to buy books.

(그는 <u>기껏해야</u> 100달러를 썼다.)

Ⅱ. no less than (as much as - '~(이)나, ~만큼')

My father gave me no less than $500.

(아버지께서는 나에게 500달러<u>나</u> 주었다.)

Jack earns no less than 70 thousand dollars a year.

(그는 한 달에 7만 달러<u>나</u> 번다.)

No less than 10,000 people were killed in the earthquake of China.

(중국의 지진으로 만 명<u>이나</u> 되는 사람이 죽었다.)

→ not less than (at least - '적어도')

My father gave me not less than $500.

(아버지께서는 나에게 <u>적어도</u> 500달러를 주었다.)

Ⅲ. A is no more + 명사 + than B (⇒ A is not + 명사 + any more than B)

(A가 ~ 아닌 것은 B가 ~ 아닌 것과 같다, B와 마찬가지로 A도 ~가 아니다)

A whale is no more a fish than a horse is.

(고래가 물고기가 아닌 것은 말이 물고기가 아닌 것과 같다.)

⇒ He is not a god any more than we are.

(우리와 마찬가지로 그도 신이 아니다.)

Ⅳ. no less …… than …… (⇒ quite as …… as)

(～와 같이 ……인, ～에 못지않게 ……인)

Jane is no less beautiful than her sister.

(Jane은 언니에 못지않게 아름답다.)

⇒ Jane is quite as beautiful as her sister.

Jack was no less brave than his ancestors.

(Jack은 자신의 조상에 못지않게 용감했다.)

⇒ Jack is quite as brave as his ancestors.

B. 분사 표현의 후치

분사가 보어나 목적어를 동반하거나 또는 부사적 수식어에 의하여 수식될 때 항상 명사 뒤에 위치한다.

Who is that boy wearing (who wears) a big straw hat?

(큰 밀짚모자를 쓰고 있는 저 소년은 누군가?) (목적어를 동반)

He had a lovely little daughter called Jane.

(그에게는 Jane이라는 귀여운 딸이 있었다.) (보어를 동반)

He is an artist just returned from America.

(그는 방금 프랑스에서 돌아온 화가이다.) (부사적 수식어를 동반)

분사표현이 명사 뒤에 놓일 때는 분사에 사용되는 동사에 보어나 목적어가 동반되는 경우이다. 이 때 분사표현은 동사적 성질이 강하다. 그렇지만 분사표현이 명사 앞에 놓이게 되면 명사를 수식하는 형용사적 성격이 강해진다.

a bird singing (= which is singing) in the bush.

(숲 속에서 울고 있는 새)

a singing bird (= a bird which sings)

(우는 새)

a man much excited at the news.

(그 소식을 듣고 매우 흥분한 사람)

a very excited look

(매우 흥분한 표정)

C. 2형식 문장을 형성하는 '불완전자동사' 구문

'running scared' 문장은 '동사(run) + 보어(scared)'로 구성된 것이다. 이와 유사한 형식의 문장을 사용하는 동사를 불완전자동사(incomplete intransitive verb)라고 부르며, 해석은 '……이다' 또는 '……이 되다'로 나타난다.

be	(……이다)	become	(……이 되다)
remain	(……그대로이다)	grow	(……이 되다)
keep	(……그대로이다)	seem	(……인 듯하다)
look	(……의 모양을 하고 있다)	prove	(……임이 판명되다)

He became rich.

(그는 부자가 되었다.)

He remains poor.

(여전히 가난하다.)

He grew tall.

(키가 컸다.)

He kept silent.

(가만히 있었다.)

He seems clever.

(영리해 보인다.)

He looks healthy.

(건강해 보인다.)

He proved dishonest.

(정직하지 못한 사람으로 판명되었다.)

Memo Pad

영어에서 보어는 주어가 '무엇, 또는 어떻다', '무엇으로, 또는 어떻게 되다'의 뜻을 나타내는 말이다. 동사의 동작이 행해질 때 해당 주어가 '무엇' 또는 '어떠하다'는 상태를 표현하려면, 동사에 보어가 첨가되어 문장이 구성된다. 이런 경우 보어로서 명사, 형용사 대신에 부사를 쓰는 것은 잘못이다.

These flowers smell <u>sweet</u>. (형용사)
(이 꽃들은 향기가 좋다.)
He died <u>young</u>. (형용사)
(그는 젊어서 죽었다. → 죽었을 당시 아직 젊었다.)
Jack returned home <u>safe</u>. (형용사)
(Jack은 무사히 집에 돌아 왔다.)
Jack will live <u>a bachelor</u>. (명사)
(Jack은 독신자로서 살겠다.)

① just a "come on" from the whores on Seventh Avenue
→ just a "come on" call from the whores on Seventh Avenue

a. 'come on' 자체가 명사일 수도 있지만, 만일 'call'(부름)이라는 명사가 있다고 가정하면 'come on'은 일종의 동사구(verb phrase)로서 뒤에 위치한 명사를 수식하는 것으로 볼 수 있을 것이다. 이처럼 동사구가 뒤에 따르는 명사를 꾸미면서 전체적으로 수식의 기능을 하는 경우가 영어에 많이 발견되기도 한다.

and when the **wake-up** call came on Thursday
woman with her **stick-out** hair······
pulled back into the **breakdown** lane······
the **know-nothing** ⟨ideology⟩ of the politically quiescent.

of his father's **rolltop** desk……
Fay Wray's **would-be** rescuers……

b. 영어에서 정관사 'the'의 용례
고유명사 중 일부는 관습상 정관사를 수반하지 않는 것들이 있다. 위의 예에서 Seventh Avenue도 여기에 해당된다고 볼 수 있다.

Pennsylvania Avenue
Fifth Avenue
Times Square
Canterbury Cathedral
Oxford University
Harvard University
Central Park
Hudson River
Lake Ontario
Buckingham Palace
Westminster Abbey
Rugby School
Grand Central Station
Holland Tunnel

정관사를 사용하지 않는 다른 경우들
  i. cities(도시), states(국가), provinces(지역), continents(대륙)
     Toronto, California, Ontario, North America
  ii. most individual mountains and lakes(산과 호수를 개별적으로)
     Mount Everest, Lake Superior, the Matterhorn
  iii. most countries(대부분의 국가명칭)
     Mexico, Poland, Greece, India, Korea, China, Japan

    → 정관사를 사용하는 국가 명칭
       the United States (the USA)
       the Soviet Union (the USSR)
       the People's Republic of China (the PRC)

② I do declare there were times when I was so lonesome
'do' 동사의 강조 용법에 대한 경우이다.

강조의 용법

i. 강조 용법으로 사용된 'do'는 강하게 발음해야 한다.

I DO think it's a real pity.

(정말 딱하게 생각한다.)

I DO remember his name clearly till now.

(지금까지 그의 이름을 똑똑하게 정말 기억한다.)

ii. 강조 용법은 명령문에 많이 사용된다.

Do come to see me again next week.

(다음 주에 꼭 다시 찾아오시오.)

Do be quiet in the room!

(방에서는 조용히 하라니까!)

iii. 강조 용법 문장은 앞뒤에 서로 상반되는 상황을 대조할 때 사용한다.

Jack did go to the place, but he couldn't meet Jane.

(Jack 가긴 갔지만 그를 만날 수 없었다.)

③ I **was** wishing I was gone.

이 문정 구성을 자세히 보면, 'I wish' 구문이 가정법 과거 형태를 완전하게 보이고 있다고 말하기 어렵다. 그 이유는 'I wish' 구분은 명사절 내용이 현재 실현되기 어려운 소원을 가리킬 때 명사절에 사용되는 be 동사는 'were'로 나타나는 것이 문법적으로 옳기 때문이다.

I wish I were there!

(내가 거기에 가 있다면 좋을 텐데!)

그렇지만 'if'로 가정법 내용을 표현할 때 'be gone'(사라지다, 없어지다)의 'be'가 'were' 또는 'was' 양쪽이 모두 가능하기도 하다.

Which would you miss the most if it **were gone**?

(Novell homepage에서 발췌)

If really internet **was gone** for the whole world, how would people react?

(Xenosium homepage에서 발췌)

English Grammar in Use, 2nd(R. Murphy)에 의하면, 'be' 동사의 경우에 가정법 구문을 가리키는 'if' 부사절 내에서도 최근에는 'were' 또는 'was' 양쪽으로 표기되기도 한다.

If I **were** you, I wouldn't buy that coat. or If I **was** you……

I **wish** it were possible.   or I **wish** it **was** possible.

④ a boxer and a fighter by his trade

접속사 양쪽에 명사가 있을 때 두 명사가 각자 다른 존재로서 별도로 의미로 해석되기도 하지만, 경우에 따라서는 하나의 덩어리로 인식되기도 한다. 두 명사가 매우 밀접한 관계를 보이는 경우에 관사를 전혀 사용하지 않기도 한다.

> Now Jane and Jack are **man and wife.**
> (남편과 아내)
> The argument between **father and son** was serious.
> (아버지와 아들)
> The relation of **mother and child** are really close.
> (어머니와 아이들)
> **Master and pupil** are doing quite well.
> (스승과 제자)
> The peace treaty between **North and South** is very important.
> (한반도 남과 북 두 지역을 통칭)

두 개의 명사가 주어에 있을 때 이중주어(double subject)라고 하며, 여러 개의 명사가 접속사를 동반하지 않고 주어 위치에 있을 때 복식주어(multiple subject)로 분류할 수 있다. 이중주어나 복식주어가 사용되면 동사는 주로 복수형으로 나타난다. 그렇지만 접속사 'and'에 연결된 명사들 사이에 밀접한 관계가 형성될 때에는 하나의 개념으로 간주하고 단수형 동사를 사용한다. 그 이유는 경우에 따라 주어 자리에 두 개 이상의 명사들이 있다고 해도 의미적 해석에 따라서 복수가 되기도 하고 단수가 되기도 하기 때문이다.

a. 복수형 동사로 받을 때

A strong wind and a full sail brings joy to the sailor.
Honest criticism and sensitive appreciation are directed not upon the poet but upon the poetry.
Happiness and success in life do not depend on our circumstances, but on ourselves.
Dickens, Thackeray, Trollope, and George Eliot were novelists of the Victorian age.

b. 단수형 동사로 받을 때

A cart and horse was seen at a distance.
(마차의 개념)
An officer and gentleman has the manner that we can be proud of.
(학사장교를 가리킨다.)
This typewriter and case weighs about 15 pounds.
(타이프와 이것을 담는 통을 하나의 개체로 보고 있다.)

The mind and spirit remains invincible.
(마음과 영혼을 하나의 개체로 보고 있다.)
A knife and fork is tool used for eating western food.
(나이프와 포크가 한 벌로 인식된다.)
Trial and error is the source of our knowledge.
(시행착오)
Hill and valley rings.
(언덕과 계곡이 하나로서 인식된다.)

Step VII: Workout Exercise

A ▪▪ Listen to the song and fill in the blanks.

01_ I am just __ _____ _____, though my story's seldom told.

02_ When I _____ my home and my family.

03_ Laying low, _____ _____ the poorer quarters
Where the ragged people go
_____ the places, only they would know.

04_ I ____ _____, there were times when I was so _____
I took some comfort there.

05_ In the clearing stands ____ _____ and a fighter by his trade.

B ▪▪ Choose the right answer for the questions.

01_ 다음 중 poor의 용법이 다른 것은? (　)

① He was too poor to buy a house.
② When I was young, I was poor.
③ I am in poor health.

02_ 다음 중 어법이 틀린 것은? (   )

① My story seldom is told.
② I seldom go to church.
③ I seldom eat meat.

03_ 올바른 단어를 고르시오. (   )

I was in the _____ of a railway station.

① quietness
② being quiet
③ quiet

04_ 밑줄 친 부분을 다른 단어로 바꾸면? (   )

I was no more than a boy.

① at least
② about
③ at best
④ only

05_ Boxer의 내용과 다른 것은? (   )

① 무대는 L.A.이다.
② 부자간에 갈등이 있었다.
③ 주인공은 권투선수를 꿈꾼다.
④ 결국은 폭력배가 된다.

08 | Wasted On The Way

Artist: Crosby, Stills & Nash

1. Look around me
I can see my life before me
Running rings around the way
It used to be

I am older now
I have more than what I wanted
But I wish that I had started long before I did

*
And there's so much time to make up
Everywhere you turn
Time we have wasted on the way
So much water moving underneath the bridge
Let the water come and carry us away

2. Oh when you were young
Did you question all the answers
Did you envy all the dancers
Who had all the nerve?

Look round you now
You must go for what you wanted
Look at all my friends who did and got what they deserved

1. 나를 돌아보며 내 인생을 생각해보네.
   돌이켜보면 언제나처럼 다람쥐 쳇바퀴 도는 삶 아닌가?

   나이가 들어 전보다 더 나아지긴 했지만,
   진작 더 일찍 시작했어야 하지 않았을까?

   *
   보충해야 할 시간이 너무나 많아. 이리 보고 저리 봐도.
   너무 많은 시간을 낭비했어요. 다리 밑을 지나는 저 물결
   흐르는 저 물결에 나를 실어 보내리다.

2. 아! 젊은 시절, 정해진 답에 의문을 품은 적이 있었나요?
   아니면 정력적으로 춤추는 사람을 부러워한 적이 있었나요?

   돌이켜보세요. 애초에 품었던 꿈에 진력하세요.
   정당한 노력으로 엄청난 성공을 이룬 친구들을 보시라고요.

 Artist Profile

crosby, stills & nash는 1969년 결성된 포크트리오로, 유려한 화음과 의미 있는 노랫말로 미국뿐 아니라 전 세계의 지성인에게 사랑을 받은 그룹이다. 이 노래는 그들이 1970년대 중반에 발표한 곡으로 중년의 나이에 뒤를 돌아보며 자신의 삶과 앞으로의 생에 대한 의지를 그려보는 멋진 곡이다. 사실 이 곡은 이들이 해체된 뒤 재결합하면서 부른 노래다. 헤어져 활동하여 각자 큰 재미를 못 보다가, 다시 만나보니 헤어져 있던 시간이 너무나 아쉽고 서로 으르렁거리며 미워했던 것에 대한 회한이 있었다. 이들은 밴드의 재결합에 대한 노래를 했지만 30년이 지난 지금, 중년의 성인들이 들었을 땐 마치 좀 더 열심히 살지 못한 자신에 대한 원망이 드는 노래로도 들린다. 이것이 바로 심리학에서 말하는 공시성(共時性) 혹은 동시성(同時性)이다. 영어로는 Synchronicity가 된다. 우리 주변에 나이가 많아서 하고 싶은 걸 못하겠다고 하는 분들이 많지만 실제로는 더 많은 나이에 더 큰 성공을 이루는 경우가 많다. 이 노래가 여러분의 성공가도에 작은 도움이 되면 좋겠다.

Step Ⅲ: Words and Idioms

1 run rings: 동 원 주위를 돌다.

2 the way it used to be: 과거와 같은 방식

3 make up: 동 완전하게 하다, (부족한 부분을) 메우다

  ex) They make up a four at tennis.

  (그들은 테니스에서 4명을 채웠다.)

4 underneath: 부 바로 밑에

  ex) The insect crept underneath the door.

  (벌레가 문 밑으로 들어갔다.)

5 question: 동 의문을 품다 (raise doubts about)

  ex) I would never question about her honesty.

  (나는 그녀의 정직성에 대해 의문을 품은 적이 없다.)

6 nerve: 명 신경, 체력, 용기, 담력

  a man of nerve (용감한 사람)

  a test of nerve (담력 테스트)

7 deserve: 동 ~을 받을 만한 가치가 있다.

  ex) You've been working all morning, you deserve a rest.

  (아침 내내 일했으니 쉬어도 돼.)

  She deserved to win.

  (그녀는 마땅히 이길 만했다.)

Step Ⅳ : Pronunciation Drill

1 look around: [luk əraund]

look의 /k/가 자음이동하여 [lukəraund]가 된다.

2 before: [bifɔə]

[ɔə]가 이중모음이므로 '비포어'가 아니고 '비포'처럼 들린다. 실제는 '**비포어**'이다.

3 running: [rəniŋ]

'런닝'이 아니고 '러닝'이다. 겹자음탈락 현상에 의해 /n/은 한 번만 발음한다.

ex) tennis → 텐니스 (X)

테니스 (O)

summer → 썸머 (X)

써머 (O)

4 what I wanted: [wat ai wəntid]

what의 /t/는 단타음현상에 의해 [wərai]가 되고 wanted의 /t/는 /n/을 닮아 [wənid]가 된다. 그래서 [wərai wənid]이다.

5 wasted on: [weistid ən]

wasted의 /d/가 /r/로 발음되어 [weistirən]이 된다.

6 answer: [ænswə]

이중모음현상에 의해 '앤스워'가 아니고 '앤서'라고 발음한다.

7 Did you: [did yə]

/d/와 /y/가 동화작용을 일으켜서 [diʤə]가 된다.

Step Ⅴ : Expression Checklist

① Running rings around the way it used to be

(다람쥐 쳇바퀴 도는 듯한 인생)

흔히 들리는 얘기로 직장인들이 오전 근무시간 중에 하는 가장 큰 고민은? 정답은 오늘 점심은 뭐로 하지이다. 직장생활을 하다보면 왠지 반복되는 일상에 염증을 느낄 때가 있다. 비단, 직장뿐이랴? 같은 일을 반복하다보면 싫증을 느끼는 것은 당연하다. 필자도 20대 중반에 시작한 영어강사 생활에 염증을 느껴 방송이라는 탈출구를 찾았다. 방송에서 DJ와 MC를 20년 가까이 하다 보니 또 다른 회의(懷疑)가 들었다. 그래서 내린 결론이 '다시 시작하자'였다. 만시지탄(晩時之歎)의 감은 있었지만 강의라는 길을 선택했다. 전과 같은 방식(the way it used to be)으로 하루하루의 삶이 원 주위를 도는 듯(running rings)한 삶이 싫었기 때문이다.

② I wish that I had started long before I did

(오래전에 시작했었다면 하는 생각을 합니다.)

I wish that I had started는 가정법 과거완료와 가정법 과거가 합쳐진 문장이다.

③ There's so much time to make up every where you turn

(어딜 봐도 보충해야 할 시간들뿐)

make up의 뜻은 실로 다양하다. '화장하다'의 뜻도 있고, '청소하다'의 뜻도 있다. 여기서는 '보충하다'의 뜻이다. 보충수업은 make up class 혹은 catch up class라고 한다. 노래의 주인공은 '아쉬운 것이 못내 많은 사람'이다. 어딜 둘러봐도(every where you turn) 보충해야 할 시간이 너무 많다(so much time to make up)고 한다.

④ Let the water come and carry us away

(흐르는 강물에 내 몸을 맡기리라.)

이 문장의 뜻은 각자의 기호에 따라 다양하게 해석될 수 있다. 바람, 파도, 흐르는 강물이 시사하는 바는 크다. 특히 강물의 경우 세차게 흐를 때는 더욱 더 강력하게 느껴진다. 일종의 대세(大勢)라고나 할까? 주인공은 대세에 몸을 맡기고 자신도 성공의 대열에 서고 싶다고 한다.

⑤ Did you question all the answers?
(정해진 대답에 의문이 든 적이 있나요?)

여기서 question은 '의심을 품다'의 뜻이다. 여기서 answer는 '기정사실'로 번역한다. 남들이 모두 옳다고 하는 '기정사실'에 대해 의문을 품는 것(question)은 쉬운 일이 아니다. 나이가 들면 매사를 평범하게 보지 않는다. 똑같은 가사를 보고도 각자 다르게 행간의 뜻을 읽게 된다(read between the lines). 일간지 중에서 ≪중앙일보≫를 보다보면 왠지 삼성에 대한 기사는 논조가 부드럽다. 고려대학교의 각종 행사는 ≪동아일보≫를 통해서 자세히 알려진다. 모두 상관관계가 있는 것이다. 어렸을 때 추앙했던 어느 종교지도자가 어느 순간 '사이비'인 경우도 있다. 모두 question all the answers 했기에 가능한 것이다.

⑥ Did you envy all the dancers who had all the nerve?
(정열적인 무용수가 부러웠나요?)

이에 대한 대답은 한마디로 '아니다'이다. 젊었을 때는 비록 지성이 부족하여 판단력이 흐려질 수 있으나 최소한 체력을 요하는 일에서는 빠지지 않는다고 노래한다. 위의 ⑤번과 관련이 있는 비유이다. 참으로 절묘한 대비이다. 젊어서 부족한 것은 지성이요, 나이 들면 체력과 용기가 부족하다는 의미이다.

⑦ You must go for what you wanted
(처음 가졌던 꿈에 정진하세요.)

go for는 '몰입하다', '정진하다'이다. 흔히 우리가 운동장에서 외치는 fighting은 Konglish 이다. go for it!이 옳다. what you wanted는 원래 원했던 것, 즉 '애초의 꿈'이다.

⑧ all my friends who did and got what they deserved
(성공을 이루고 누릴 만한 영광을 갖춘 친구들)

내 주변에는 단순한 성공이 아니고 엄청난 성공을 거둔 친구들이 있는데 모두 정당한 노력을 통해서 얻은 것이기에 더욱 더 뜻 깊다고 한다. 그래서 질투의 대상이 아닌 선망의 눈으로 그들을 바라보고 닮고 싶은 것이다.

※ Function

"From Mr. Kwak"

이 노래를 본서에 넣기로 결정하고 교보문고 음반 매장에서 CD를 사서 수차례 들었다. 내가 처음 이 곡을 접한 것은 1988년 <굿모닝 pops>의 MC를 맡고 한창 pops English에 빠져 있을 때였다. Pop Columnist 이양일 씨로부터 곡을 소개 받은 뒤 노랫말을 보고 '큰 감동'을 받았던 기억이 있다. 그래서 당시에 강의를 하고 있던 시사영어학원, 그리고 몇 년 뒤에 파고다외국어학원의 제자들에게 사자후(獅子吼)를 토(吐)하며 강의했던 기억이 있다. 20년이 흐른 지금 다시 이 곡을 전국의 독자들에게 소개하며 또 다른 감회에 젖는다. 20년 전에 느꼈던 감동과는 또 다른 느낌을 갖게 된다. 20년 전의 나 자신보다는 발전한 것은 사실이다. 영어강사로서 이름도 얻고 방송을 통해서 많은 호응도 얻었다. 하지만 노랫말에 나오듯 내 주변에는 정당한 노력으로(they deserved) 더 큰 성공을 소유한 사람들이 많다. 자신을 낮추고 겸손한 것도 좋지만 용기 있게 큰 꿈을 향해 나아가는 것도 좋을 것이다. 주변에 보면 나이 때문에, 학벌 때문에 기타 여러 가지 사정으로 꿈을 펼치지 못한다는 경우를 많이 본다. 하지만 이 노래의 주인공처럼 현재의 성공에 만족치 않고 더욱더 생에 대한 의지를 불태우며 앞으로 나아가는 것이 비전(vision) 있는 삶의 자세가 아닐까 생각해본다. 나 자신도 (이제까지 너무 많은 시간을 허비했지만) 대한민국 국민 모두가 실용영어에 능숙해지는 그날까지 노력을 게을리 하지 않겠다고 독자 여러분 앞에서 선언하고 싶다. 여러분께도 go for what you wanted!(원래 가졌던 꿈에 몰입하세요!)라고 외치고 싶다.

Step Ⅵ: Grammar Catch

1 It used to be

A. used to

조동사로 간주되며, 언제나 과거형 'used'로 사용된다. 뒤에 동사원형이 온다.

Ⅰ. 과거 기간 내에 습관적으로 행해진 일

I used to call on my parents every weekend.

(매 주말마다 부모님을 방문했다.)

Jack came earlier than he used to.

(Jack은 늘 오던 것보다 빨리 왔다.)

Ⅱ. 과거에 있어서의 영속적인 상태

He used to live in New York.

(그는 원래 New York에서 살았다.)

There used to be a huge building there.

(거기에는 본래 큰 건물이 있었다.)

B. be used to, get used to

두 표현들 모두 '익숙해진 상태'를 가리킨다. 바로 이어서 명사가 있어야 한다.
동사를 사용하는 경우에는 동명사(gerund) 형태로 표시해야 한다.

Ⅰ. be used to

이미 경험한 것으로서 더 이상 새롭지 않은 사안을 가리킬 때 사용된다.

I'm used to the manual for using my computer.

(나는 이미 컴퓨터 사용법 내용에 익숙하다.)

I'm used to sleeping late at night.

(나는 밤에 늦게 자는 데 익숙하다.)

Ⅱ. get used to

일정 기간 연습을 통하여 상황에 익숙해질 때 사용한다.

I'm getting used to the circumstance of the company.

(회사 분위기에 익숙해지고 있다.)

I got used to using the computer program after the class.

(수업을 듣고 난 후 컴퓨터 사용에 익숙해졌다.)

C. 세 표현을 응용한 영어표현

I know two native speakers of English, Jack and Jane, teaching Speaking and Writing English classes at my school. As far as I remember they used to live in Chicago and moved to Seoul in Korea in 2005. Although both of them were used to life of America, neither of them was used to the circumstances of a foreign country when they first came to Korea. They weren't used to teaching young students and eating Korean food. However, after staying in this country for almost 3 years Jack and Jane not only got used to getting along with their students and colleagues of the school, but also got used to some traditional Korean food.

미국 시카고에 살고 있었던(used to) Jack과 Jane이 한국에 오게 된 후 익숙하지 않았던(be used to) 한국의 여러 상황에 적응해가는 모습(get used to)을 설명하고 있다.

[2] **But** I wish that I had started

'I wish'로 구성된 가정법 과거완료 표현이다. 명사절에 제시된 내용은 과거에 실현되지 못한 소망을 나타낸다.

I wish that I had learned English.

(영어를 배웠더라면 좋았을 텐데.)

Oh! that I had but done it.

(아아, 그렇게 했었더라면 좋았을 텐데.)

'if'절 없이 가정법 과거완료를 표현하는 방법에 'as if'를 사용하는 것도 있다. 이 때 'as if (though)' 뒤에서 위치한 과거완료는 주절 동작이 시작되기 직전에 완료한 동작이나 상태를 나타낸다.

> Jack looks as if he had seen a ghost.
>
> (Jack은 마치 유령이라도 본 것 같은 얼굴을 하고 있다.)
>
> Jane looked as if she had seen a ghost.
>
> (Jane은 마치 유령이라도 본 것 같은 얼굴을 하고 있었다.)

3 **Did you** question **all the answers**

'question'이 명사임에도 불구하고 '의문을 품다'라는 동사로 해석된다. 이처럼 단어의 형태를 변화시키지 않고 품사가 변하는 경우를 가리켜 '품사전환'(conversion)이라고 하며, 다른 표현으로는 '영파생'(zero derivation)으로 부르기도 한다. 영어에서는 보통명사 또는 형용사에 해당하는 단어들이 동사로 전환되는 경우가 흔히 발견된다.

access: 동사
  In order for people to access information and services all the time ......
host: 동사
  Someone has to host the radio program next year.
chair: 동사
  Jack will chair the business meeting tomorrow.

영어에서 '명사 ⇒ 동사' 품사전환이 흔히 발생하는 예

mail and e-mail, strike, beer, talk, salt, pepper, switch, bed, sleep, ship, train, stop, drink, cup, lure, mutter, dress, dizzy, divorce, fool, merge

Step VII: Workout Exercise

A▪▪ Listen to the song and fill in the blanks.

01_ Look around me
I can see _____ before me.

02_ And there's so much time to _____ _____
Everywhere you _____
Time we have wasted on the way.

03_ So much water moving _____ the bridge.

04_ Oh when you were young
Did you _____ all the answers
Did you _____ all the dancers.

05_ Who had all the nerve?
Look round you now
You _____ what you wanted.

B▪▪ Choose the right answer for the questions.

01_ 이 노래의 내용과 다른 것은 ? (   )

① 허송한 세월을 후회함
② 일찍 시작하지 못한 것에 대한 회한
③ 더 큰 성공에 대한 미련
④ 사랑과는 무관함

02_ 빈칸에 알맞은 단어는? (   )

I have a lot of work to _____ up.
(보충해야 할 일이 많아요.)

① take   ② get
③ makc   ④ pick

03_ 빈 칸에 맞는 말을 고르시오. (   )

She _____ to win the prize.
(그녀는 그 상을 받아야 마땅하다.)

① receive   ② takes
③ deserves   ④ must

04_ 노래 속의 다음 가사와 관련이 있는 동물은 ? (   )

running rings around the way it used to be

① 토끼   ② 참새
③ 원숭이   ④ 다람쥐

05_ 밑줄 친 부분의 뜻과 다른 것은? (   )

dancers who had all <u>the nerve</u>

① 활력   ② 용기
③ 담력   ④ 체면

09 | I Know Him So Well

Artist: Whitney Houston & Cissy Houston

Nothing is so good it lasts eternally
Perfect situations must go wrong
But this has never yet prevented me
From wanting far too much, for far too long
Looking back, I could have played it differently
Won a few more moments, who can tell?
But it took time to understand the man
Now at least I know, I know him well

Wasn't it good, wasn't it fine
Isn't it madness, he can't be mine
But in the end, he needs a little bit more than before
Security (he needs his fantasy and freedom)
I know him so well

Cissy:
No one in your life is with you constantly
No one is completely on your side
And though I move my world to be with him
Still the gap between us is too wide
Looking back I could've played it differently
Learned about the man before I fell
But I was ever so much younger then
Now at least I know, I know him well

Wasn't it good, wasn't it fine
Isn't it madness, he can't be mine
Didn't I know, how it would go
If I knew from the start
Why am I falling apart

Wasn't it good, wasn't it fine
Isn't it madness, he can't be mine
But in the end, he needs a little bit more than before
Security (he needs his fantasy and freedom)
I know him so well
It took some time to understand him
I know him so well

Artist Profile

원래는 Musical <Chess>에 나온 삽입곡이고 Barbra Dickson과 Elaine Page의 곡으로 유명하다. Whithey Houston과 Cissy Houston 모녀의 이중창으로 된 remake 곡이 더 유명해졌다. 노래 내용에서 보듯이, 사랑 때문에 마음 아파하는 딸에게 어머니가 위로하는 형식의 노래이다. 무릇 남자란 처음엔 모성애 운운하며 우정(security)을 얘기하지만 시간이 흐르면서 환상(fantasy)을 찾고 결국은 자유 (freedom)를 찾아 떠난다고 노래한다. 사랑과 관련되면서도 우리 모두에게 시사하는 바가 크다. 어떤 일에 지나치게 집착하고 일절 다른 여유를 찾지 않는다면 파멸이 기다리고 있다는 삶의 교훈도 엿보 인다.

좋은 것은 영원히 지속되지 않아요.
완전한 상황은 반드시 잘못되지요.
하지만 그런 말들은 제가 지나치게 오랫동안
사랑에 빠지는 것은 막아주지 못했죠.
돌이켜보면 조금 다르게 행동할 수 있었는데
내 시간을 갖는다고 누가 눈치 채겠어요?
하지만 남자를 이해하는 데는 시간이 필요해요.
이젠 적어도 남자에 대해 알 것 같아요.

너무 좋았죠? 너무 멋졌죠?
그가 내 사람이 아니란 것을 아는 순간 미쳐버릴 것 같았어요.
결국 남자들은 늘 전보다 더한 것을 원했죠.
편안함 (그는 곧 환상을, 그리고 자유를 원해요.)
나는 이제 남자를 잘 알아요.

Cissy:
이 세상에 영원히 네 편은 없단다.
완전히 네 편은 없어.
나도 내 생을 바쳐 그를 사랑했지만
우리 사이엔 아직도 큰 차이가 있어.
돌이켜보면 다르게 행동할 수 있었는데
내가 실패하기 전에 남자에 대해 더욱 잘 알았어야 했는데
그땐 너무 어렸지.
이젠 최소한 남자를 알 것 같아.

너무 좋았죠? 너무 멋졌죠?
하지만 그가 내 사랑이 아닌 것을 아는 순간
나는 미칠 것 같았어요.
왜 몰랐을까? 이렇게 될 줄 …….
처음부터 알았다면 좋았을 것을.
내가 왜 이리 괴로워해야 하나?

너무 좋았죠? 너무 멋졌죠?
그가 내 사람이 아니란 것을 아는 순간 미쳐버릴 것 같았어요.
결국 남자들은 늘 전보다 더한 것을 원했죠.
편안함 (그는 곧 환상을, 그리고 자유를 원해요.)
나는 이제 남자를 잘 알아요.

Step Ⅲ: Words and Idioms

1 eternally: 영구적으로, 무한하게

2 prevent A from B: A가 B하는 것을 막다.

    ex) What can we do to prevent this disease from spreading?

        (이 병이 번지는 것을 막기 위해 무엇부터 해야 하는가?)

3 win a moment: 시간을 갖다, (애써서 노력하여) 시간을 확보하다.

    ex) By her hard work she won a place for herself.

        (그녀는 열심히 노력하여 나름의 가치를 확보했다.)

4 madness: 광기

5 fantasy: 환상

6 constantly: 튄 끊임없이

7 completely: 튄 완전무결하게

8 fall apart: 찢겨지다, 분해되다.

Step Ⅳ: Pronunciation Drill

1 **could have played it:** [kud hæv pleid it]

have의 /h/가 약화되어 [kudæv]가 되고 played의 /d/는 /r/로 변하여 [pleirit]이 된다.
따라서 [kudævpleirit]으로 발음한다.

2 **But it:** [bət it]

but의 /t/가 자음이동과 단타음현상을 통해 [bə-rit]이 된다.

③ wasn't it: [wəsnt it]

wasn't의 /t/가 /n/으로 변해서 [wəsnn]이 되는데 겹자음은 탈락시킴으로 [wəsn]이다. /n/이 자음이동하여 [wəs-nit]이 된다.

④ But in the end: [bət in ði end]

but의 /t/가 단타음현상에 의해 [bərin ði end]가 된다.

⑤ he needs his fantasy: [hi nids his fæntasy]

needs의 /ds/가 his와 연음되어 [ni ʤiz]가 된다.

⑥ learned about: [lənd əbaut]

learned의 /d/가 자음이동하여 [lən-dəbaut]이 된다.

Step Ⅴ : Expression Checklist

① Perfect situations must go wrong
(완전한 상황은 반드시 잘못된다.)

'달도 차면 기운다'라는 말이 있다. '정상에 서면 항상 준비를 해야 한다'는 말도 있다. 완전한 상황은 반드시 잘못되는 순서를 거친다는 뜻이다. 완전무결함(perfect situation)은 흠집을(go wrong) 수반할 수밖에 없다. 성공가도에는 늘 pro(좋은 점)와 con(나쁜 점)이 교차해서 나오는 것과 무관하지 않다. 2007년 말 치러진 대통령 선거에서 MB의 당선을 위해 헌신했던 인사들이 자신의 지역구에서조차 공천을 못 받고 좌절한다. 국회의원에게 있어 낙천이란 무엇인가? 사형선고이다. 낙천자들의 분기(憤氣)가 하늘을 찌른다. 그러나 어쩌랴? 너무나 완벽했기에(perfect situation) 나빠질 수밖에 없는 것을……(must go wrong). 여기서는 연인과의 달콤한 순간이(perfect situation) 하루아침에 이별이라는 현실로(go wrong) 다가 온 것을 표현한다.

② This has never yet prevented me from wanting far too much, for far too long.
(그런 명언들이 내가 너무 많이 오랫동안 갈구한 것을 막아주지 못했어요.)

prevent A from B: 'A가 B하는 것을 막다' 이때 여기서는 노래의 첫 두 줄에서 언급한 사실들을 알고 있었지만 내가 사랑했던 사람에 대해 자제하지 못하고 집착하는 것을 막아주지 못했다. 즉, 스스로 자제하지 못했다고 후회한다.

③ Looking back, I could have played it differently
(돌이켜보면 내가 다르게 행동할 수도 있었는데…….)

가정법 과거완료의 문장이다. 과거 사실에 대해 무척 후회하고 있다. 한 남자를 좋아하면서도 조금은 자제했어야 했다고 한다. 좋으면서도 싫은 척했으면 그가 나를 더 좋아하지 않았을까 하고 후회한다.

④ Won a few more moments, who can tell?
(내 시간을 갖는다고 누가 눈치 채겠어요?)

앞에 나온 could have와 연결된다. win a moment는 애써서 '내 시간을 갖다'는 뜻이다. 즉, 남자를 사귄다고 all in할 것이 아니라 충분히 내 일을 하면서 중용의 도를 지켰어야 했다고 후회한다. 그리고 그렇게 한들 누가 알겠는가?(who can tell?) 여기서 tell은 recognize의 뜻이다. 비단, 사람뿐만 아니라 몸과 열정을 바쳐 회사 일에 몰두해도 돌아오는 것은 '정리해고'인 경우도 있고, 최선을 다해 봉사해도 결국 토사구팽(兎死狗烹)이라는 사자성어가 현실로 다가오는 경우가 얼마나 많은가?

⑤ Isn't it madness, he can't be mine?
(그가 나의 사랑이 아닌 것이 확인된 순간 미칠 지경이었어요.)

다시 언급하건데 이 노래는 반드시 남녀 간의 사랑에만 국한시킬 필요는 없다. 회사를 위해 오너를 위해 건강까지 해쳐가며 일을 했지만 처참함 결과가 기다리고 있을 수 있다. 어느 순간 자신이 밀려나는 것을 느낄 때의 좌절은 이루 말할 수가 없다.

⑥ Security (he needs his fantasy and freedom)
(남자는 안정, 환상 그리고 자유의 순서대로 원한다.)

이것이 꼭 남자만의 생각일까? 여성을 포함한 모든 인간의 본능이 그렇다. 아무리 좋은 노래도 자주 들으면 싫고 좋은 음식도 물리게 된다. 그리고 새로움을 찾아 나 선다(freedom). 비단, 이성 관계에서만 이루어지는 내용은 아니다.

⑦ No one is completely on your side
(누구도 완전히 내 편은 없어.)

앞서 나온 No one in your life is with you constantly와 같은 맥락을 가진 문장이다. 이 말은 친어머니가 딸에게 해주기 때문에 더욱 애절하다. "이 세상은 네가 혼자 헤 쳐 나가야 한다"고 타이르고 있다. 참고로 "당신은 누구 편이야?" 할 때는 "Which side are you on?"이라고 한다. "나는 언제나 네 편이야"라고 할 때는 "I'm always on your side"가 된다.

⑧ Still the gap between us is too wide
(우리 사이의 거리가 너무 멀어요.)

여기서 us(우리)는 부부간을 뜻한다. 노래의 주인공 입장에서 보면 부모님이다. 엄마 는 남편이자 딸의 아버지인 남자와도 살면서 거리감(gap)이 느껴진다고 한다. 하물 며 남자친구와 gap이 있는 것은 당연하지 않겠는가라고 충고한다.

⑨ Didn't I know, how it would go
(이렇게 될 줄 왜 몰랐을까?)

여기서 go는 '가다'가 아니고 '되다'로 번역한다.
ex) How is it going? (어떻게 지내요?)
  'go: 가다 / come: 오다'라는 등식에서 벗어나서 유연하게 번역하는 연습이 필요하다.

Step Ⅵ: Grammar Catch

[1] Nothing is so good it lasts eternally.

문장구조는 본래 'Nothing is so good that it lasts eternally'로 볼 수 있다. 즉 'so ~ that ~' 구조이다. 영어에서 이 형식의 문장은 '매우 + (형용사/부사)하기 때문에'라고 번역되고, '결과' 상황을 의미한다.

Jane studied so hard that she fell ill and couldn't go to school.

(Jane은 열심히 일을 했기 때문에 병이 나서 학교에 못 갔다.)

He was so tired that he went home quite early.

(그는 매우 피곤했기 때문에 집에 일찍 갔다.)

It was so hot that they decided to go swimming.

(매우 더웠기 때문에 그들은 수영하러 나갔다.)

I am so hungry that I can't speak even a word.

→ I am too hungry to speak even a word.

(너무 배가 고파서 말을 전혀 할 수 없다.)

> 형용사, 부사 대신에 명사가 주절에 있게 되면, 'so'는 'such'로 전환된다.
> such 명사 that ~ ⇒ 대단히 명사 + 하기 때문에 ~이다, ~만큼 ~이다
>
> Jane was in such a hurry that she had a car accident.
> (Jane은 너무 서둘렀기 때문에 자동차 사고를 냈다.)
> Jack was such a diligent student that every teachers liked him a lot.
> (Jack은 부지런한 학생이기 때문에 선생님들 모두가 그를 매우 좋아했다.)

[2] But this has never yet prevented me from wanting far too much, for far too long.

prevent A from B: ~을 못하도록 막다, ~을 못하도록 방해하다.

It is necessary to prevent anyone in this country from going without medical services although he may be really poor.
(이 나라에서는 아무리 가난할지라도 진찰을 반드시 받고 나가도록 해야만 한다.)

'keep, stop'에도 이 형식이 있다.

The plumbers tried to keep the pipes from leaking.
(배관공들이 물이 새지 않도록 노력하였다.)
Jane couldn't stop tears from her eyes for a long time.
(Jane은 오랫동안 눈물을 멈출 수 없었다.)

③ No one in your life is with you constantly
No one is completely on your side

no와 none은 둘 다 '아무도 아니다, 아무도 못하다'라는 의미로 사용되지만, 두 표현 사이에 사용 방법상 차이점이 있다. no는 명사 바로 앞에 있어야 하지만, none은 명사 앞에 관사, 소유대명사, 지시대명사 등이 수식하거나 또는 대명사 앞에 사용된다. none이 구문에 나타나는 형태는 주로 'none of'로 나타난다.

No passengers were on the airplane.
(비행기 내에 승객이 아무도 없었다.)
We have no plans for this summer vacation.
(이번 여름방학에는 계획이 전혀 없어요.)
There is no time to discuss about the project right now.
(당장 그 계획안에 대해 논의할 시간이 없어요.)
None of the information is useful for us.
(어떤 정보도 우리에게 유익하지 못하다.)

None of my family members and friends remembered my birthday.

(가족 친구 누구도 내 생일을 기억하지 못하였다.)

None of these seats were reserved for anyone.

(어떤 자리도 예약된 바가 없었다.)

None of them know about Jane.

(아무도 Jane에 대하여 알지 못한다.)

다만, 둘 중에서 하나를 선택하는 형식의 문장에 '아무도 아니다, 아무도 못하다'라는 의미가 적용되려면, 반드시 neither of를 사용해야만 한다.

Neither of my parents could visit my house last week. (o)

→ None of my parents could visit my house last week. (x)

Neither of the stories from my twin brothers was true. (o)

→ None of the stories from my twin brothers was true. (x)

4 Looking back, I could have played it differently. (가정법 과거완료)

Didn't I know, how it would go (가정법 과거)

If I knew from the start

→ Didn't I know, If I knew from the start, how it would go.

가정법에 대한 설명은 앞부분에 자세하게 설명되어 있다.

⇒ Chapter II, III, V, VII, VIII을 참고

Step VII: Workout Exercise

A ▪▪ Listen to the song and fill in the blanks.

01_ Nothing is so good it lasts _____ perfect situations _____
But this has never yet prevented me from wanting far too much, for far
too long.

02_ Looking back, I could have played it differently won a few more
moments, who can tell? But it took time to understand the man
Now _____ I know, I know him well.

03_ Wasn't it good, wasn't it fine. Isn't it madness, he can't be mine
But _____, he needs _____ more than before
Security (he needs his fantasy and freedom).

04_ No one in your life is with you _____.
No one is _____ on your side,
And though I move my world to be with him still the gap between us is
too wide.

05_ Learned about the man before I fell
But I was ever so much _____
Now at least I know, I know him well.

B ▪▪ Choose the right answer for the questions.

01_ 빈칸에 맞는 말을 채우시오.(   )

Perfect situation must go _____.
(완전한 상황은 반드시 잘못되게 돼 있어.)

① worse   ② wrong
③ bad   ④ sick

02_ 맞는 표현을 고르시오. (   )

I could _____ it differently.
(다르게 행동했어야 했어.)

① be played   ② play
③ have played   ④ playing

03_ 빈칸에 들어갈 수 없는 말은? (   )

No one in your life is with you _____.
(누구도 영원히 네 편은 아니야.)

① constantly
② eternally
③ completely
④ clearly

04_ 이 노래의 내용과 다른 것은? (   )

① 엄마가 딸에게 충고하고 있다.
② 이중창이다.
③ 오페라의 아리아다.
④ 지난날을 후회하고 있다.

05_ 이 노래에서 언급한 남자의 속성이 아닌 것은? (   )

① security   ② fantasy
③ freedom   ④ braveness

10 | When I Dream

Artist: Carol Kidd

1. I could build the mansion
that is higher than the dreams
I could have all the gifts I want
and never ask please

I could fly to Paris.
It's at my beck and call,
Why do I live my life alone
with nothing at all

*

But when I dream,
I dream of you
maybe someday
you will come true

When I dream,
I dream of you
maybe someday
you will come true

2. I can be the singer
    or the clown in any role
    I can call up someone
    to take me to the moon

    I can put my makeup on
    and drive the man insane
    I can go to bed alone
    and never know his name

    *
    But when I dream,
    I dream of you
    maybe someday
    you will come true

    When I dream,
    I dream of you
    maybe someday
    you will come true

나는 내 꿈보다 더 큰 저택을 지을 수 있고요.
사정하지 않고도 모든 선물을 가질 수 있습니다.

파리로 여행하는 것은 내 마음이고요.
그런데 왜 나는 외로운 삶을 살아야 할까요?

*

그러나 나는 꿈을 꾸며, 당신 생각을 해요.
언젠가는 당신이 내 앞에 현실이 되어 나타나겠지요.

나는 가수도 될 수 있고요.
무슨 역할이든 연기도 가능해요.
전화 한 통이면 달이라도 따줄 사람이 있습니다.

화장만 제대로 하면 남자들은 모두 반한다고요.
나와 함께 밤을 보내고 싶은 남자는 셀 수 없지요.

*

그러나 나는 꿈을 꾸며, 당신 생각을 해요.
언젠가는 당신이 내 앞에 현실이 되어 나타나겠지요.

 Artist Profile

Carol Kidd의 노래지만, Crystal Gale이나 그 밖의 많은 가수가 remake하였다. 심지어 남자가수 Willie Nelson도 참여했다. 노래의 주인공은 모든 것을 가진 여인이다. 인기, 부, 명예……. 하지만 단 한 가지 사랑하는 이의 마음을 사로잡지 못했다. 정상에 선 자의 고독이 진하게 묻어 있는 노래이다.

Step Ⅲ : Words and Idioms

1 mansion: 대저택

2 beck: 명 끄덕임(nod), 언제나 남의 요구에 응할 준비가 됨

3 at one's ~ beck and call: ~의 마음대로 하다

4 come true: 이루어지다

원래는 '꿈 등이 이루어지다'는 뜻인데 여기서는 사랑하는 이가 '나타나다'는 뜻으로 쓰였다.

5 clown: 어릿광대

6 role: 역할

7 makeup: 화장, 분장

8 drive: ~상태로 빠뜨리다

ex) He drives me angry.

(그는 날 화나게 했다.)

9 insane: 형 미친

동의어: crazy

Step IV : Pronunciation Drill

1 that is: [ðæt is]

that의 /t/가 자음이동과 단타음현상에 의해 [ðæ-ris]가 된다.

2 gift I: [gift ai]

gift의 /t/가 자음이동하여 [gif-tai]가 된다.

3 I could fly: [ai kud flai]

이중모음의 원리를 생각하며 발음해야 한다. '아이 쿠드 플라이'가 아니고 '아이 쿳 플라이'로 발음한다.

4 beck and: [bek ænd]

beck의 /k/가 자음이동하여 [be-kænd]가 된다.

5 make upon: [meik əpən]

make의 /k/가 자음이동하여 [mei-kəpən]이 된다.

Step V : Expression Checklist

1 I could have all the gifts I want, never ask please.
(사정하지 않아도 언제나 선물을 받을 수 있죠.)

사정하지 않고 선물을 받는다? 다소 의아하다. 선물이란 주는 이의 의지에 따른 것이지 받는 자의 희망에 따르는 것은 아니다. 노래의 주인공은 유명 연예인이다. 누구든 협찬하고 싶어 한다. 심지어 어느 연예인 커플은 신혼여행부터 모든 세간살이를 협찬사로부터 제공받았다고 한다. 소위 '연예인협찬'의 의해서다.

2 It's at my beck and call.
(언제든 내 명령을 기다려요.)

내가 원하는 것은 무엇이든 들어주기 위해 24시간 대기한다는 뜻이다(waiting for 24 hours to do what I want). 과연 이런 정도의 위치에 있는 사람은 누구일까? 브루나이의 왕자? 머라이어 캐리? 여하튼 굉장한 위치임은 틀림없다. 모든 것이 고개짓(beck, nod)에 의해 움직이니까 ……

"나는 당신의 노리개가 아냐!"라고 할 때는 "I'm not at your beck and call"이 되고 "Tom은 언제나 내가 부르면 달려와"라고 할 때는 "Tom is at my beck and call"이라고 하면 된다. 영화 <Pretty Woman>에 보면 주인공 Edward의 옛 애인이 전화로 분통을 터뜨리며 아래와 같이 말하고 전화를 끊는다.

You always ask me to do this and that.
(당신 언제나 날 보고 이거해라 저거해라 하는데)
I'm not at your beck and call.
(나는 당신의 개인비서가 아냐.)

3 I can be the clown in any role.
(무슨 역할이든 할 수 있어요.)

clown은 광대라는 뜻이지만 여기서 구태여 직역할 필요는 없고 '어떤 역할이든 소화하는 배우'로 의역하면 좋다. 주인공이 노래와 연기를 병행하는 엔터테이너임을 알수 있다. 누가 있을까? 여자가수 중에는 휘트니 휴스턴이 가수임에도 연기를 했었고, 제니퍼 로페즈도 가수와 배우를 겸업하고 있다. 남자배우 중에는 타계한 Elvis Presly가 가수이면서 유명배우로 활약했었다.

4 I can call someone to take me to the moon
(전화 한 통이면 달도 따다줄 사람이 있어요.)

요즘이야 달나라여행도 가능해져서 5억 원 정도면 왕복이 가능하다고 한다. 이 노래가 나왔던 30년 전의 양상은 다르다. 우리 정서로 하면 '달도 따다준다'가 될 것이다. 아무리 무모한 요구를 해도 척척 들어준다는 의미다.

⑤ I can put my makeup on, drive the man insane.
(화장만 하면 남자들을 흥분시킬 수 있어요.)

미모에 상당한 자신이 있는 듯하다. 화장을 하면 어떤 남자든 insane(미치는)한 경지에 이르게 한다고 한다. "너 때문에 미치겠어!"는 "you drive me crazy"가 된다. 남자 가수가 부를 때는 man이 woman으로 슬쩍 바뀐다.

⑥ I can go to bed alone, never know his name.
(혼자 침실에 가면 이름 모를 남자들이 기다려요.)

논란의 여지가 있는 가사인데 노래는 노래로서 즐기면 된다. 대단한 스타여서 남성 팬도 많은 듯하다.

※ **Culture Tips 1**

"groopie"

원래는 남자 group sound 멤버를 따라다니는 소녀들을 일컬어 groopie라고 했다. 그런데 나중에 유명스타의 뒤를 쫓으며 모든 것을 내던지는 fan을 지칭하는 말이 되었다. groopie 중에는 실제 자신이 좋아하는 스타와 결혼을 하는 경우도 왕왕 있는데 로드 스튜어트와 본 조비가 좋은 예이다. groopie에는 뜻밖에 남자들도 있다. 여자들만큼은 아니지만 조용히 그러나 집요하게 스타를 쫓는다. 이 노래는 여성스타 주변의 남성 groopie와도 관련이 있는 노래이다. 하지만 노래의 주인공은 groopie들과는 아랑곳없이 자신만의 사랑(love of her life)을 그리워하고 있다.

※ **Culture Tips 2**

"영화 <쉬리>와 When I dream"

알려진 대로 이 곡은 1970년대의 old pop인데 1990년대 후반 강제규 감독이 <쉬리>에 삽입되어 크게 알려졌다. 극 중의 남자주인공 한석규와 여자주인공 김윤진은 각각 남과 북의 정보요원으로 서로 적대적인 위치에 있었다. 그러나 그들은 사랑을 하게 되고⋯⋯. 극적인 순간에 이 노래가 나온다. 참으로 절묘한 타이밍이었다.

모든 것을 다 이루었지만 당신의 사랑을 가질 수 없어 안타깝다는 의미이기에 더욱 더 애절했다. 과거에는 영화 속의 삽입곡이 극의 흐름과 무관한 적이 많았으나 요즘 신세대 감독들은 노랫말과 영화의 장면을 절묘하게 연결시키는 능력을 갖고 있다. 한마디로 감독들의 영어실력이 대단하다는 뜻이다.

Step Ⅵ: Grammar Catch

① dream을 동사로 사용할 때 목적어로서 'dream'을 또 다시 사용하는 현상을 가리켜 동족목적어(cognate object)라고 한다.

동족목적어에 대하여

동사와 동일하거나 유사한 뜻을 가지는 단어가 목적어가 될 때 이것을 동족목적어라 한다. 동족목적어가 있는 문장은 문법적으로 3형식으로서 완전타동사 구조를 갖게 되지만, 목적어 자체가 동사의 뜻과 동일하기 때문에 문장 전체로는 목적어가 새로운 의미를 부여하지 못한다. 비록 목적어 역할을 하지만 다른 목적어와는 달리 단지 동사의 뜻을 보강하는 것에 한정되어 있어서 동족목적어에 형용사 등 다른 수식어가 수반되어 사용된다.

Before taking the test I **dreamed a lucky dream.**

(시험 전에 좋은 꿈을 꾸었다.)

The baby **smiled a bright smile** as soon as she saw her mother.

(엄마를 보자마자 애기는 밝게 웃었다.)

At the party Jane and Jack **laughed a hearty laugh.**

(파티에서 Jane과 Jack은 한바탕 크게 웃었다.)

They wanted us to **live an happy and great life.**

(그들은 우리가 행복하고 훌륭한 삶을 살기를 원하였다.)

I wish that they **died a peaceful death.**

(그들이 평화롭게 잠들었으면 한다.)

Jack **slept a sound sleep** for the frist time in his life.

(Jack은 생애 처음으로 푹 잤다.)

My grandmother **breathed her last breath** last year.

(할머니께서 작년에 숨을 거두었다.)

They have to **try their hardest** trial.

(그들은 힘껏 노력해야만 한다.)

They **shouted their loudest shouts** on the top of the mountain.

(그들은 산꼭대기에서 있는 힘을 다해 소리쳤다.)

영어 구문을 형성하는 구성요소 중에서 목적어는 매우 중요한 부분이라고 할 수 있다. 문법적으로 목적어는 '동사의 동작이 미치는 사람이나 물건'으로 정의되는 것이 보통이다. 그러나 이러한 정의에 맞는 목적어도 있지만 반면에 맞지 않는 목적어도 많이 있다.

I beat <u>him</u>. (내가 그를 때렸다)

He kicks <u>the ball</u>. (그가 그 공을 찬다.)

목적어 역할을 맡고 있는 'him, the ball'이 각각 동사 beat, kick의 동작의 영향을 직접 받고 있지만, 다음 예문들을 보면, 'movie, song, person'과 같은 목적어는 'see, hear, know' 같은 동사들의 영향을 직접 받았다고 보기 어렵다

She saw <u>the movie</u>. (그녀가 영화를 보았다.)
She heard <u>the song</u>. (그녀가 그 노래를 들었다.)
She knows <u>the person</u>. (그녀는 그 사람을 안다.)

이처럼 목적어는 동사가 만들어내는 동작을 직접 받을 때도 있지만 그렇지 않은 경우들도 상당히 많다. 따라서 우리들은 목적어를 결정하는 기준으로서 동사의 동작과 연결되는 의미적 측면만을 생각하는 것이 아니라 문의 구조로서 목적어를 다시 생각하는 방법이 필요하다. 결국 '명사 + 동사 + 명사'의 구문에서 '동사'가 '타동사'일 때 다음에 오는 명사를 목적어로 보는 것이다. 이것이 바로 목적어를 의미와 상관없이 구조적으로 정의한 것이라고 볼 수 있다. 이처럼 목적어를 정의하게 되면 '동사의 동작이 미치는 사람이나 물건'이라는 의미적 측면만을 따르는 것이 아니라서, 영어문법 학자들 사이에서는 객관적인 방식으로 받아들여지고 있다. 또한 목적어를 정의함에 있어서도 문장 내부의 분포에 따라서 결정한 것이라서 '기준의 항상성'이 유지된다고 볼 수도 있다.

목적어가 동사와 연결되어 이루어지는 구문의 한 부분이라는 사실을 알게 된 이상 영어에 나타나는 목적어의 종류를 생각하지 않을 수 없다. 우선 목적어를 문장 속에서의 기능에 따라서 여러 종류들로 분리할 수 있다.

목적어의 기능적 분류

도구목적어 (instrumental object)
결과목적어 (resultant object)
재귀목적어 (reflexive object)

상호목적어 (reciprocal object)

동족목적어 (cognate object)

2 I can put my makeup on

문법적으로 put on my makeup으로 만들면, '화장을 한다'는 의미가 잘 살아난다고 볼 수 있다. 이 표현에 사용된 동사 'put on'은 목적어를 동사와 전치사 사이에 넣을 수 있도록 허용하는 경우이다.

A. 동사와 분리되는 전치사

동사들이 전치사와 어울려 원하는 의미를 전달할 때 종류에 따라서 동사와 전치사를 분리하여 사용하는 것을 허용하는 동사들이 있다.

```
cut ··· out = stop an activity
cut ··· down = reduce or lessen an activity
call ··· up = use the telephone
call ··· off = cancel
look ··· up = search for information in a work of reference
look ··· over = examine
put ··· on = put clothes on body
put ··· off = postpone, delay
think ··· up = invent
think ··· about = consider
try ··· on = try clothing to see if it fits
try ··· out = try other items to see if they are suitable
turn ··· on = start the flow of electricity, water
turn ··· down = reduce the volume
turn ··· down = reject
turn ··· off = stop the flow of electricity, water
turn ··· out = extinguish light
turn ··· up = increase the volume
```

B. 동사와 분리되지 않는 전치사

동사가 구문 내에서 일정한 전치사를 동반할 때 전치사가 반드시 동사와 하나가 되어 구문에 사용되어야 하는 것들이 있다.

(dis)agree with	belong to
depend on/upon	dream about/of
insist on/upon	laugh about
listen to	look for
object to	succeed in
talk about	talk to
think about	

다만 이 노래에서 'my makeup'을 전치사 앞으로 이동시킴으로써 시적인 효과를 극대화할 수 있다고 생각한다. 영어에서 시적 표현의 효과를 살리는 방법 중 하나는 각 소절이 끝날 때 다음 소절들과 끝소리를 일치시켜서 시적 효과를 살리려는 '각운 맞추기'(rhyme lines) 방식이 있다. 'on'을 마지막 부분에 위치하게 하면, 다음에 오는 'drive the man insane' 소절의 마지막 소리인 비음(/n/)과 'on'의 비음(/n/)이 일치하여 전체적인 시적 균형을 형성할 수 있다.

I could build the mansion
that is higher than the <u>dreams</u>
I could have all gift I want
and never ask <u>please</u>

I could fly to Paris.
It's at my beck and <u>call</u>,
Why do I live my life alone

with nothing at <u>all</u>

I can be the <u>singer</u>
or the clown in any <u>role</u>
I can call up <u>someone</u>
to take me to the <u>moon</u>

I can put my makeup <u>on</u>
and drive the man <u>insane</u>
I can go to bed <u>alone</u>
and never know his <u>name</u>

③ drive the man insane

위 문장 구조는 영어의 문장 구조 형식들 중에서 '불완전타동사'에 해당하는 5형식
문장이다. 만일 'drive'의 본래 의미인 '운전하다'로 번역하게 되면 오역이 된다. '운
전하다'로 사용될 때에 'drive'가 포함된 문장은 주로 완전타동사를 포함한 3형식 문
장이 되어야 하기 때문이다.

I drove my car for two days from Chicago to Dallas in Texas.
(Chicago에서 Texas에 있는 Dallas까지 이틀 동안 운전했다.)

그렇지만, 'drive the man insane'에서 문장 구조로 볼 때 동사가 타동사로 사용된 것
이 아니다. '누군가를 미치게 만들다'라는 의미로 해석되어야 하기 때문이다. 영어문
법에서는 이 문장을 '동사 + 목적어 + 목적보어'로 분석하고, 5형식으로 분류한다.
'drive'와 유사한 종류의 동사들은 'make'처럼 '~을 ~하게 된다'로 해석되는 것이 보
편적이라서 동사의 의미를 토대로 작위동사(Factitive Verb)라고 부르기도 한다.

call	(~이라고 부르다)
choose	(~로 택하다)
find	(~임을 알다)
keep	(~으로 해두다)
leave	(~으로 해두다)
make	(~로 하다)
name	(~이라고 부르다)
show	(~임을 표시하다)
think	(~이라고 생각하다)

Jack named his son Tom.

(Jack은 그의 아들을 Tom으로 이름지었다.)

He made his wife happy.

(그는 자기 부인을 행복하게 했다.)

I thought the report true.

(나는 그 보고서를 사실이라고 생각한다.)

Jane found the book easy and interesting.

(Jane은 그 책이 쉽고 재미있다는 알았다.)

→ Jane found the book easily in the library.

(그 책을 도서관에서 쉽게 찾았다.)

타동사 구문인 3형식 문장 S + V + O에 부사 easily가 첨가된 것이다.

목적보어의 의미

목적보어는 의미적 기능에 따라서 두 가지로 분류될 수 있다.

Ⅰ. 동사 동작의 결과를 목적어가 반영한 상태를 가리킨다.

　　Raise your head higher.

　　(머리를 더 높이 드시오.)

　　Jack pained the wall black and white.

(Jack은 벽을 검고 희게 칠했다.)

They left Jane alone in the room.

(그들은 Jane을 혼자 방에 내버려 두었다.)

Ⅱ. 동사 동작이 행해질 때 목적어의 상태를 가리킨다.

The hunters discovered tigers hidden among the bush.

(사냥꾼들이 호랑이들이 숲 속에 숨어 있는 것을 찾아냈다.)

Jane saw Jack young and strong.

(Jane은 Jack을 젊고 건강할 때 만났다.)

4 **you will** come true

이 구절에 대한 해석을 위하여 다양한 문장 분석을 생각해볼 수 있다.

Ⅰ. 'come true'를 '나타나다'에 연관된 'appear, com out, come into view, show up, turn up, be present'와 유사하게 해석하여 '나타나다' 정도로 해석하면 '언젠가 당신이 나타날 거야'로 이해할 수 있다.

→ You will come into view so soon.

(당신이 언젠가 **나타나겠죠.**)

Ⅱ. 'come true'에서 come의 의미 중에서 '～되다'에 관련된 'turn out, become'로 보고, 'you will become true'가 원래 형태라고 생각한다면, '당신이 현실이 될 거예요'로 이해될 수 있다.

→ You will become true.

(당신이 현실이 **되겠죠.**)

Ⅲ. 'you will come true'가 'A dream of you will come true'에서 'a dream of'가 줄어든 것으로 본다면, 'come true'의 주어가 'you'이기 때문에 무생물을 주어로 하는 'come true' 구문(<u>your dream</u> comes true)에 맞지 않는다는 지적을 설명할 수 있다.

→ A dream of you will come true.

(당신에 대한 꿈이 실현될 것예요.)

Step VII: Workout Exercise

A ■■ Listen to the song and fill in the blanks.

01_ I could build the mansion that is _____ _____ the dreams
I could have all _____ I want and never ask please.

02_ I could fly to Paris. It's at my _____ _____ _____,
Why do I live my life alone with nothing at all.

03_ But when I dream, I dream of you,
Maybe someday you will _____
_____, I dream of you Maybe someday you will come true.

04_ I can be the singer or the clown in any role
I can call someone to _____.

05_ I can put my make upon and _____ the man insane
I can go to bed alone and _____ his name.

B ■■ Choose the right answer for the questions.

01_ 다음 중 노래의 내용이 아닌 것은? (   )

① 주인공은 연예인이다.
② 최고의 스타이다.
③ 조종사를 꿈꾸고 있다.
④ 스타의 고독감을 나타냈다.

02_ 밑줄 친 부분의 뜻은? (   )

I can put my makeup on.

① 화장   ② 보충
③ 보상   ④ 보강

03_ 빈칸에 맞는 단어를 고르시오. (   )

It's at my beck and _____.
(무엇이든 내 뜻대로 됩니다.)

① beck
② desire
③ intention
④ call

04_ 밑줄 친 단어를 다른 말로 바꾸면? (   )

He drives me insane.

① happy
② cheerful
③ crazy
④ incumbent

05_ 밑줄 친 부분을 다른 영어로 표시하면? (   )

You will come true.

① realize   ② show up
③ go   ④ appreciate

11 | Slip Slidin' Away

Artist: Paul Simon

* **Slip** slidin' away
  Slip slidin' away
  You know the nearer your destination
  The more you're slip slidin' away *

I know a man
He came from my home town
He wore his passion for his woman like a thorny crown
He said Delores
I live in fear
My love for you is so overpowering
I'm afraid that I will disappear

* 반복 *

I know a woman
Became a wife
These are the very words she uses to describe her life
She said a good day ain't got no rain
She said a bad day is when I lie in bed
and think of things that might have been

* 반복 *

And I know a father
who had a son
He longed to tell him all the reasons
for the things he'd done
He came a long way just to explain
He kissed his boy as he lay sleeping
Then he turned around and headed home again

* 반복 *

God only knows
God makes his plan
The information is unavailable to the mortal man
We work our jobs,
collect our pay
Believe we're gliding down the highway
When in fact we're slip slidin' away

* 반복 *

 Artist Profile

Paul Simon이 Art Garfunkel과 헤어지고 solo로 활동하며 발표한 대표적인 곡이다. 그리스의 시시포스 신화에 나오는 내용을 pop에 접목시켰다. 아무리 정상에 올라도 결국 다시 미끄러져 내려올 수밖에 없는 현실, 우리의 삶이 그렇다. 완전 무모한 성공을 이루었어도 그래서 인생의 정점이 눈앞에 보여도 (nearer destination) 다시 미끄러져 내려간다(slip sliding away). 사랑하며 애태우는 남자, 신혼주부, 홀 아비와 같은 등장인물을 통해 인생의 허무함을 노래하고 있다.

* 미끌어져가네.
  미끌어져가네.
  목적지에 다다를수록 더욱 더 멀어져가네. *

내가 아는 남자는 같은 고향 출신이죠
그는 사랑하는 연인을 향한 가시면류관 같은 열정을 갖고 있어요.
그가 말하길 "델로리스, 너무 무서워요. 당신에 대한 내 사랑이 너무 넘치다보니
내가 어디로 사라지지 않을까 두렵습니다."

* 반복 *

이제 막 결혼한 여인입니다.
그녀는 자신의 삶을 다음과 같이 묘사하네요.
그녀는 "좋은날은 비가 안 오는 날이고요,
나쁜 날은 침대에 누워서 내 삶이 왜 이렇게 됐지?"라고 얘기합니다.

* 반복 *

나는 한 아이의 아버지를 알아요.
그는 아이에게 그가 한 행동을 애써서 설명하고 있어요.
그는 먼 길을 와서 설명을 합니다. 그리고 아들에게 키스하고 다시 돌아섭니다.

* 반복 *

신만이 아시죠. 신만이 계획합니다.
연약한 우리는 앞으로의 일을 모릅니다.
열심히 일하고 월급을 모아보지만
탄탄대로는커녕 자꾸만 하강한다는 사실입니다.

* 반복 *

Step Ⅲ : Words and Idioms

1. slip: 미끄러지다

   ex) let slip away: 사라지게하다

2. slide away: 멀리 사라지다

3. destination: 목적지

4. wear one's passion: 열정을 품다

   ex) Tom is wearing his passion to be a singer.

   (Tom은 가수의 꿈을 품고 있다.)

5. thorny crown: 가시면류관

6. disappear: 동 사라지다

   유의어: vanish

7. describe: 동 기술(記述)하다, 묘사하다

8. ain't: is not, are not의 slang 표현

9. long to: ~을 애타게 바라다

10. head: 나아가다, 앞장서다(for)

    ex) Where are you headed for?

    (어디로 가니?)

11. unavailable: 형 불가능한

    반의어: available

    ex) Sorry the room is unavailable.

    (죄송합니다. 빈방이 없어요.)

12. mortal: 형 죽어야 할 운명의, 인간의

    ex) Man is mortal.

(인간은 죽게 마련이다.)

⑬ glide down: **미끄러져나가나, 활공(滑空)하다.**

glider: 몡 항공기

Step Ⅳ : Pronunciation Drill

① slidin' away: [slain əwei]

원래는 sliding이지만 -ing를 -in으로 발음해서 slidin'이 되었고, /n/이 자음이동하여 [slaidi-nəwei]가 된다.

② destination: [destineiʃən]

destination의 /i/는 약모음화현상에 의해 [destəneiʃən]이 된다.

③ like a: [laik ə]

like의 /k/가 자음이동하여 [lai-kə]가 된다.

④ ain't got: [eint gat]

ain't의 /t/는 자음 사이에서 묵음이 되어 [ein gat]이 된다.

⑤ he'd done: [hid dən]

he'd의 /d/가 겹자음탈락현상에 의해 [hidən]이 된다.

⑥ turned around: [tənd əraund]

turned의 /d/가 자음이동하여 [tən-də-raund]가 된다.

⑦ again: [əgɛin]

[ɛi]가 이중모음이므로 '어게인'이 아니고 '어겐'으로 발음한다.

Step V : Expression Checklist

[1] He wore his passion for his woman like a thorny crown
(사랑하는 여인을 향한 가시면류관을 쓰고 있어요.)

여기서 남자는 여인을 사랑하지만 사랑하면 할수록 고통이 뒤따르는 형국이다. 그래서 예수님의 가시면류관에 비유했다. 우리 인간을 너무나 사랑한 나머지 십자가에 못 박히고 가시면류관을 쓰고 피를 흘린 그분. 여기서 그는 어떤 여인을 그다지도 흠모했기에 고통의 나날을 보내야 할까?

[2] My love for you is so overpowering I'm afraid that I will disappear
(당신에 대한 내 사랑이 지나쳐서 나는 사려져버릴 것 같아요.)

참으로 끔찍한 가사이다. 여기서 'disapper'는 필자에게는 단순히 사라지는 것이 아니고 이 세상을 하직(下直)하는 것으로 보인다. 사랑하는 이에 대한 마음이 얼마나 차고 넘치기에 그것을 감당 못해서 죽음까지 생각하는가? 아마도 도저히 이루지 못하는 그런 사랑을 하고 있는 듯하다.

[3] These are the very words she uses to describe her life
(그녀는 자신의 삶을 다음과 같이 설명하고 있어요.)

Paul Simon다운 문학적 표현이다. 결혼은 했지만 무엇인가 아쉬운 새댁(?)이 자신의 처지를 일목요연하게 표현하려고 한다.

[4] a good day ain't got no rain
(좋은 날은 비가 안 오는 날이야.)

'이중부정'이지만 부정문으로 해석한다. 여인은 좋은 날은 비가 오지 말아야지 비가 오면 안 된다고 항변한다.

[5] A bad day is when I lie in bed and think of things that might have been

(자리에 누워 지난날을 후회할 때가 슬픈 날이에요.)

남편 출근 후 혼자 침대에 누워 지난 일을 떠올리면 아쉬워한다. "내가 이 사람이 아닌 다른 남자와 결혼했더라면, 내 인생이 어떻게 되었을까?(If I got married with other guy, what might have happened to my life?)"

스스로도 그렇거니와 이런 아내를 둔 남편은 참으로 불행할 것이다. 그러나 노래 속에서 여인을 자신의 선택에 결코 만족하고 있지 않다.

⑥ He longed to tell him all the reasons for the things he'd done
(그는 그가 한 행동에 대해서 아들에게 애써 설명하려 했다.)

아버지가 아들에게 자신의 행동을 하나하나 애써 설명하려 한다. 아마도 어머니와 아버지의 불편한 관계에 대해 아들에게 충격이 되지 않는 선에서 정확하게 설명하려는 듯하다.

⑦ He came a long way just to explain
(단지 설명을 위해 먼 길을 왔어요.)

come a long way to ~ 는 '~하러 일부러 먼 길을 오다'의 뜻이다.
You came a long way to say that you're sorry?
(단지 미안하다는 말을 하기 위해 일부러 먼 길을 왔단 말이야?)
특히, 자신의 방문을 합리화하거나 상대방에게 자신의 성의를 표시한다는 뜻으로 쓰일 때 자주 사용된다.
I came a long way to congratulate you on your birthday.
(너의 생일을 축하해주기 위해 일부러 왔어!)

⑧ He turned around and headed home again
(돌아서서 집으로 향했어요.)

아이는 고아원에 있거나 타인의 손에 키워지고 있음이 틀림없다. 그래서 그는 아이를 보러 왔고 잠시 얘기를 나눈 뒤 그의 집을 향해 등을 돌렸다. 친자식이면서도 함께 살지 못하는 아픔이 엿보인다.

⑨ The information is unavailable to the mortal man

(인간의 힘으로는 앞으로의 일을 알 수 없어요.)

mortal은 '인간의'라는 뜻인데 mortal man은 '죽을 수밖에 없는 인간'을 뜻한다. 반대로 '불멸의~'의 뜻은 immortal이 된다. 불멸의 밴드는 immortal band이고 불멸의 지도자는 immortal leader이다. 여기서 information은 단순한 '정보'의 차원을 넘어선 삶의 지혜일 것이다. 앞으로 벌어질 일에 대해 모든 것을 알고 있다면 그는 인간이 아닌 신일 것이다.

⑩ We work our jobs, collect our pay

(열심히 일하고 월급을 모아도)

문자 그대로 9 to 5 직업을 통해 온몸을 던져서 회사를 위해 일하고 열심히 월급을 모으며 사는 직장인의 예를 들었다.

⑪ Believe we're gliding down the highway

(탄탄대로를 달릴 것으로 믿다.)

glide down은 비행기가 활주로를 나아가는 장면을 뜻한다. 따라서 ⑩번에서처럼 열심히 직장생활하고 월급을 착실히 모으면 마치 비행기가 이륙하듯이 탄탄대로를 나갈 것으로 알고 있지만……. 결국은 우리의 삶은 활강곡선(滑降曲線)을 그리며 sliding away(미끄러져 사라지다)하게 된다고 개탄하고 있다.

Step Ⅵ: Grammar Catch

1️⃣ You know the nearer your destination, the more you're slip slidin' away

비교급 'the more~ the more~' 용법에 해당하며, 비교급 표현 중 관용적인 표현으로 취급된다. 비교급 앞에는 the를 붙이지 않는 것이 원칙이지만, 다음과 같은 경우에는 쓰인다.

A. the + 비교급, the + 비교급 (~하면 할수록 더 ~하다)

The more, the better.

(많으면 많을수록 좋다.)

The sooner, the better.

(빠르면 빠를수록 더 좋다.)

The more we find about his life, the better we can understand the novel.

(그의 인생에 대해 많이 알수록 그 소설을 더 잘 이해할 수 있다.)

 영어에는 비교급 'the + 비교급'의 형태를 사용하고 있는 관용적 표현들이 있다.

a. 두 개 중 하나를 선택하는 '더욱 ~한'의 의미인 경우

This one is the prettier of the two ladies.

(두 여성 중에서 이 분이 더 예쁘다.)

This is the better of the two machines.

(이 기계가 둘 중에서 더 낫다.)

b. 절대비교 표현

→ the greater part of ~, the latter part of ~, the younger generation, the upper class

The ladies talking at the party belong to the upper class.

(파티에서 담소하고 있는 그 여성들은 상류계층에 속한다.)

The latter part of the play was tragedy.

(그 연극의 후반부는 비극이었다.)

c. all the + 비교급 + for/because of (~하기 때문에 더욱 ~하다)

(⇒ so much the + 비교급 + for/because)

I like him all the more for his diligence.

→ I like him so much the more because of his brightness.

(부지런하기에 더욱 그를 좋아한다.)

I like him all the better for his brightness.

→ I like him so much the better because of his honesty and sincerity.

(나는 그의 정직과 성실 때문에 더욱 그를 좋아한다.)

2 She said a bad day is when I lie in bed,

and think of things that might have been

A. the time comes when~ (~할 때가 오다, 되다)

The time will come when you will come to see me.

(나를 보러 올 때가 올 것이야.)

The day will come when you can speak English fluently.

(네가 영어를 유창하게 하는 날이 곧 올 것이다.)

B. may와 might 사용 예

Ⅰ. may have + 완료형 (~했을는지도 모른다)

과거에 일어난 일에 대한 추측을 가리킬 때 사용한다.

It may have been true. (= Perhaps it was true.)

(그것은 사실이었을는지 모른다.)

He may have said so.

(그는 그렇게 말했을지도 모른다.)

Jack may have been ill in bed for some time.

(Jack은 병으로 얼마동안 누워 있었는지도 모른다. ⇒ 과거에 대한 추측)

→ He may be ill in bed.

(그는 앓고 있을지도 모른다. ⇒ 현재에 대한 추측)

'may'에 대한 부정 표현 ⇒ can't

He can't have been ill.

(그는 앓고 있었을 리가 없다. ⇒ 과거의 내용)

→ He can't be ill.

(그는 앓고 있을 리가 없다. ⇒ 현재의 내용)

Ⅱ. might have + 과거분사

might는 '시제의 일치'를 위하여 may의 변형으로 쓰이며, 조건문 등에서 현재 사실의 반대 상황을 가정할 때 쓰이기도 한다.

I thought that he might have done it.

(나는 그가 그것을 했을지도 모른다고 생각했다. ⇒ 시제의 일치)

→ I think that he may have done it.

He would have come if he might have done so.

(= had been permitted to do)

(그는 올 수 있었다면 왔을 것이다.)

(사실은 ⇒ He was not permitted to come.)

I might have gone to the cinema if I had wanted to.

(= should have been permitted to go)

(가려면 영화관에 갈 수 있었는데.)

(사실은 ⇒ As he did not try hard, he did not succeed.)

유감, 비난 등을 가리킴

I might have been a rich man. (if I had wanted to.)

(마음만 먹었었더라면 부자가 될 수 있었는데.)

You might at least have offered to help me.

(적어도 도와주겠다는 말씀은 해도 괜찮았는데.)

3 He said Delores I live in fear

My love for you is so overpowering

I'm afraid that I will disappear

→ He told(c.III) Delores that(c.I) he(c.III) lived(c.II) in fear

his(c.III) love for her(c.III) was(c.II) so overpowering

he(c.III) was(c.II) afraid that he(c.III) should(c.II) disappear.

(괄호 내부 지시 사항은 아래 설명 내용에 제시된 해당 부분 번호이다.)

A. 직접화법과 간접화법

남의 말을 전하는 방법은 직접화법과 간접화법 두 가지가 있다. 전자가 대화 내용을 그대로 전하는 경우이고, 후자가 화자의 입장에서 내용만을 전하는 경우이다. 이 때 전달에 쓰이는 동사를 전달동사라고 하며, 전달되는 내용을 피전달문이라고 한다.

직접화법

She said, "I am busy."

(그녀는 '나는 바쁘다'라고 말했다.)

간접화법

She said that she was busy.

(그녀는 바쁘다고 말했다.)

B. 화법의 전환

화법의 전환은 주로 직접화법에서 간접화법으로 하는 것이 보통의 경우이다. 전환을 시도할 때 몇 가지 주의사항들이 있다.

첫째, 전달되는 원문의 종류를 살펴야 한다.

서술문, 의문문, 명령문 등

둘째, 원문의 발언자인 화자와 청자

전달자와 피전달자 사이의 관계

누가 누구에게 한 말을 누가 누구에게 전달하는가 하는 내용 확인

셋째, 말한 때와 이것을 전달할 때의 시간적 관계

넷째, 말한 장소와 이것을 전달하는 장소와의 관계성

C. 서술문의 전달

I. 간접화법을 형성하는 데 있어서 직접화법의 인용부(" ")를 제거하고 접속사 'that'을 쓴다. 여기서 'that'은 생략되기도 한다. 다만 피전달문이 중문일 때에 는 등위접속사 'and, but' 다음에는 반드시 'that'을 붙여야 전체 내용이 피전

달문으로서 인정을 받게 된다.

Jack says, "I am ill and I cannot go."

Jack says (that) he is ill and that he cannot not go.

(Jack은 몸이 불편하여 가지 않는다고 한다.)

이 때 'and' 다음에 있는 'that'을 생략하면 'he does not go'는 피전달문이

되지 않고 전달자인 Jack이 직접 행하는 동작을 표현하게 된다.

Jack says, "I am ill," and he does not go.

= Jack says that he is ill and he does not go.

(Jack은 몸이 불편하다고 한다. 그래서 그는 가지 않는다.)

Ⅱ. 전달동사 'say'와 피전달문의 동사는 시제가 일치하여야 한다.

Jack said, "I am ill."

Jack said that he was ill.

(Jack은 몸이 불편하다고 말했다.)

Ⅲ. 피전달문 안에 있는 대명사는 전달자와 피전달자에 따라서 달라진다. 피전

달자가 'me, you, him'과 같이 명시되면, 전달동사 'tell'을 사용한다.

He said to me, "You are kind."

He told me that I was kind.

(그는 나에게 '당신은 친절하셔'라고 말했다.)

He said to her, "You are really pretty."

He told her that she was really pretty.

(그는 그 여자에게 '당신은 정말 예쁘시군요'라고 말했다.)

I said to him, "I don't know your parents."

I told him that I didn't know his parents.

(나는 그에게 '나는 네 부모를 모른다'라고 말했다.)

Ⅳ. 간접화법에 있어서의 조동사 'shall, will'은 원칙적으로는 직접화법의 경우의 'shall, will'을 그대로 쓰지만, 간접화법에서는 'shall, will'의 선택이 직접화법의 경우와 달라질 수 있다.

1. 단순미래
   I said, "I shall be in time."
   I said that I should be in time.
   (나는 시간에 늦지 않을 것이라고 말했다.)

   You said, "I shall be in time."
   You said that you would be in time.
   (자기는 시간에 늦지 않으리라고 말했다.)
   (이 때, you should도 좋으나, would가 오늘날 흔히 쓰인다.)

   I said to him, "You will be in time."
   I told him that he would be in time.
   (네가 시간에 되어 올 것이라고 나는 말했다.)

   He said to me, "You will be in tine."
   He told me that I should be in time.
   (그는 내가 시간에 늦지 않을 것이라고 말했다.)
   (이 때, I would는 오늘날 거의 쓰이지 않는다.)

2. 의지미래
   I said, "I will go."
   I said that I would go.
   (나는 가겠다고 말했다.)

   He said, "I will go."
   He said that he should go.
   (그는 가겠다고 말했다.)

④ long to tell

A. to 부정사를 수반하며 나오는 동사

   Ⅰ. 동사 + to 부정사

agree, arrange, decide, deserve, hope, intend, need, learn, promise, plan, prepare, refuse, seem, tend

> Jane arranged to care for her son and daughter.
> Jack expected to receive a letter today.
> Jane intends to change her aim of life.
> Jack pretended to sleep when his friend visited him.

   Ⅱ. 동사 + 목적어 + to 부정사 형태

advise, allow, cause, convince, encourage, force, get, hire, invite, order, permit, warn

> The teacher advised us to study verbs.
> The doctor convinced me to eat less.
> The policeman forced them to pay a fine.
> I hired an agent to sell my house.
> The court ordered the man not to speak.

   Ⅲ. to 부정사 + 목적어 형태가 선택적인 경우의 동사

ask, beg, choose, dare, expect, need, promise, want

> We begged to see a movie.
> (결과: We see a movie.)
> We begged them to see a movie.
> (결과: They see a movie.)

B. 동명사만 올 수 있는 경우

   Ⅰ. 동명사만을 취하는 동사 또는 동사구들은 다음과 같다.

admit, advise, anticipate, avoid, appreciate, defend, defer, deny, dislike, enjoy, escape, finish, keep, mind, miss, need, postpone, recall, recommend. recollect, regret, repent, resent, risk, suggest, tolerate, understand, burst out, give up, go on, keep on, leave off, put off, it's no use, cannot help

> Above all things, he must avoid looking ridiculous.
> Jane deferred writing the letter of parting from him.
> Jane did not enjoy writing her books.
> Jack had finished typing the homework last week.
> We cannot put off answering that letter any more.
> Mrs. Fox had actually given up wearing feathers.

Ⅱ. 동명사와 to 부정사가 함께 쓰이는 경우

to 부정사와 동명사 모두를 허용하는 동사는 다음과 같다.

begin, cease, confinue, dislike, dread, fear, hate, intend, like, love, neglect, prefer, propose, purpose, recollect, remember, start, try, go on, it's no use

> 'Do you like living like this?' he said.
> I think I should like gambling.
> Mary liked to stand so before the window.
>
> We have neglected looking after our safety.
> They neglected to use certain parts.
>
> He began to call his writings "stuff."
> On his return to England he began studying law.
> They began teaching three classes a week.
>
> The clock stopped striking.
> I could not stop to argue the matter with her.
>
> Look out of the window, it's just started snowing.
> She started to shut the door.
>
> Most people intended going out of town.
> He didn't intend to tell her about his riding in a race.

C. 동명사 vs. to 부정사의 비교

to 부정사나 동명사는 모두가 동사에서 와서 명사로 쓰이기 때문에 앞서 말한 바와 같이 둘 다 명사적인 성질과 동사적인 성질을 구비하고 있다. 그러나 to 부정사가 주로 동작이나 상태에 대한 의무, 경향, 의지를 가리키지만, 동명사는 과거, 현재의 사실 혹은 시간에 관계없는 단순한 일반적 사실을 나타낸다. 동사의 목적어로서는 동명사가 보통이며, to 부정사는 동사에 따라서 목적어가 될 수도 있고 아닐 수도 있다. 그리고 동일한 동사라도 목적어로서 동명사를 취하는 경우와 부정사를 취하는 경우와 뜻이 달라지는 때가 있다.

I remember seeing him.　　　(과거의 사실)
(그와 만난 것을 기억한다.)
I remember to see him.　　　(의무)
(그와 만나야 하는 것을 기억한다.)

※ **Culture Tips**

"까뮈의 시시포스 신화와 slip sliding away"

까뮈는 그의 저서를 통해 시시포스 신화를 '부조리의 원형'으로 규정한다. 시시포스는 비록 신의 뜻을 거역하고 지옥의 밑바닥에 떨어져서 평생 돌을 들어 올리는 노역을 하지만 이 사실을 억울하게 받아들이지 않고 운명으로 생각한다. 그리고 꿋꿋이 자신의 일에 몰두한다. 이 노래의 주인공도 마찬가지이다. 인생의 길흉화복(吉凶禍福)은 서로 인접해 있어서 언제나 뒤바뀔 수 있다고 믿고 있다. 지금 슬퍼도 훗날의 행복을 기대하며 희망을 잃지 않고 산다는 의미가 이 노래 속에 깔려 있다.

Step VII: Workout Exercise

A ▪▪ Listen to the song and fill in the blanks.

01_ Slip slidin' away, Slip slidin' away.
You know the nearer your _____.
The more you're _____ slidin' away.

02_ I know a man.
He _____ _____ my home town
He wore his passion for his woman
like a thorny crown.

03_ She said a good day ain't got no rain
She said a _____ is when I lie in bed
and think of things that might have been.

04_ He _____ ___ tell him all the reasons
for the things he'd done
He came a long way just to explain
He kissed his boy as he lay sleeping
Then he _____ and headed home again.

05_ To the _____ man
We work our jobs, collect our pay
Believe we're _____ the highway
When in fact we're slip slidin' away.

B■■ Choose the right answer for the questions.

01_ 이 노래의 내용이 아닌 것은? (　)

① 홀아비가 나온다.　② 신혼주부가 나온다.
③ 신화와 관련이 있다.　④ 비가 주제이다.

02_ 빈칸에 알맞은 말을 고르시오. (　)

The ＿＿＿＿＿ you want the ＿＿＿＿＿ you get
(원하면 원할수록 더 많이 얻는다.)

① better　　　　② worse
③ more　　　　④ best

03_ 빈칸에 적절한 말은? (　)

I'm ＿＿＿＿＿ that I will disappear.
(내가 사라지게 될까 걱정이에요.)

① sorry　　　　② worry
③ sad　　　　④ afraid

04_ 다음 중 ain't 대신 쓸 수 없는 것은? (　)

① is not　　　　② are not
③ has not　　　　④ must not

12 | I Have A Dream

Artist: ABBA

I have a dream, a song to sing
to help me cope with anything
If you see the wonder of a fairy tale
You can take the future even if you fail

* I believe in angels
  Something good in everything I see
  I believe in angels
  When I know the time is right for me
  I'll cross the stream, I have a dream *

I have a dream, a fantasy
to help me through reality
And my destination makes it worth the while
Pushing through the darkness still another mile

* I believe in angels
  Something good in everything I see
  I believe in angels
  When I know the time is right for me
  I'll cross the stream, I have a dream
  I'll cross the stream, I have a dream *

나는 꿈이 있어요. 부를 노래도 있어요.
모든 문제를 해결해주죠.
동화 속의 기적을 보셨나요?
실패하더라도 미래에 도전해볼 수 있겠죠.

* 나는 천사의 힘을 믿습니다.
  나는 긍정적인 사고의 힘도 믿어요.
  나는 필요할 때는 언제나 천사의 힘을 믿습니다.
  강을 건너요. 나는 꿈이 있습니다. *

나는 환상이란 꿈이 있어요.
현실을 극복하게 해주죠.
구체적인 목적지가 있어서 나의 꿈은 더욱 가치 있어요.
어둠을 헤치고 나가면 또 다른 시련이 기다리지만

* 반복 *

 Artist Profile

ABBA는 스웨덴 출신의 4인조 남녀혼성그룹이다. 1973년 유러비전(Euro Vision) 송 콘테스트에서 1위를 한 뒤 1981년 해체할 때까지 전 세계의 팬들로부터 사랑을 받았다. 이 곡은 ABBA가 특별히 어린이를 위해 만든 곡으로서 수익금이 세계아동기구(Unicef)에 기부되기도 하였다. 꿈이란 구체적인 목표가 있을 때 더욱 더 가치가 있다(My destination makes it worth while)는 것이 노래의 주제이다. 긍정적 사고와 불굴의 의지가 노래의 근간(根幹)을 이룬다.

Step Ⅲ: Words and Idioms

① cope with: ~에 대처하다

ex) I can't cope with driving in heavy traffic.

(나는 혼잡한 데서 운전하는 데 대처할 수 없다.)

② fairy tale: 동화, 요정이야기 (a story about fairies)

③ take the future: 미래에 대해 모험을 걸다

④ fail: 실패하다

⑤ stream: 시내, 개울 (강보다 작은 크기)

(the natural flow of water)

ex) a stream of people going into the house.

(끊임없이 집안에 들어오는 사람들)

⑥ fantasy: 환상

⑦ destination: 목적지

⑧ push through: 헤치고 나아가다

Step Ⅳ : Pronunciation Drill

1. have a: [hæv ə]

   have의 /v/가 자음이동하여 [hæ-və]가 된다.

2. with anything: [wiθ æniθiŋ]

   with의 /th/가 자음이동하여 [wi-θæniθiŋ]이 된다.

3. of a: [əv ə]

   of의 /f/가 자음이동하여 [ə-və]가 된다.

4. fail: [feil]

   [ei]가 '이중모음'이므로 '풰일'이 아니고 '**풰**~ ㄹ'로 발음된다. 즉, '풷'처럼 들린다.

5. believe in: [biliv in]

   believe의 /v/가 자음이동하여 [bili-vin]이 된다.

6. reality: [riæləti]

   /i/가 약모음화현상에 따라 [ə]로 발음된다.

7. destination: [destəneiʃən]

   첫 번째 /i/가 약모음화현상에 따라 [ə]로 발음된다.

8. good in: [gud in]

   good의 /d/가 단타음현상에 따라 /r/로 변하여 [gu-rin]이 된다.

Step Ⅴ: Expression Checklist

1 I have a dream, a song to sing.
(나는 꿈이 있고 부를 노래가 있어요.)

문법을 따지는 분이라면 다소 의아한 문장이다. 하지만 꿈과 노래를 동격으로 보면 쉽다. 풀어보면 다음과 같다.

I have a dream and I have a song to sing.

2 To help me cope with anything
(모든 문제를 해결할 수 있는)

cope with란 말은 실로 다양하게 쓰인다. '직장에서 마음에 안 드는 사람과 적응하려면?'을 영어로 하면 다음과 같다.

How can you cope with people whom you dislike in your job?

한마디로 상황에 성공적으로 대처하다(to deal with something successfully)라는 뜻이다.

3 You can take the future
(미래에 도전해보세요.)

위의 문장만으로는 도저히 '도전'이란 번역이 어울리지 않는다. 하지만 이 문장은 take 뒤에 a chance on이 생략되어 있다. 따라서 정확하게 풀어쓰면 다음과 같다.

You can take a chance on the future.

따라서 단순히 미래를 취하는 것(take a future)이 아니고 take a chance on the future가 되어야 제대로 뜻이 파악된다.

필자도 이 노래를 1980년대 초부터 좋아하고 방송 중에도 무수히 들었으나 늘 take a future가 걸렸었다. 오랜 내공(?)이 쌓이다 보니 어느 날 take a chance라는 idiom을 떠올리게 되었다(culture tip에서 다시 설명).

④ (I believe in) something good in everything I see
(매사에 긍정적인 힘의 중요성을 믿어요.)

( ) 속의 I believe in을 빼놓으면 뜬금없는 말이 되기 십상이다. 하지만 ABBA는 천사만큼이나 긍정의 힘(positive thinking)을 믿는다고 했다.

⑤ When I know the time is right for me
(내게 적절한 때가 오면)

여기서 time is right는 긍정의 힘과 신(천사)의 힘을 간절히 바라고 믿어야 하는 상황이다. 즉, '자신의 어려운 처지'를 뜻한다. 물에 빠진 자가 지푸라기라도 잡듯(like a drowning man will catch at a straw) 자신은 신과 긍정의 힘에 매달린다는 의미이다.

⑥ My destination makes it worth the while
(구체적인 목적지는 나의 꿈을 더욱 가치 있게 한다.)

막연하게 "~하고 싶다"보다는 구체적인 목표를 정해놓아야 실행이 수월하다는 의미.

⑦ Pushing through the darkness still another mile
(어둠을 헤치고 가면, 또 다른 길이 기다려요.)

복잡하게 설명할 것 없이 사자성어로 첩첩산중(妾妾山中)이 되겠다. 가도 가도 끝이 없이 새로운 문제가 발생한다는 뜻이다. 하지만 꿈이 있어서 극복이 가능하다고 한다.

※ Culture Tips

"take a chance와 take care"

take a chance는 앞서 장황하게 설명했거니와 take care와 비교하지 않을 수 없다. 한 마디로 여기서 chance는 risk 혹은 challenge를 뜻한다. 모험을 감행하고, 위험을 무릅 쓴다는 뜻이다. 반면에 take care는 '조심하겠다'는 의미가 강하다. 그래서 헤어질 때 take care하면 '수고해', '열심히 해'가 된다. 물론 이때의 take care는 take care of number one, 즉 자기 자신을 잘 보살피라는 의미가 된다. 영화 <7월 4일생>에서 고 교졸업반 톰 크루즈가 해병대에 입대하겠다고 하자 다른 친구가 "I'm going to Business School(나는 경영대학에 가겠어). I'm gonna take care of number one"이라고 말하는데 이 경우는 "내 코가 석자나 빠졌는데 누굴 돌봐?"의 뜻이 되면서 철저하 게 자기 잇속을 차리겠다는 의미였다.

쉬운 예로 여러분이 친구와 광화문 네거리 횡단보도에 서 있는데 신호등이 빨간색으 로 바뀌고 아직 차는 오지 않는다. 그때 친구가 "You wanna take a chance?"라고 하 면 "(위험을 무릅쓰고) 건너 갈 거야?"가 되고, 여러분이 "No, I'll take care"라고 하면 "아냐, 안 건너"라는 뜻이 된다. take a chance는 take care와 비교해서 이해하면 쉽다.

Step Ⅵ: Grammar Catch

1 I have a dream, a song to sing

I have a dream, a fantasy

'a dream'과 'a song'은 동사 'have'에 해당되는 목적어로서 동격 명사라고 할 수 있 다. 다음 소절에서 'a dream'과 'a fantasy'도 'have' 동사의 목적어로 동격 명사라고 할 수 있다. 이처럼 두 개의 명사가 한 동사로부터 목적격의 동일한 격을 부여 받는 것은 comma(,)의 기능을 토대로 설명할 수 있다.

A. comma의 기능

Ⅰ. 접속사로서의 역할

- 절과 절 사이를 연결하는 접속사와 동일한 기능을 한다.
- 동일한 기능의 단어 또는 구를 연결한다. - 동격과 연관됨

Ⅱ. 관계대명사 표현 중 계속적 용법의 표시하기 위하여 사용한다.

Ⅲ. 문장 안에 다른 내용을 삽입할 때 사용한다.

B. 접속사의 정의

문장 속에서 낱말(word), 구(phrase), 절(clause) 등을 연결하여 문법적인 관계 보여주는 것을 일컬어 접속사라고 한다. comma 이외에 단어로서 표시되는 접속사 종류는 다음과 같다.

C. 접속사와 종류

Ⅰ. 대등접속사(coordinating conjunction)

문법적으로 동등한 비중을 가지는 낱말, 구, 절 등을 연결한다.

and; but; so; or; nor; yet; for; therefore; still;

nevertheless; hence; both - and, either - or; neither - nor; not only - but (also)

Ⅱ. 종속접속사

종속절을 주절에 연결하는 접속사이다.

As; because; if though; unless; that; lest; although; when; while; before; until;

then; whether; as long as; in case; so that; so long as; as if; as though; in

order that; though-yet; now; provided; suppose

2. I have a dream, a song to sing

   to help me cope with anything

   I have a dream, a fantasy

   to help me through reality

위 내용 중에서 'to help'가 수식하는 것은 앞에 위치하여 'have' 동사로부터 동일한 목적격 역할을 수행하는 명사들이다.

A. to 부정사의 용법

'to'가 붙은 부정사는 문장 안에서의 역할에 따라 ⓐ 명사적 용법, ⓑ 형용사적 용법 부정사로 분류할 수 있다.

B. to 부정사의 명사적 용법

명사의 기능을 소유한 to 부정사는 문장 안에서 명사와 똑같은 역할을 하는 부정사로서 주어, be 동사의 보어, 타동사의 목적어로 사용된다.

Ⅰ. '~ 하는 것'보다는 '~ 하려고 하는 것'처럼 의지나 경향을 나타낸다.

To know oneself is really hard.

(자기를 알려고 하는 것은 힘들다.)

To err is human, to forgive divine.

(사람은 실수가 있으며, 용서를 베푸는 것은 신의 마음이라.)

To read this book through will require patience.

(이 책을 읽어내려면 인내가 필요하다.)

Ⅱ. be 동사의 보어로서 부정사도 주어의 경우와 마찬가지로 '~(하려고) 하는 것'의 의미를 지닌다.

My plan is to build a house here.

(내 계획은 여기에다 집을 세우려는 것이다.)

His only wish at present was to sleep.

(그의 지금 당장의 소원은 그저 자고 싶다는 것이었다.)

Ⅲ. 때로는 주어와 보어의 두 개의 부정사가 be 동사로 연결되는 경우도 있다. 이 때, 후자가 전자의 필연적인 결과임을 표시한다.

To see is to believe.

(보는 것은 믿는 것이다. = 보면 믿지 않을 수 없다.)

To see her was to love her.

(그 여자를 보면 사랑하지 않을 수 없었다.)

Ⅳ. 부정사가 타동사의 목적어로 되는 경우도, 그 본래의 '～하는 것을 향하여'의 뜻이 밑에 가로놓였음을 생각할 수 있다. 따라서 부정사를 목적어로 하는 동사는 주로 노력, 요구, 결심, 기호 등 어떤 동작, 상태를 향해 작용하는 뜻을 가진 동사이다.

I tried to persuade him in vain.

(나는 그를 설득시키려고 하였으나 허사였다.)

I shall endeavour to do my duty.

(나는 내 의무를 다하도록 노력할 것입니다.)

I want to read some interesting novel.

(재미있는 소설을 읽고 싶다.)

He intends to be a composer.

(그는 작곡가가 되려고 생각하고 있다.)

He has decided to resign his post.

(그는 사직하기로 결심했다.)

I should like to go with you.

(같이 갔으면 좋겠습니다.)

Ⅴ. 부정사가 보어를 취하는 타동사의 목적어가 될 때 형식상의 목적어로서 it를
앞세우고 부정사는 뒤에 온다.

I make it a rule to take a walk every morning.

(나는 매일 아침 산책하는 것을 일과로 하고 있다.)

I thought it better not to go there alone.

(나는 그곳에 혼자 가지 않는 것이 좋다고 생각했다.)

I found it easy to perform the task.

(나는 그 일을 하는 것이 쉽다는 것을 알았다.)

I felt it useless to say anything further.

(이 이상 더 말하는 것은 소용없다는 것을 느꼈다.)

C. to 부정사의 형용사적 용법

'to'가 붙은 부정사가 명사 뒤에 놓여 사용될 때 형용사와 같은 수식의 역할을
한다. 이런 부정사를 형용사적 부정사라고 한다. 그 사용 방법에 의거하여 보통
형용사와 유사하게 분류하여 부가적 용법(attributive)과 서술적 용법(predicative)
으로 나눌 수 있다. 부가적 용법에서 to 부정사가 명사를 수식할 때에는 언제나
명사 뒤에 온다. to 부정사와 수식하는 명사와의 관계는 몇 가지 경우가 있다.

Ⅰ. 수식되는 명사가 부정사의 의미상의 주어인 경우

I have no friend to advise me.

(= who will advise me)

(네게는 충고해줄 친구가 없다.)

There is only one thing to be done.

(= that should be done)

(해야 할 일이 하나 있다.)

II. 수식되는 명사가 부정사의 의미상의 목적어인 경우

I want something to eat.

(= that I can eat)

(나는 무엇이든 먹을 것을 원한다.)

There are many sights to see here.

(= that we should see)

(여기에는 볼 만한 곳이 많다.)

※ **From the author**

"구체적인 목표는 꿈을 더욱 가치 있게 만든다(My destination makes it worth a while)."

1966년 여름 필자는 청주에서 서울로 전학을 왔다. 모든 것이 어색하고 서툴렀던 그때 담임이셨던 박선경 선생님은 꿈과 희망을 심어준 분이었다. 그때 필자는 '커서 훌륭한 인물이 되어 꼭 선생님을 기쁘게 해드리겠다'는 꿈을 가졌다. 훗날 영어강사가 되어 방송을 시작한 뒤 <TV는 사랑을 싣고>라는 프로그램에 출현할 정도로 유명해지면 선생님을 꼭 찾겠다고 다짐했다. 2002년 6월 드디어 뉴욕의 APT에서 편안한 노후를 보내시던 그리운 선생님을 TV의 도움으로 뵙게 되었다. 5,000mile의 먼 길을 한걸음에 달려와주신 선생님을 만나는 감격을 누린 것이다. 과연 꿈은 구체적일 때 가치가 있는 것을 재삼 확인했다.

Step VII: Workout Exercise

A▪▪ Listen to the song and fill in the blanks.

01_ I have a dream, a song to sing to help me cope with anything
If you see the _____ of a fairy tale.

02_ You can _____ even if you fail
I believe in angels
Something good in everything _____.
I believe in angels.

03_ I have a dream, a fantasy to help me through _____
And my destination makes it worth the while
_____ the darkness still another mile.

04_ I believe in angels
Something good in everything I see
I believe in angels
When I know the time is _____.

05_ I'll _____ I have a dream.

B▪▪ Choose the right answer for the questions.

01_ 다음 밑줄 친 부분의 정확한 뜻은? (   )

To help me <u>cope with</u> anything.

① solve   ② avoid
③ escape   ④ succeed

02_ ABBA와 관계없는 말은? (　　)

① Swedish   ② Musician
③ American   ④ 4 members

03_ 다음 밑줄 친 부분의 정확한 해석은? (　　)

You can take the future.

① 미래를 취하다
② 미래에 대해 도전하다
③ 미래를 잡다
④ 미래를 가지다

04_ 빈칸에 맞는 말을 고르시오. (　　)

My destination makes it _____ the while.
(구체적인 목표는 내 꿈을 더욱 가치 있게 해줘요.)

① to worth   ② worthing
③ worth   ④ worthed

05_ 다음 문장에 알맞은 사자성어는? (　　)

Pushing through the darkness still another mile.

① 가가호호   ② 오월동주
③ 첩첩산중   ④ 갑론을박

13 | Take Me Home Country Road

Artist: John Denver

Almost heaven West Virginia
Blue Ridge Mountains Shenandoah River
Life is old there, older than the trees
Younger than the mountains growing like a breeze

* Country road take me home
   To the place I belong
   West Virginia mountain mama
   Take me home country road *

All my mem'ries gather around her
Miner's lady stranger to blue water
Dark and dusty, painted on the sky
Misty taste of moonshine
Teardrop in my eye

* Country road take me home
   To the place I belong
   West Virginia mountain mama
   Take me home country road *

I hear her voice in the morning hours she calls me
The radio reminds me of my home far away
And driving down the road I get a feeling
That I should have been home yesterday, yesterday

* Country road take me home
  To the place I belong
  West Virginia mountain mama
  Take me home country road *

Step II : Between the Lines

그곳은 거의 천국, 웨스트버지니아
블루리지 산맥, 셰넌도우 강
유구한 역사를 가진 그곳
나무보다 오래되고 산보다는 어린 그곳
모든 것이 산들바람 같은 그곳

* 고향에 데려다주오. 내가 있어야 할 그곳
    웨스트버지니아, 어머니 품 같은 산
    고향으로 날 데려다주오. *

나의 모든 기억은 그녀에게 집약되네.
광부의 아내인 그녀, 푸른 강물과는 거리가 먼 그녀
어둡고 먼지 낀 하늘 아래에서
달빛마저 희미한 그곳
눈물이 흐르는구나.

* 반복 *

아침에 모닝콜을 받았을 때 그녀의 목소리를 들었죠.
라디오를 켜니 고향이 멀리 있는 게 실감이 나네요.
차를 몰고 가며 나는 생각했죠.
진작 고향에 가 있어야 했는데 하고요.

* 반복 *

Artist Profile

John Denver가 1970년대 중반에 부른 컨트리송이다. 대한민국의 7080세대의 '애국가' 격이다. 누구든 야
유회나 축제현장에서 이 노래를 불렀다. 물론 후렴 부분(country road~)만 있었지만……. 고향을 그리워
하는 도시의 직장인의 마음을 애틋하게 표현하였는데 실제 시골에 간 것은 아니고 간밤에 꿈을 꾼 것을
노래로 옮긴 것이다. John Denver는 부친이 한국전에 참전했던 공군 조종사였다. 자신도 우주인의 꿈을
키울 정도로 '하늘을 날기'를 좋아했는데 수년 전 캘리포니아 해변에서 비참하게 추락사고로 불귀(不鬼)
의 객(客)이 되고 말았다. John의 별명은 Eagle in the Rocky Mountains(록키 산의 독수리)이었다. 본명은
헨리 듀센돌프였지만 자주 이사다니다가 정이 든 Colorado Denver에서 예명을 따온다.

Step Ⅲ: Words and Idioms

1 breeze: 미풍 (light and gentle wind), 쉬운 일

  ex) Learning English is a breeze.

    (영어공부는 식은 죽 먹기야.)

2 gather: 동 모이다, 집합하다

  ex) Gather around, I will tell you the story.

    (모여 봐, 내가 너희들에게 이야기해줄게.)

3 misty: 형 안개 자욱한

  ex) a misty morning (안개 자욱한 아침)

    eye misty with tears (눈물 어린 눈)

4 teardrop: 명 눈물

5 remind: 생각나게 하다

  ex) Please remind her to call me.

    (그녀에게 잊지 말고 전화해달라고 하세요.)

    He reminds me of his brother.

    (그를 보니 그의 동생이 생각나네요)

    That reminds me.

    (그러고 보니 생각난다.)

Step Ⅳ : Pronunciation Drill

1 Almost heaven West Virginia: [əlmɔst hevn west vəginia]

almost의 /t/와 west의 /t/가 모두 묵음이 되어 [əlmɔs hevn wes vəginia]가 된다.

2 mountain: [mauntən]

mountain은 '마운틴'이 아니고 '마운튼'으로 발음한다. 약모음화현상 때문이다.

3 Life is old there: [laif iz əld ðɛə]

life의 /f/가 자음이동하여 [lai-fiz]가 되고 old의 /d/는 묵음이 된다.

4 All my mem'ries: [əl mai memoriz]

memory는 구어체 발음에서는 o를 생략하여 mem'ries로 쓰기도 한다. you를 u로 하거나 for를 4로 하는 것은 일반적 용례로 받아들여지지 않지만 mem'rey나 'bout (about) 정도는 통용이 가능하다.

5 painted on: [peintid ən]

painted의 /d/가 단타음현상에 의해 /r/로 변하여 [peintirən]가 된다.

6 dark and dusty: [dak ænd dəsti]

dark의 /k/가 자음이동하여 [da-kæn]이 되고, and의 /d/는 겹자음탈락에 의해 한번만 쓰여서 [da-kæn-dəsti]가 된다.

7 road I get a: [rɔd ai get ə]

road의 /d/와 get의 /t/가 모두 단타음현상을 일으켜 [lɔrai gerə]가 된다.

Step Ⅴ: Expression Checklist

① All my mem'ries gather around her

(나의 모든 기억은 그녀 주변으로 모입니다.)

여기서 그녀가 누구인지는 확실하지 않다. 연인인지 아니면 하숙집 주인인지 불분명하다. 하지만 주인공의 기억 속에서 생생한 사람임은 틀림없다.

② Miner's lady stranger to blue water

(광부의 아내인 그녀는 푸른 물과는 무관해요.)

아마도 광산촌에서 태어나 살면서 광부의 아내가 된 여자이야기인 듯하다. 그녀는 푸른 강물과는 거리가 먼 삶을 살았다.

③ Dark and dusty, painted on the sky

(어둡고 먼지로 뒤덮인 하늘)

탄광촌의 공기가 좋을 리 없다. 늘 매연으로 하늘은 뿌옇게 흐려 있다.

④ I hear her voice in the morning hours she calls me

(나는 아침에 그녀의 전화소리를 들어요.)

이 노래가 대반전을 하게 되는 부분이다. 그전까지의 얘기는 모두 꿈속에서 벌어졌단 뜻이다. 누군가가 모닝콜(wake up call)을 해주었다. 모닝콜은 사실 콩글리시이다. wake up call이 맞다. 어쨌든 여기서 그녀는 누구인가? 2절에 나왔던 광부의 아내 (Miner's lady) 혹은 주인공의 여자친구? Nobody knows.

⑤ Radio reminds me of my home far away

(라디오는 우리 집이 멀리 있음을 일깨워줬어요.)

FM라디오의 아침프로는 대게 날씨와 교통정보가 많다. 주인공이 눈을 뜬 곳은 그 더운 West Virginia가 아니라 LA나 New York의 한복판이다. 즉, 간밤에 꿈을 꾼 것이다. 그리곤 차를 몰고(driving down the road) 가면서 떠오른 생각(I get a feeling)은 바로 I should have been home yesterday(진작 집에 갔어야 했는데)였다.

※ Culture Tips

"John Denver that I met"

필자가 존 덴버를 만난 것은 1989년이다. KBS-FM의 <굿모닝팝스>를 진행하고 있었는데, 뜻밖에 KBS-TV <연예가중계>의 PD로부터 John Denver를 interview하라는 부탁을 받았다. John Denver가 Hilton Hotel에서 콘서트를 갖기 전에 한번 만나보라는 것이었다.

John Denver가 누구인가? John Denver는 1970~80년대를 거치면서 한국의 젊은이들 사이에 가장 인기 있는 가수였으면 그의 대표곡 「Take Me Home Country Road」는 거의 애국가(national Anthem) 수준으로 대학생들 사이에서 애창되고 있었다. 그리고 이 곡은 많은 환경운동가들에게 환영받는 노래이기도 했다. 필자는 가장 먼저 어떻게 해서 환경문제에 관심을 갖게 됐는지(What makes you think so much of the environmental problem), 그리고 이 곡은 쓰는 영감을 어디서 얻었는지(Where did you get your inspiration when you wrote this song)를 꼭 물어보고 싶었다. 그러나 인터뷰를 마치고 무척 실망하였다. 온갖 존대어를 써가며 John Denver에게 질문을 했을 때(I was wondering if you could possibly tell me how do you wrote this song) 그의 대답은 너무나 간단했다. I didn't write this song. My friend wrote this song but he was not famous, so he asked me to check it out. 즉, 친구가 곡을 썼는데 그가 무명인지라 거들떠보는 음반사가 없어서 자신에게 좀 봐달라고 해서 이름을 작곡자로 올리게 됐다는 것이었다. 유명한 곡의 탄생에 대해 평론가나 DJ들이 이러쿵저러쿵 많은 살을 붙이지만 실제는 아주 단순한 과정을 통해서 나오는 경우를 직접 경험한 것이다.

"신화는 진정 만들어지는 것인가?"

Step Ⅵ: Grammar Catch

1 Life is old there, older than the trees

Younger than the mountains growing like a breeze

A. 비교급의 구문의 구조: A 동사 비교급 than B (A가 B보다 더 ~하다)

Blood is thicker than water.

(피는 물보다 진하다.)

John is taller than his father.

(John은 그의 아버지보다 더 크다.)

Soccer is more exciting than baseball.

(축구가 야구보다 더 흥미진진하다.)

Mary speaks English more fluently than her sister.

(Mary는 그녀의 동생보다 더 유창하게 영어를 한다.)

B. 반복 부분은 생략

Mike likes reading books more than John (likes reading books).

He is happier than (he was) before.

비교의 대상이 되는 것은 문법적으로 동등한 것이어야 한다.

The climate of Korea is milder than **that of China**.　　(0)

(한국의 기후는 중국의 기후보다 온화하다.)

The climate of Korea is milder than **China**.　　　　(X)

C. 비교급의 강조

「much, far, even, still, a lot」 등을 비교급 앞에 사용하며, '훨씬, 더욱'의 의미를 갖는다.

It was much worse than I expected.
(그것은 내가 기대했던 것보다 훨씬 나빴다.)
She is likely to feel much better today.
(그녀는 오늘은 훨씬 더 좋아 보입니다.)
His car is far better than mine.
(그의 차가 나의 것보다 훨씬 좋다.)
I think the rose is even prettier than the lily.
(장미가 백합보다 훨씬 더 예쁘다고 생각한다.)
The cloth over there looks better.
(저쪽 옷이 훨씬 더 좋아 보인다.)
Tom can swim a lot faster than his elder brother.
(Tom이 그의 형보다 훨씬 더 빨리 헤엄칠 수 있다.)

2 **All my** mem'ries **gather round her**

'memories'는 실제로 mem'ries(멤리즈)라고 많이 쓰이는데, 관용적으로 알파벳 o를 apostrophe(')로 대체한 것으로 볼 수 있다. 영어에서 이처럼 모음 또는 자음을 줄이고 대신 apostrophe를 사용하는 것은 매우 흔한 현상이다.

1960 = '60	about = 'bout
unless = 'less	it was = 't was
do not = don't	I am = I'm
he will = he'll	who is = who's
because = 'cause	madam = ma'am[mæm] until = 'til

③ driving down the road **I get a feeling,** ~

분사구문 형식을 따른 문장이다. 의미상으로 보아 절에 해당하는 분사구문이 있다. 이것은 분사를 중심으로 하여 이루어지는 일종의 부사절인데 일반 부사절과 다른 점은 접속사의 도움 없이 의미상으로 주절에 연결되어 있다는 사실이다. 분사절과 주절과의 문법적인 관계를 일층 명쾌하게 밝히기 위하여 때로 when, while, (as) though 등의 접속사로 분사절을 보강할 수도 있다. 따라서 분사구문이라고 하더라도 부사절에 가까운 면모를 갖추게 된다. as I am(do), as you are(do), as he is(does) 등을 문장 중간에 삽입하여 부사의 뜻을 강화하는 경우도 있다. 'Being'이나 'having been' 등 be 부사가 분사구문 속에 나타나면 전체의 의미를 훼손하지 않는 전제하에 둘 다 생략될 수도 있다.

They were unlike, **as though recognizing** the difference between them by the circumstance of their births. (= as though they recognized the difference~)

When a Child, I was permitted to handle on Sunday certain books which could not be exposed to the more careless usage of common day. (= When being a child~)

An active politician, Moore devoted many years to the support of the Whig party in the House of Commons. (= Being an active politician~)

Dressed in white shoes and socks, white shorts, a yachting cap and a pink silk sweater, Virginia had come to see the feeding of the baboons. (= Having been dressed in~)

Now alone, and out of sight of land, he was fast to the biggest fish that he had ever seen and bigger than he had ever heard of …… (= Now being alone and being out of sight of land)

Step VII: Workout Exercise

A ▪▪ Listen to the song and fill in the blanks.

01_ Almost heaven West Virginia
Blue Ridge Mountains Shenandoah River
Life is old there _____ trees
Younger than the mountains growing like a _____.

02_ Country road take me home to the place I belong
West Virginia mountain mama
_____.

03_ All my memories _____ around her
Miner's lady stranger to blue water
Dark and dusty, _____ the sky.

04_ I hear her voice in the morning hours she _____ me
The radio _____ me of my home far away.

05_ And driving _____ I get a feeling
That I should have been home yesterday, yesterday.

B ▪▪ Choose the right answer for the questions.

01_ 이 노래의 내용이 아닌 것은? (　　)

① 고향에 대한 그리움　　② 미국의 지명
③ 광부의 아내　　　　　④ 반전음악

02_ 다음 중 John Denver에 대해 틀린 것은? (　　)

① He was American.
② His father joined Korean War.
③ He liked to fly.
④ He is still alive.

03_ 빈칸에 알맞은 단어를 고르시오. (　　)

The radio reminds me _____ my home far away.
(라디오를 켜니 고향이 멀리 있는 것을 알았어요.)

① at　　　　　　　② of
③ from　　　　　　④ for

04_ 빈칸에 맞는 표현을 찾으시오. (　　)

I _____ home yesterday.　(진작 고향에 갔어야 했다.)

① went　　　　　　② have gone
③ should have been　④ have been

05_ 빈칸에 맞는 말을 고르시오. (　　)

Learning English is a _____.　(영어공부는 식은 죽 먹기야.)

① cake　　　　　　② breeze
③ wind　　　　　　④ work

14 | **The Rose**

Artist: Bette Midler

Some say love it is a river
that drowns the tender reed
Some say love it is a razor
that leaves your soul to bleed
Some say love it is a hunger
an endless aching need
I say love it is a flower
and you it's only seed

It's the heart afraid of breaking
that never learns to dance
It's the dream afraid of waking
that never takes the chance
It's the one who won't be taken
who can not seem to give
And the soul afraid of dying
that never learns to live

When the night has been too lonely
and the road has been too long
and you think that love is only
for the lucky and the strong
Just remember in the winter far beneath the bitter snows
lies the seed that with the sun's love
in the spring becomes the rose

누군가는 말하죠, 사랑은
부드러운 갈대를 삼켜버리는 강물이라고.
누군가는 말하죠, 사랑은
당신의 영혼에 상처를 내는 날카로운 면도칼 같은 것이라고.
누군가는 얘기하죠, 사랑은
끝없는 아픔을 필요로 하는 갈망이라고.
그러난 나는 사랑을 꽃이라고 말하겠어요.
그리고 당신은 그 꽃의 유일한 씨앗입니다.

이별을 두려워하는 마음으로는
결코 춤추는 법을 배울 수 없습니다.
깨어나기를 두려워하는 꿈은
결코 기회를 가질 수 없어요.
다른 사람에게 사로잡히지 않고는
사랑을 줄 수도 없는 법입니다.
죽기를 두려워하는 영혼은
삶을 배울 수 없어요.

밤이 외롭게 느껴질 때
그리고 인생길이 멀게만 느껴질 때
당신은 사랑이란 오직 운이 좋은 사람이나
강한 사람만을 위한 것이라고 생각할지 모릅니다.
그러나 이것만은 기억하세요. 겨울의 차디찬 눈 속에도
봄에 햇빛의 사랑을 받으며
장미로 피어날 씨앗이 있다는 것을.

 Artist Profile

Bette Midler는 가수이면서 배우로 활약해왔다. Country and Western과 ballad를 주로 부르는 그녀의 노래들은 특히 삶에 지친 사람들에게 용기와 희망을 주는 것으로 유명하다. 이 노래에서는 사랑을 장미에 비유했는데 단순한 장미가 아닌 추운 겨우내 꽁꽁 얼어붙은 땅 속에 뿌리를 내린 뒤 4월의 눈 속에 피어나는 장미야말로 진정한 사랑의 표상이라 하겠다.

Step Ⅲ: Words and Idioms

① drown: 동 익사시키다 (to) cover completely with water

② tender reed: 명 부드러운 갈대

③ razor: 형 면도칼

④ leave: 동 ~을 남기다

　　ex) 2 from 8 leaves 6.

　　　(8에서 2를 빼면 6이 남는다.)

⑤ soul: 명 영혼, 혼백

　　ex) She is dead, but her soul is in me.

　　　(그녀는 죽었지만 그녀의 영혼은 내 안에 있다.)

⑥ bleed: 동 피 흘리다

　　ex) Your nose is bleeding.

　　　(네 코에서 피가 난다.)

⑦ hunger: 명 굶주림

⑧ aching need: 명 고통스러운 욕구

⑨ afraid of breaking: 깨질까봐 두려운

⑩ afraid of waking: 깰까봐 두려운

⑪ take the chance: 도전하다

　　cf. take care: 조심하다

⑫ the lucky: 행운아들

⑬ the strong: 가진 자들

14 beneath: ~아래에

15 bitter: 형 쓴, 차디찬

Step IV : Pronunciation Drill

1 It is a: [it iz ə]

/t/가 단타음현상을 일으키고 /s/는 자음이동하여 [iri-zə]가 된다.

2 afraid of: [əfreid əv]

afraid의 /d/가 단타음현상에 의해 [əfreirəv]가 된다.

3 won't be: [wɔunt bi]

won't의 /t/가 자음과 자음 사이에서 묵음이 되어서 [wɔun bi]가 된다.

4 can not: [kæn nat]

겹자음 탈락에 의해 '캔낫'이 아니고 '캐낫'이 된다.

5 afraid of dying: [əfreid əv daiŋ]

of의 /f/가 뒤에 자음이 나올 때는 생략되어 발음된다. 따라서 [əfreirə daiŋ]이 된다.

6 just remember: [jəst rimembə]

just의 /t/가 생략되어 [jəsrimembə]가 된다.

7 bitter: [bitər]

/t/가 /r/로 발음되어 [birər]가 된다.

Step V : Expression Checklist

[1] It is a river that drowns the tender reed.

(사랑은 부드러운 갈대를 삼켜버리는 강물)

여기서 주의해야 할 사항은 drown이다. 다동사로 '~을 익사시키다', '빠져 죽게 하다'의 뜻이다. 자동사로는 익사하다(die in water)의 뜻도 있다.

ex) A drowning man will catch at a straw.

(물에 빠져 죽는 자는 지푸라기라도 잡고 싶어 한다.)

[2] It is a razor that leaves your soul to bleed.

(사랑은 영혼에 피를 흘리게 하는 면도칼이다.)

여기서 leave는 타동사로 '~을 남기다'로 번역한다. 은유법(metaphor)을 썼다. 여기서 soul은 face baby 혹은 skin의 대용으로 쓰였다. 정신(혼)의 피가 흐를 수 있을까? 과장된 표현을 쓴 것이다. 면도칼(날)을 잘못 쓰면 피부에 상처가 나듯이 사랑은 조금만 소홀히 다루어도 '마음의 상처'를 입는다는 뜻으로 쓰였다. 참으로 멋진 표현이다.

[3] Some say love it is a hunger an endless aching need.

(누군가는 얘기하죠. 사랑은 끊임없이 고통스런 욕구에 대한 갈망이라고.)

어떤 독자는 love 뒤에 it이 왜 왔는지 고민하는 분도 있을 것이다. 하지만 고민 끝! 여기서는 그냥 '음운'을 맞추기 위해 들어갔다. 문법적으로 심각하게 생각할 필요는 추호도 없다. 곡에다가 가사를 맞추는 경우가 대부분이므로 생기는 일이다. aching need는 '고통스러운 욕구'로 번역하여도 좋다.

* hunger: 굶주림

히딩크(2002년 월드컵 한국 대표팀 코치)의 말이 생각난다.

I still have a hunger for winning.

(나는 아직도 승리에 굶주려 있어요.)

* ache: 통증

ex) I have an aches all over me.

(온 몸이 안 아픈 데가 없어요.)

4 I say love it is a flower and you it's only seed

(그러나 나는 사랑을 꽃이라고 말하겠어요. 그리고 당신은 그 꽃의 유일한 씨앗입니다.)

나에게 사랑이 있다면 꽃인데, 그 '꽃을 피우는 씨앗은 당신'이란 뜻이다. 결국 아름다운 꽃의 시초가 씨앗이듯 내 사랑의 원초적 근원은 당신이라는 멋진 표현이다.

5 It's the heart afraid of breaking that never learns to dance

(이별을 두려워하는 마음으로는 결코 춤추는 법을 배울 수 없습니다.)

춤과 사랑을 비유했다. '실수 할까봐서 춤을 못 배우는 사람'을 '이별'이 두려워 사랑을 못하는 사람에 비유했다.

6 It's the dream afraid of waking the never takes the chance

(실패에 대한 두려움으로 시도도 못하는 사람)

여기서 waking은 단순히 잠에서 깨어나는 뜻이 아니다. 흔히 능력 이상의 일을 도모하는 사람에게 "Wake up form your dream!"이라고 하는 경우가 있는데 "꿈에서 깨라"는 뜻이다. 즉, 무모만 시도는 하지 말라는 의미가 된다. 따라서 여기서는 실현이 어려울 것으로 미리 간주하고 아예 모험도 해보지 않는다는 뜻이다.

7 It's the one who won't be taken who can not seem to give

(상처 받을까 두려워 사랑도 망설이는 사람)

give and take(상부상조)라는 말이 있다. 그런데 나는 give 했는데 저쪽에서 반응이 없으면 무엇인가 상실감(being taken)이 든다. 한마디로 상처를 받는 것이다. 따라서 상처를 받지 않으려고(won't be taken) 아예 사랑도 하지 않는(not give love) 사람을 뜻하는 것이다.

8 just remember in the winter far beneath the bitter snows lies the seed
(기억하세요. 한겨울에 차디찬 눈 속에 씨앗이 있어요.)

9 with the sun's love in the spring becomes the rose
(햇빛의 사랑으로 봄에 장미꽃을 피우는 것입니다.)

10 take the chance

[(위험을 무릅쓰고) 도전하다.]

이 표현을 '기회를 삼다'로 번역하면 안 된다. 원래는 take a(the) chance on ~ 의 형태를 띤다. 가령 두 남녀 사이를 가정해보자. 남자가 여자를 좋아하면서도 자꾸 프러포즈를 망설이는 경우, 여자 쪽에서 다음과 같이 말할 수 있다.

Why don't you take a chance on me?
(좀 과감하게 나한테 접근하실래요?)
여기서 chance는 '기회'가 아닌 가능성(possibility)으로 번역한다.

ex) Is there any chance that Korea will win the World Cup?
(한국이 월드컵 우승할 가능성이 있나요?)
You will have more chance of catching the train if you use the subway.
(지하철로 가면 기차를 탈 확률이 높을 겁니다.)

Step VI: Grammar Catch

1 the lucky **and** the strong

'행운아들과 가진 자들'을 가리키는 내용이다. 영어에서 일반적으로 'the + 형용사'

는 **복수 보통명사**로서 '~하는 사람들'을 가리키며, 주로 특정 그룹의 사람들을 통칭하게 된다.

〈유사한 기능의 예들〉

the blind (people)
the cunning (people)
the dead (people)
the deaf (people)
the elderly (people)
the unemployed (people)
the English (people)
the evil (people)
the fat (people)
the French (people)
the homeless (people)
the honest (people)
the injured (people)
the intelligent (people)
the Korean (people)
the pedantic (people)
the poor (people)
the rich (people)
the ugly (people)

After the earthquake **the injured were** taken to several hospitals.

It is said that **the French have** the best restaurants in the world.

The English drive on the left although the Korean do so on the right.

The unemployed have to attend more job training programs.

The homeless don't receive enough help from the government.

The government announced the policy to provide **the poor** with more money.

They need to get money from **the rich** for the policy.

On June 25th we have remembered **the dead** from Korean War.

In the kingdom of **the blind** one-eyed person is a king.

2 It's the heart afraid of breaking

that never learns to dance

A. 'breaking'은 일반 전치사와 같이 쓰이는 동명사로 볼 수 있다. 일반 전치사와 함께 사용되는 동명사 용례는 여러 종류의 숙어표현 구문 안에서 볼 수 있다.

> TO (이것은 부정사의 'to'와 혼동하지 말아야 한다.)
> look forward to, be used to, be accustomed to, feel up to
> ABOUT
> think about, talk about, complain about, worry about, be surprised about
> FOR
> thank someone for, make an excuse for, make up for
> IN, ON
> be interested in, take part in, plan on, count on
> OF
> be afraid of, be tired of, be proud of, approve of
> WITH
> be satisfied with, be fed up with, put up with, be preoccupied with

B. 형용사는 사용 방법에 따라서 ⓐ 술어적, ⓑ 한정적, ⓒ 술어적·한정적 모두로 쓰이는 것으로 분류된다.

Ⅰ. 술어적·한정적으로 쓰이는 것

I have many trustworthy friends.

All of my friends are trustworthy.

Beautiful girls were walking along the streets.

The girls walking along the streets were beautiful.

It was a hot and sultry day.

The weather became hot and sultry.

Ⅱ. 한정적으로만 쓰이는 것

Wooden shoes

the very gentleman we have been talking about

a mere child; the inner pockets

the outer garments

the former instance

Ⅲ. 술어적으로만 쓰이는 것

The man is afloat.

The soldier is still alive.

The girl was asleep on the sofa.

I am not afraid of watching the horror movie.

Jane was really ashamed of speaking ill of her friend.

Jack was aware of the problems of his project.

Step VII: Workout Exercise

A ▪▪ Listen to the song and fill in the blanks.

01_ Some say love it is a river that drowns the _____.
Some say love it is _____ that leaves your soul to bleed

02_ Some say love it is _____ an endless aching need
I say love _____ and you it's only seed.

03_ It's the heart _____ that never learns to dance
It's the dream _____ the never takes the dance.

04_ It's the one who _____ who can not seem to give
And the soul afraid of dying that never learns to live.

05_ Just remember _____ far beneath
the bitter snows lies the seed that with
the sun's love _____ becomes the rose.

B ▪▪ Choose the right answer for the questions.

01_ 이 노래 속에서 나오는 사랑의 정의가 아닌 것은? (   )

① razor
② river
③ hunger
④ Christ

02_ 빈칸에 맞는 표현을 고르시오. (   )

It's the heart afraid _____ breaking.
(깨질까봐 두려워하는 마음)

① at   ② on
③ in   ④ of

03_ 빈 칸에 맞는 표현을 고르시오. (   )

It's a razor that leaves your soul _____.
(그것은 영혼에 피를 부르는 면도칼입니다.)

① bleeding   ② to bleed
③ blood   ④ to blood

04_ 밑줄 친 부분에 대한 올바른 번역은? (   )

Love is only for <u>the lucky</u> and the strong.

① 행운
② 운 좋은 사람들
③ 운수
④ 운명론자들

05_ 다음 중 lie의 용법이 다른 하나는? (   )

① The house lies on the valley.
② The seed lies under the snow.
③ The field lied beyond the mountain.
④ You lied to me.

15 | I Just Called To Say I Love You

Artist: Stevie Wonder

No New Year's Day to celebrate
No chocolate covered candy hearts to give away
No first of spring, No song to sing
In fact here's just another ordinary day
No April rain, No flowers bloom
No wedding Saturday within the month of June
But what it is something true
made up of these three words that I must say to you

* I just called to say I love you
  I just called to say how much I care
  I just called to say I love you
  And I mean it from the bottom of my heart *

No summer's high, No warm July
No harvest moon to light one tender August night
No autumn breeze, No falling leaves
Not even time for birds to fly to southern skies
No Libra sun, No Halloween
No giving thanks to all the Christmas joy you bring
But what it is though old so new
to fill your heart like no three words could ever do

* 세 번 반복 *

새해 인사를 하려는 것도 아니고
초콜릿 덮인 사랑의 캔디를 주려는 것도 아니고
봄이 온 첫날도 아니고, 노래를 불러주려는 것도 아닙니다.
사실, 오늘은 여느 날과 다름없는 평범한 날이죠.
4월의 봄비가 내리는 것도 아니고, 꽃이 활짝 핀 것도 아니고
결혼식이 있는 6월의 어느 토요일도 아닙니다.
하지만 정말로 내가 말해주고 싶은 이 세 마디, 진실한 말

* '당신을 사랑해요'라고 말하려고 전화했답니다.
   내가 당신을 얼마나 아끼고 있는지 말해주고 싶어서 전화했어요.
   당신을 사랑한다고 말해주고 싶어서 전화했답니다.
   정말로 내 진심에서 우러나오는 말이에요. *

한창 더운 여름도 아니고, 따뜻한 7월도 아니고,
기분 좋은 8월의 밤에 빛나는 보름달이 뜬 것도 아니고,
가을 산들바람이 불어서 낙엽이 지는 것도 아닙니다.
철새들이 남쪽으로 날아가는 때도 아니고
저울자리에 해가 뜬 것도 아니며, 할로윈 축제일도 아닙니다.
덕분에 즐겁게 보낸 성탄절에 대해 감사하려는 것도 아닙니다.
오랜 된 것이지만 새롭게 느낄 수 있는 것
다른 어떤 말들로도 이제껏 당신의 마음을 채워줄 수 없었지만

* 세 번 반복 *

 Artist Profile

이 노래는 1986년 미국의 코미디 전문 배우 진 와일더가 주연한 영화 <Woman In Red>에 삽입된 곡
이었다. 40대 광고회사 부장이었던 주인공이 출근길에 빨간 드레스를 입은 여인에게 반하면서 벌어지
는 해프닝이다. 그 여자를 따라 샌프란시스코에서 LA까지 '가짜출장'을 강행하는 주인공이 갑자기 집
에 전화를 걸면서 흘러나오는 노래이다. 갑작스런 전화에 영문을 모르는 아내에게 I just called to say
I love you라고 말하는 타이밍에 노래가 나왔다. 스티비 원더는 1950년생으로 어려서부터 신동 소리를
듣는다. 원래 이름은 Stevie Mortkinc인데 어릴 때부터 (앞을 못 보는 시각장애인이면서도) 연주와 노
래에 뛰어난 실력을 보여 Wonder Boy라는 애칭이 따라다니다가 어른이 되면서 boy가 사라지고
Stevie Wonder로 불렸다. 1995년 9월 내한하여 잠실주경기장을 메운 5만 관중 앞에서 공연하였다. 자
타가 공인하는 월드스타다.

Step Ⅲ : Words and Idioms

1 celebrate: 동 축하하다

　cf. celebrity: 유명인

2 give away: 동 공짜로 주다

3 ordinary: 형 보통의, 평범한

　cf. extra ordinary: 비범한, 특별한

4 bloom: 동 꽃피다. 개화하다

5 harvest: 명 추수

6 breeze: 명 산들바람

7 falling leaves: 명 낙엽

8 Libra: 명 Zodiac에서 천칭자리

Step Ⅳ : Pronunciation Drill

1 just called: [jəst kəld]

　'저스트 콜드'가 아니고 '저스트 컬드'이다.

2 give away: [giv əwei]

　away의 /a/가 약모음이동하여 [givə wei]가 된다.

3 April: [eiprəl]

　/i/가 약모음이동현상에 따라서 [ə]로 발음된다. 따라서 '에이프럴'이 된다.

4 bottom: [batəm]

강모음과 약모음 사이의 /t/가 /r/로 변하여 [barəm]이 된다.

5 what it is: [wat it iz]

/t/가 모음과 모음 사이에서 /r/로 변하여 /waririz/가 된다.

6 made up of: [meid əp əv]

made의 /d/가 모음 사이에서 /r/로 연음되어 [meirəp əv]가 된다.

7 that I must say: [ðæt ai məst sei]

that의 /t/가 /r/로 변하고 must의 /t/는 자음 사이에서 탈락한다. 따라서 [ðærai məs sei]가 된다.

8 I just called: [ai jəst kəld]

just의 /t/가 자음과 자음 사이에서 생략되어 [jəskəld]가 된다.

9 bottom of my: [batəm əv mai]

of의 /f/는 자음 앞에서 탈락하므로 [bərəm ə mai]가 된다.

10 harvest night: [havist nait]

harvest의 /t/가 탈락하여 [havis nait]가 된다. night는 '나이트'가 아니고 '나잇'이다.

11 August night: [əgəst nait]

August의 /t/가 탈락되어 [əgəs nait]이 된다.

12 not even: [nat ivn]

not의 /t/가 /r/로 변하면서 [narivn]이 된다.

13 could: [kud]

발음기호대로 정확하게 읽으면 '쿠드'가 되지만 실제로 '쿳'이라고 읽어야 한다. 1음절 단어이기 때문이다.

Step Ⅴ : Expression Checklist

☐1 No New Year's Day to celebrate.
(새해인사를 하려는 것도 아니고요.)

우리나라만큼은 아니지만 서양에서도 새해가 되면 축하 인사를 건넨다. "Happy New Year!"라고 하는 것이 보통이지만 종종 "What's your New Year's resolution!"이라고 하면서 '새해의 결의'를 묻는다. 대개 술, 담배를 끊는다는 결심을 많이 한다.

My resolution is stopping smoking this year.
(올해는 금연하겠습니다.)

단, 우리처럼 신정(solar new year) 구정(lunar new year)하면서 거창하게 치르지는 않는다.

☐2 No chocolate covered candy hearts to give away
(초콜릿으로 덮인 하트모양 사탕을 거저 주는 날도 아닙니다.)

St. Valentine's Day (성 밸런타인데이)에 선물 주는 모습을 말한다.

☐3 No wedding Saturday within the month of June
(결혼식이 있는 6월의 어느 토요일도 아닙니다.)

6월은 서양에서는 흔히 '계절의 여왕'이라고 부른다. 6월 어느 날 친지의 결혼소식을 전하는 일은 참으로 멋진 일일 것이다.

☐4 made up of these three words.
(세 단어로 구성된 말)

여기서는 당연히 I love you를 말한다.

☐5 I mean it from the bottom of my heart
(진심입니다.)

from the bottom of my heart는 '내 마음 깊은 곳으로부터'의 뜻인데 I mean을 강조하기 위해 쓰였다.

6 No summer's high.

(한창 더운 여름도 아니고)

여기서 high는 '한창일 때'의 뜻이어서 high summer라고도 하는데 둘 다 in the middle of summer(한여름)를 뜻한다.

7 No warm July.

(무더운 7월도 아닙니다.)

보통 한국에서는 warm을 '따뜻함'으로 번역하는 사람들이 많은데 warm은 '덥다'의 뜻이다. 따뜻함은 mild가 맞다. hot은 '굉장히 더운'의 뜻이다.

8 No Libra sun. No Halloween

(천칭자리에 해가 떠서도 아니요, 할로윈 축제도 아닙니다.)

우리가 따지는 '띠'처럼 서양에는 12별자리가 있다. Halloween Day는 10월 31일로 만성절의 전야이다. 고대 Celt(켈트)족이 한 해를 마무리 짓는 날로 이날을 기념했는데 처음엔 유령과 악마가 잔치를 벌인다고 해서 문 밖 출입을 삼가게 했다. 그런데 19세기부터 아예 유령복장을 하고 거리를 다니는 게 유행처럼 되어 오늘에 이르고 있다.

9 though old so new.

(오래 됐어도 새것 같은)

언젠가 양복광고에 '10년이 됐어도 새것 같은'이라는 copy가 있었다. 여기서는 though it is old, it sounds new의 줄여진 표현으로 보면 좋다.

10 To fill your heart like no three words could ever do.

(당신의 마음을 채우는 게 있어 다른 어떤 세 단어도 전에 한 적이 없었다.)

여기서 I love you라는 말이 얼마나 상대에게 appeal(호소력 있는)하는지를 알 수 있겠다. 즉, 세 단어로 구성된 말 중에서 당신 마음을 표현할 수 있는 말은 I love you 밖에 없다는 뜻이다.

11 give away.

(거저 주다.)

동사로는 '공짜로 주다'이고 명사로 쓰이면 give away는 '증정품', '사은품'이 된다. 비행기에서 장거리 승객에게 양말이나 세면도구들을 주는 경우가 있는데 give away 라고 한다.

백화점에서 일정금액 이상의 매출을 올리는 고객에게 우산이나 식기들을 선물할 경 우에도 give away라고 하고 우리말로는 '사은품'이다. 한마디로 '공짜로 주는 선물' 이다. Valentine's Day에 사탕이나 초콜릿을 주며 대가를 바라는 사람은 없을 것이다.

12 I mean it from the bottom of my heart.

(진심입니다.)

원어민들의 대화나 영화에서 보면 I mean it이란 말이 자주 등장한다. 우리말로 번 역하면 '나는 그것을 의미한다'가 되지만 실제회화에서는 '정말이야', '진심이야'의 뜻이다.

평상시에 I mean it이라고 하는 것은 실제로 from the bottom of my heart가 생략되 어 있는 것이다. 그냥 의미하는 것이 아니고 '내 마음 저 깊은 곳에서 우러나와서' 라는 뜻이다. 후자는 재미있게 from the bottom of my lungs라고 해서 heart(심장) 대 신 lungs(허파)를 쓰기도 한다. 뜻은 같지만 좀 장난스러운 기분이 든다.

Step VI : Grammar Catch

1 No **New Year's Day to celebrate**

가사들이 거의 'No~ ~'로 시작되어 있다.

A. '어떤 것도 …… 아니다'라는 의미로 'no'와 'none' 둘 다 사용 가능하다.
명사 (단수, 복수) 바로 앞 또는 '~ing' 앞에는 늘 'no'를 사용해야 한다.

No members of the committee sympathized with the proposal.

(어떤 구성원도 그 제안에 동조하지 않았다.)

No man is free from faults.

(어떤 사람도 결점은 있는 법이다.)

No one attended the meeting except Jack.

(Jack 이외에 어떤 사람도 회의에 참석하지 않았다.)

No Dumping.	쓰레기 투기 금지
No Parking.	주차금지
No Passing.	추월금지
No Smoking.	금연
No Talking In Class.	수업 중에는 잡담하지 말 것.
No Trespassing.	출입금지

B. 관사, 소유대명사, 지시대명사 the, my, this 등이 명사 앞에 있을 때에는
'none'을 사용한다.

None of this book is useful for my English composition class.

(어떤 책도 영어작문 수업에 유용하지 않다.)

None of my students prepared for the final test.

(어떤 학생도 학기말 시험에 대비하지 않았다.)

None of the members of the club appeared at the conference.

(어떤 회원도 회합에 나타나지 않았다.)

C. neither는 '(둘 중) 어느 것도 아니다'를 가리킨다.

Neither of the statements could be true.   (o)

None of the statements could be true.   (x)

D. 부정형 문장은 주로 'not'을 이용하여 만든다.

Jack didn't know how to use the computer software.

Jack have not received any letters from Jane.

Jack cannot see you at the place tomorrow.

E. 'no'는 강조의 의미 '결코 ~ 아니다'를 가리킨다.

You have to know that Jane is not a fool.

(Jane이 바보가 아님을 알아야 한다.)

You have to know that Jane is no fool.

(Jane이 결코 바보가 아님을 알아야만 한다.)

2 But what it is something true made up of these three words that I must say to you.

⇒ 강조용법

It is …… that (who, whom, which) …… (~한 것은 다름 아닌 ~이다)

문의 일부를 강조하고자 할 경우 그 강조하고 싶은 부분을 'It is(was) ⋯⋯that'
으로 둘러싼다. 강조하고 싶은 말이 사람일 경우는 who, that를 쓰고, 사물일 경
우는 which, that를 쓴다. 또 이 구문에서는 주어, 동사 또는 전치사의 목적어,
부사어구를 강조한다.

It was Jane who spoke first in class.　　　 (주어)

(수업 중 최초로 말한 사람이 바로 Jane이었다.)

It is the price that he checked first of all.　 (목적어)

(그를 놀라게 한 것은 가격이었다.)

It was in this restaurant that I first met my wife. (부사구)

(In this restaurant I first met my wife.)

(아내를 처음으로 만난 것은 이 식당이었다.)

3 I just called to say I love you

부정사의 부사적 용법에 해당된다.

A. 목적

Human beings eat to live and not live to eat.

(우리는 살기 위하여 먹는 것이지, 먹기 위하여 사는 것은 아니다.)

A very distinguished Korean scholar visited the school to meet students.

(아주 저명한 한국 학자가 학생들을 만나러 그 학교를 방문하였다.)

B. 원인, 이유

Jane was really glad to see you at the place.

(Jane은 거기서 당신을 만나서 너무 기뻐했습니다.)

C. 가정, 조건

To hear him talk, you'd take him for a real teacher.

(그가 말하는 것을 들으면, 그를 선생님이라고 생각할 것이다.)

D. 결과

I awoke to find myself famous.

(아침에 일어나 보니, 내가 유명해진 것을 알았다.)

4 I just called to say how much I care

A. 관계부사에 대한 설명

단순히 동사, 형용사, 부사만을 수식하는 것이 아니라 관계대명사처럼 관계절을
유도하여 앞에 있는 시간, 장소, 방법, 이유 등을 나타내는 선행사에 연결시키는
기능을 가지는 부사를 관계부사라고 한다.

Ⅰ. 시간

Jane killed him the day **when** he had him in the sights of his gun.

(Jane은 총을 발견한 당시 그를 살해하였다.)

There are times **when** every leader must make a decision.

(지도자가 결심을 해야만 할 때가 있다.)

Ⅱ. 장소

My family moved East, **where** I grew up.

(우리 가족은 동쪽으로 이사했는데 그곳에서 내가 자랐다.)

My wife and I opened a shop **where** we sold fish.

(아내와 나는 생선을 파는 가게를 열었다.)

Ⅲ. 방법

This is **how** I solved the problem.

(이것이 바로 내가 문제를 해결한 방법이다.)

How he escaped is still a mystery.

(어찌 그가 도망쳤는지는 아직도 알 수 없는 일이다.)

Ⅳ. 이유

Perhaps that is the reason **that** I don't believe anything he has told me.

(아마도 그 사람이 내게 한 말을 전혀 믿지 않았던 것도 바로 그 이유이다.)

The reason **why** he refused is not clear.

(그가 거절한 이유가 분명하지 않다.)

B. 의문부사

의문문을 유도하는 부사를 의문부사라고 한다.

Why did you go over there personally?

When are you coming back?

How did you get there?

Where are you going at this time of the day?

C. 의문대명사

의문대명사에 대한 설명 부분이다. 현대영어의 의문대명사는 who, what, which 등이 있으며 수의 구별은 없다. 대체로 유생물과 무생물을 구별하게 되어 있다.

다만 격에 있어서는 who만이 변화형을 아직까지 유지하여 whom, whose가 남아 있다. 의문대명사는 또 명사적으로 쓰이는 이외에 명사, 대명사를 수식하는 경우가 있어, 문법에서는 이런 용법을 가리켜 의문형용사라고 한다.

What are the promises?

Which is the shortest way?

Who won the victory?

Who's the busiest?

Who of you three first thought of sending the feathers?

Which day shall it be?

간접화법에서는 의문대명사인지 관계대명사인지 식별하기 어려운 경우가 있지만 억양으로 어느 정도 분간할 수 있다. 의문대명사는 주로 강한 강세와 더불어 사용된다.

Tell me **what** you want.

(의문대명사: **What** do you want?)

The question often comes up in my mind what he wanted it for.

(의문대명사: **What** did he want it for?)

who와 whom의 경우 이른바 문법적으로 정확한 whom을 써야 될 곳에 who를 쓰는 일이 구어나 속어에서는 많이 볼 수 있다. 여기에는 여러 이유가 있지만, 한 가지 생각할 수 있는 것은 what, which, when, where 등 의문대명사나 의문부사에는 목적격이 없는데 유독 who에만 whom이 있어 다른 것들과 일반화하기 쉽지 않다는 것이다. 따라서 what, which, when, where 등의 영향을 받아 whom 대신 who가 더 자연스럽게 되었다. 그리고 whom이 문두에 올 때 흔히 who가 되는 수가 많은데, 이

것은 문두에 오는 것은 대체로 주어라고 간주되어 주격 이외의 격을 싫어하는 심리
가 작용한다고 볼 수 있다.

> Have you no guess **who** I mean?
> (동사 mean의 목적어로서 본래는 **whom**)
> **Who** does it come from?
> (from의 목적어로서 본래는 **whom**)

5 To fill your heart like no three words could ever do
⇒ like와 as의 차이점에 대한 설명

A. like의 용법

Ⅰ. 비공식으로 문장에서는 'like'도 접속사처럼 쓰인다.

> Nobody loves you like your parents do.
> (아무도 너희 부모님처럼 사랑하지는 않는다.)
> My son looks exactly like I did when I was a high school student.
> (내 아들은 내가 고등학교 학생 때와 너무도 똑같다.)

Ⅱ. '~처럼'의 뜻으로 쓰일 때, 'like'는 명사나 대명사 앞에 쓰이지만, 'as'는
'like'와 동일하게 사용되지 못한다.

> Jack ran like the wind in order to win the game.
> (Jack은 경기에 이기려고 바람처럼 달렸다.)
> Like his elder brother, Jack cannot eat any meat.
> (자기 형처럼 Jack은 고기를 먹지 못한다.)

Jane can swim like a fish. (o)

Jane can swim as a fish.   (x)

Ⅲ. 정도부사(very, quite, a bit)가 'like'를 수식할 수 있다.

Jack is very like his elder father.

(Jack은 아주 형과 흡사하다.)

Jane looks a bit like her younger sister.

(Jane은 여동생과 좀 비슷하다.)

Ⅳ. 설명을 위하여 예를 들 때 'like'를 사용한다.

Jane is good at scientific subjects, like mathematics, chemistry, and physics. (o)

(Jane은 수학, 화학, 물리처럼 과학 과목을 잘 한다.)

Jane is good at scientific subjects, as mathematics, chemistry, and physics. (x)

Ⅴ. 부정문 뒤에 like의 내용은 긍정이 된다.

I don't smoke like Jane. (→ Jane smokes.)

부정문 앞에 쓰인 like는 부정의 뜻을 갖는다.

Like Jane, I don't smoke. (→ Mary doesn't smoke.)

B. as의 용법

Ⅰ. 'as'는 접속사로 사용된다. 이어서 절 또는 전치사구가 올 수 있다.

Nobody knew the content of the treaty as I did.

(나만큼 어떤 사람도 조약 내용을 알지 못하였다.)

This year, as in the past, several political accidents occurred.

(과거와 마찬가지로 올해에도 정치적 문제 몇 가지가 발생하였다.)

Ⅱ. '～로서' 자격을 나타낼 때는 'as'만 사용한다.

Jack has worked at the school as a English teacher since 1990.　(o)

Jack has worked at the school like a English teacher since 1990.　(x)

※ **Culture Tips**

"If I had 3 days to see ······ (내가 3일만 볼 수 있다면 ······)"

1995년 9월 초, 서울 Hilton Hotel에서 스티비 원더의 내한공연을 위한 기자회견이 열렸다. 동아일보 연예부 기자가 "만약 3일간 눈을 뜰 수 있다면 무엇을 하고 싶은 가?"라고 스티비에게 물었다. 헬렌 켈러의 유명한 대답이 떠오르는 순간이었다.

Stevie said "Well, the first day, I want to see my beautiful daughter and take her to the zoo, the second day, I want to see my parents. Third day, I don't know."

그는 울먹이는 듯했다. 통역을 하고 있던 필자도 눈시울이 뜨거워져서 곧바로 분위기를 바꾸려고 노력했던 기억이 난다. 아내의 이름은 거론하지 않았는데, 이혼소송 중이어서 감정이 썩 좋지 않았던 것으로 알려졌다. 9월 8일과 9일, 이틀 동안의 공연에서 잠실주경기장에 각각 5만 명의 팬이 모여들었다.

Step VII: Workout Exercise

A ▪▪ Listen to the song and fill in the blanks.

01_ No New Year's Day to celebrate
No chocolate _____ candy hearts to give away
No first of spring No song to sing.

02_ No wedding Saturday within the month of June
But what it is something true _____ these three words that
I must say to you.

03_ I _____ I love you
I _____ how much I care
I _____ I love you
And I mean it from the bottom of my heart.

04_ No harvest moon to light one tender August night
No autumn breeze no falling leaves
_____ time for birds to fly to southern skies.

05_ No giving thanks to all the _____ you bring
But what it is though old so new
To fill _____ like no three words could ever do

B ▪▪ Choose the right answer for the questions.

01_ Stevie Wonder에 대해 틀린 말은? (   )

① Musician   ② American

③ blind   ④ passed away

02_ 밑줄 친 표현의 정확한 해석은? (   )

I have something to <u>give away</u>.

① 버리다
② 내다 팔다
③ 거저 주다
④ 부탁하다

03_ 다음 관용구의 정확한 의미는? (   )

I mean it from the bottom of my heart.

① 의미하다
② 진심이다
③ 마음속에 품다
④ 마음에 두지 않다

04_ 다음 중 부정사의 용법이 다른 하나는? (   )

① New Years <u>to celebrate</u>.
② Candy hearts <u>to give away</u>.
③ Birds <u>to fly</u>.
④ Nice <u>to see</u> you.

05_ 다음 중 우리의 추석에 가장 가깝게 비교되는 것은? (   )

① August night
② Thanksgiving Day
③ Libra sun
④ Halloween

16 | El Condor Pasa

Artist: Simon & Garfunkel

I'd rather be a sparrow than a snail
Yes, I would if I could, I surely would
I'd rather be a hammer than a nail
Yes, I would if I only could, I surely would

Away, I'd rather sail away like a swan that's here and gone
A man gets tied up to the ground
He gives the world, it's the saddest sound, it's the saddest sound

I'd rather be a forest than a street
Yes, I would if I could, I surely would
I'd rather feel the earth beneath my feet
Yes, I would if I only could, I surely would

나는 달팽이가 되기보다는 차라리 날쌘 참새가 되고 싶소.
그래, 될 수만 있다면 난 꼭 그렇게 되고 싶소.
어디엔가 박혀 있는 못이 되기보다는 차라리 그 못을 박는 망치가 되고 싶소.
그래, 될 수만 있다면 난 꼭 그렇게 되고 싶소.

여기에 왔다가 가버린 백조처럼, 나도 차라리 어디론가 멀리 떠나고 싶소.
하지만 인간은 땅에 묶여 살아가는 신세
인간이 세상을 향해 말하네, 그건 슬프디 슬픈 소리라고.

나는 길이 되기보다는 차라리 숲이 되고 싶소.
그래, 할 수만 있다면 난 꼭 그렇게 되고 말 테요.
난 차라리 내 두 발로 땅을 밟으며 느껴보고 싶소.
그래, 과연 그렇게 할 수 있을는지 모르지만, 난 꼭 그렇게 해보고 싶소.

 Artist Profile

이 노래의 제목 「El Condor Pasa」는 영어가 아닌 스페인어로, '철새는 날아가고'라는 뜻이다. 1970년대 초반 World Music에 깊은 관심을 갖고 있던 폴 사이먼은 남미 여행 중 우연히 Peru에서 이 노래를 접한 뒤 노래에 대한 유래를 듣고 깊은 감명을 받는다. 그 옛날 Spain원정대에 쫓긴 남미의 원주민들이 태평양 연안까지 오게 되었다. 그리곤 더 이상 갈 곳이 없는 자신들의 신세를 붙어 있는 달팽이(snail)에 비유하여 서러움을 토하며 부른 노래였기 때문이다. 자신도 유태인(jewish)으로서 누구보다 나라 없는 서러움을 잘 알고 있었던 사이먼은 그 노래를 그대로 곡을 쓰면서 영어가사를 붙였다. 이렇게 탄생한 것이 바로 「El Condor Pasa」이다. 최근 서울 인근 지하철역 등지에서 남미 출신 거리의 음악가를 자주 접할 수 있는데 그들은 꼭 이 노래를 부른다. 단, 연주를 들려주거나 혹은 원어로 부른다.

Step Ⅲ: Words and Idioms

1. sparrow: 몡 참새

2. snail: 몡 달팽이

3. hammer: 몡 망치

4. nail: 몡 못

5. sail away: 항해하다

6. tied up: 묶여 있다

7. forest: 몡 숲

8. beneath: ~ 아래에

ex) He looked down from the mountain to the valley beneath.

(그는 산에서 아래에 있는 계곡을 바라봤다.)

Step Ⅳ: Pronunciation Drill

1. snail: [sneil]

'스네일'이 아니라 '스네일'이라고 발음한다.

2. would: [wud]

1음절이므로 '우드'가 아니고 '웃'이라고 한다.

3. sail: [seil]

[ei]가 이중모음이어서 1음절로 취급한다. '세일'이 아니고 '세일'이라고 한다.

④ ground: [graund]

1음절 단어이다. 따라서 '그라운드'라고 하지 않고 '그라운드'로 발음한다.

⑤ If I could: [if ai kud]

if의 /f/가 자음이동하여 [i-fai]가 된다.

⑥ hammer: [hæmmər]

/m/과 같이 자음이 겹칠 때는 한 번에 발음한다. 그래서 햄머[hæmmər]가 아니라 해머[hæmər]가 된다. 같은 방식으로 summer는 썸머[səmmər]가 아니고 써머[səmər]이다.

⑦ like a: [laik ə]

like의 /k/가 자음이동하여 [lai-kə]가 된다.

⑧ here and gone: [hiə ænd gən]

and의 /d/는 자음 사이에서 탈락하여 [æn gən]이 된다.

⑨ tied up: [taid əp]

tied의 /d/는 모음 사이에서 /r/로 변하여 [tairəp]이 된다.

⑩ saddest sound: [sædist saund]

saddest의 /t/는 탈락해서 [sædis saund]가 되고, 겹자음탈락에 의해 결국 [sædisaund]가 된다.

Step Ⅴ: Expression Checklist

1. I'd rather be a sparrow than a snail.

(달팽이보다는 참새가 되겠어요.)

땅에 붙어서 기어 다니는 달팽이보다는 참새처럼 자유롭게 날아가고 싶다는 의미, freedom(자유)에 대한 화자의 욕구가 보인다.

2. I'd rather be a hammer than a nail.

(못보다는 망치가 되겠어요.)

못은 두드리면 들어가는 존재여서 다분히 피동적이다. 능동적이며 적극적인 삶을 추구하겠다는 뜻으로 hammer가 되고 싶다고 했다.

3. A man gets tied up to the ground.

(인간은 땅에 묶여 있는 신세)

위에서 달팽이보다 참새가 되고 싶다고 했는데 갑자기 인간이 등장한다. 노래의 주인공은 자신의 처지를 달팽이에 비유했고 이 노래의 주제에 대한 상당한 암시가 엿보인다.

4. He gives the world, it's the saddest sound.

(인간은 이 세상에 가장 슬픈 노래를 부르는 존재이지.)

인간은 이 세상에 각종 일을 저지르는 존재라고 노래한다. 자기 자신을 말하는 건지 아니면 주인공에게 '해'를 입히는 또 다른 인간을 말하는지는 뒤에서 알아본다.

5. I'd rather feel the earth beneath my feet.

(나는 발 아래에 지구를 느끼고 싶어요.)

beneath는 '~ 아래의' 뜻이므로 발아래에 지구를 느끼고 싶다고 하는 것은 결국 '좀 더 단단하게 살고 싶다'는 의미가 된다. 아마도 어떤 억압이나 강력한 힘에 눌려서

기를 못 피고 산 것 같은 느낌이 든다.

6 gets tied up: ~에 묶여 있다.

    ex) I got tied up with a lot of work last week.

    (지난주에는 일에 너무 묶여 있었어요.)

    'tied up'은 '~에 묶여 있다'인데 주로 '일에 묶여 있다'는 뜻으로 많이 쓰인다. 가령, 상대가 '시간 있느냐'고 물을 때 "Sorry, I've tied up with too much home assignments"라고 하면 "숙제가 많아서 꼼짝 달싹 못해"가 된다.

Step Ⅵ: Grammar Catch

1 I'd rather be **a sparrow than a snail**

    ⇒ would rather, would sooner ~ than, would as soon ~ as, had rather, had sooner, had better, had best, had as soon, had as well

위 표현들 모두 '~하는 것이 좋다', '하는 것이 낫다'로 해석된다. 특히 이들 표현들 중에서 'had'는 가정법 과거로서 'had better(or best)'는 '~하는 것이 더(가장) 좋다고 생각할 것이다'의 뜻을 가리킨다. 'had better(best)' 외는 현대 영어에서는 'would rather(sooner, as soon, as well)' 등이 주로 사용된다.

    I'd rather go to a movie than a play.

    (나는 연극보다 영화가 더 좋아요.)

    Jack said that he would rather starve to death than steal.

    (훔치느니 차라리 굶어 죽는 편이 낫다고 Jack은 말했다.)

'would rather'와 유사한 표현

   Ⅰ. would sooner ~ than~

   The soldiers swore to God that they would sooner die than surrender.

   (군인들은 하늘에 맹세하였다. 항복하느니 차라리 죽음을 택하겠다고.)

   Ⅱ. would as soon ~ as~

   The government would as soon give up the policy as stick to it.

   (정부는 그 정책을 고집하기보다는 차라리 포기하는 것이 낫다.)

   Ⅲ. had rather

   I had rather (or sooner) die than disgrace myself.

   →I had as soon die as disgrace myself.

   (자신을 욕되게 하느니보다는 죽는 편이 낫다.)

   Ⅳ. had better

   You had better go.

   →I should have(= hold) it best to go.

   →I should regard going as best.

   (나는 가는 것이 제일 좋을 것이다.)

   You had better go abroad to study than stay in this country.

   (공부하려면 이 나라에 있느니 외국에 가는 편이 나을 것이다.)

2 If I could, I'd rather be **a sparrow.**

⇒ 가정법 표현과 관련이 있다.

A. 가정법 종류의 정리

   Ⅰ. 가정법 과거

   이 표현의 기본 구조는 'If 주어 + 과거형 동사, 주어 + would(혹은 should

등) + 동사의 원형'의 원칙을 따르며, 현재 사실에 대한 반대 상황을 가정한다.

If I were a bird, I could fly to the island.
(이 몸이 새라면, 저 섬까지 날아가리.)
직설법으로 전환:
→ Because (as) I am not a bird, I cannot fly to the island.
(새가 아니기 때문에 그 섬까지 날아갈 수 없다.)

If I were good at English I would study in America.
(영어를 잘 할 줄 안다면, 미국에 가서 공부할 터인데.)
직설법으로 전환:
→ Because (as) I am not good at English, I cannot study in America.
(영어에 능통하지 못해서 미국에 공부하러 갈 수 없다.)

Ⅱ. 가정법 과거완료
이 표현의 기본 구조는 'If + 주어 + had 동사 과거분사형, 주어 + should [would] + have 동사 과거분사형 ~ 으로서 과거 사실에 대한 반대의 상황을 가정한다.

If I had heard from Jane, I would have told you immediately.
(Jane에게 소식을 들었더라면, 곧장 알려 주었을 것이다.)
직설법으로 전환:
→ Because (as) I didn't hear from Jane, I couldn't tell you immediately.
(Jane에게 소식이 없었기에 즉시 알리지 않았다.)

If I could have done(=had been able to do) so, I would have gone them.
(그렇게 할 수 있었다면 나는 그곳에 갔었을 것이다.)

직설법으로 전환: 사실은 I was not able to do so.

If you had helped me, I could have done so.

(네가 도와주었다면 나는 그렇게 할 수 있었을 것이다.)

직설법 전환: 사실은 As you did not help me, I could not do so.

B. 가정법 의미의 여러 표현 방식들

Ⅰ. 가정법 과거로서 'if'를 생략한 표현 방법

Were I you, I would do the same thing.

(만일 내가 너라면, 같은 일을 할 것이다.)

→ If I were you, ~

Were it not for examination, how happy the students should be!

(시험이 없다면, 학생들은 얼마나 행복할까!)

→ If it were not for examination, ~

Ⅱ. 가정법 과거완료로서 'if'를 생략한 표현 방법

주절에 있어서 실현되지 않은 과거의 소망을 나타낸다.

Had I but known it!

(그것을 알기만 했었더라면 좋았겠는데!)

→ If I had know it, ~

Oh, had he lived!

(그가 살아 있었더라면 좋았겠는데!)

→ If he had lived, ~

Had I but known it, I would not have employed him.

(내가 그것을 알기만 했었더라면 그를 채용하지 않았을 텐데.)

→ If I had but known it, ~

Ⅲ. Had it not been for ~ (만일 ~이 없었더라면)

가정법 과거완료에 해당되며, 부정의 상황을 가정하는 대표적인 표현이다.

Had it not been for the traffic accident, we should have been there on time.

(만일 그 교통사고가 없었다면, 정각에 거기에 도착했을 텐데.)

→ If it had not been for the traffic accident, ~

Had it not been for the guns, many murderers would have remained innocent.

(만일 총이 없었다면, 살인죄를 범하지 않은 사람이 많았을 것이다.)

→ If it had not been for the guns, ~

Ⅳ. but for~ (~이 없다면; ~이 없었더라면)

⇒ 'if 주어 not 동사' 구문: 'not'이 'if' 조건절에 포함되는 것에 유의해야 한다.

<가정법 과거>

But for the sun, all living things on Earth would die.

(만일 태양이 없었다면, 지상의 생물은 다 죽었을 것이다.)

→ If they didn't have the sun, ~

But for the offer, I would have to do it alone.

(너의 제의가 없었다면, 혼자 해야만 했을 것이다.)

→ If I didn't have the offer, ~

<가정법 과거완료>

But for his help, I might have been drowned.

(그의 도움이 없었다면, 나는 익사했었을 것이다.)

→ If I hadn't had his help, ~

But for newspapers, we should feel much inconvenience in our daily life.

(신문이 없었다면, 우리는 일상생활에 큰 불편을 느꼈었을 것이다.)

→ If we hadn't have any newspapers, ~

Ⅴ. Without ~ (~ 없었다면)

위의 경우는 가정법 과거와 가정법 과거완료 모두에 해당되며, 'But for~'
와 동일한 의미를 가리킨다.

<가정법 과거>

Without your assistance, I could not finish the job.

(너의 도움이 없었다면, 그 일을 끝내지 못했을 것이다.)

→ But for your assistance, ~

→ If I didn't have your assistance, ~

<가정법 과거완료>

Without your assistance, I could not have finished the job.

(너의 도움이 없었다면, 그 일을 끝내지 못했었을 것이다.)

→ But for your assistance, ~

→ If I hadn't had your assistance, ~

Ⅵ. to 부정사로 가정법을 표현하는 용법

<가정법 과거>

To hear him talk, you would take him for a fool.

(그가 말하는 것을 들었다면 너는 그를 바보라고 생각했을 것이다.)

→ If you heard him talk, ~

<가정법 과거완료>

To hear him talk, you should have taken him for a fool.

(그가 말하는 것을 들었다면 너는 그를 바보라고 생각했었을 것이다.)

→ If you had heard him talk, ~

Ⅶ. 분사구문으로 가정법을 표현하는 용법

① 현재분사형

'turning to the right, ~'

<가정법 현재>

Turning to the right, you will find the book store.

(오른쪽으로 돌면, 서점이 있다.)

→ If you turn to the right, ~

Judging from what you say, he will receive the prize at the contest.

(네가 하는 말로 판단한다면, 그가 대회에서 상을 받을 것이다.)

→ I judge from what you say, ~

<가정법 과거>

Turning to the right, you would find the book store.

(오른쪽으로 돌았더라면, 서점을 찾았을 터인데.)

→ If you turned to the right, ~

Judging from what you say, he would receive the prize at the contest.

(네가 하는 말로 판단한다면, 그가 대회에서 상을 받았을 터인데.)

→ I judged from what you say, ~

<가정법 과거완료>

Turning to the right, you would have found the book store.

(오른쪽으로 돌았더라면, 서점을 찾았었을 터인데.)

→ If you had turned to the right, ~

Judging from what you say, he would have received the prize at the contest.

(네가 하는 말로 판단한다면, 그가 대회에서 상을 받았었을 터인데.)

→ I had judged from what you say, ~

② 과거분사형

'translated into ~'

<가정법 현재>

Translated into English, this poem will lose its beauty.

(영어로 번역하면, 이 시는 그 아름다움을 잃게 될 것이다.)

→ If the poem were translated into English, ~

Left to himself, he will often listen to the music in the room.

(혼자 있으면 그는 자기 방에서 음악에 귀를 기울이곤 한다.)

→ If he is left to himself, ~

<가정법 과거>

Translated into English, this poem would lose its beauty.

(영어로 번역했다면, 이 시는 그 아름다움을 잃었을 것이다.)

→ If the poem were translated into English, ～

Left to himself, he would often listen to the music in the room.
(혼자 있으면 그는 자기 방에서 음악에 귀를 기울이곤 했다.)

→ If he was left to himself, ～

<가정법 과거완료>

Translated into English, this poem would have lost its beauty.
(영어로 번역했다면, 이 시는 그 아름다움을 잃었었을 것이다.)

→ If the poem had been translated into English, ～

Left to himself, he would often have listened to the music in the room.
(혼자 있으면 그는 자기 방에서 음악에 귀를 기울이곤 했었다.)

→ If he had been left to himself, ～

Ⅷ. provided (that) ～ (만일 ～이라면)

providing, provided, suppose, supposing, granting, granted 등이 유사한 기능을 가지고 있다. 주로 가정법 현재의 예에 많이 사용된다.

<가정법 현재>

I will go, provided that it is fine tomorrow.
(내일 날씨가 좋다면 나는 가겠다.)

→ I will go if it is fine tomorrow.

Provided that he goes, we will go along with him.
(그가 간다면, 우리도 함께 가겠다.)

→ If he goes, we will go along with him.

IX. ~, otherwise~ (만일 그렇지 않으면)

가정법 과거완료에 해당되는 'if 주어 had not 동사 과거분사형'의 기능에 해당된다.

He started early, otherwise he could not have caught the train.

(그는 일찍이 출발했다. 만일 그렇지 않았다면 기차를 타지 못했을 것이다.)

→ ~, if he hadn't started early, he couldn't have caught the train.

He missed the airplane, otherwise he would have arrived on time.

(그는 비행기를 타지 못했다. 만일 그렇지 않았다면 정각에 도착했을 것이다.)

→ ~, if he hadn't missed the airplane, he would have arrived on time.

3 I'd rather be a sparrow than a snail.

Yes, I would if I could, I surely would

I'd rather be a hammer than a nail

Yes, I would if I only could, I surely would

부정관사인 a, an도 정관사 the와 같이 많은 명사 중에서 특히 하나만을 골라내는 기능을 가지고 있다. a, an과 the 사이에 별다른 뜻의 차이가 분명하게 드러나는 것은 아니지만, 관사인 the에 비하여 부정관사인 a, an은 대체로 보아 힘이 약하다고 할 수 있다.

A. 통칭적 용법(generic use)

A cat can see well at night.

The dog is a faithful animal.

B. 자질, 성격(quality, character)을 나타낼 때

He was more of a gentleman than a king.

Charles looks quite the gentleman.

C. 형용사구에 의하여 수식될 때

We have a right to choose our religion.

The public has the right to protest against this measure.

D. 배합적 용법(distributive use)

He came home once a year.

He came home two or three times a week.

E. 그러나 다음과 같은 용례에서는 뜻의 차이가 드러난다.

She is a most beautiful woman. (절대적 최상급)

She is the most beautiful woman in this neighborhood. (상대적 최상급)

F. 총칭 부정관사로서 종족, 종류를 대표하여 말할 때 부정관사를 사용한다.

A cat is not so vigilant as a dog.

A lion is stronger than a bear.

4 it's the saddest sound, it's the saddest sound

세 개 이상을 비교하여 '그중에서 가장 ~한'이라는 의미를 나타내는 경우

A. 최상급을 사용하는 표현들

Ⅰ. (the) 최상급 + in + 장소나 범위를 나타내는 단수형 명사

She is the tallest student in the class.

(그 학생은 자기 반에서 키가 제일 크다.)

Mountain Everest is the highest mountain in the world.

(에베레스트 산이 세상에서 가장 높은 산이다.)

Ⅱ. (the) 최상급 + of + 비교의 대상이 되는 복수형 명사

This student is the brightest of all.

(이 학생이 모든 이들 중에서 가장 똑똑하다.)

This is the most exciting movie of the five.

(이것이 그 다섯 중에서 가장 재미있는 영화이다.)

Ⅲ. 최상급의 강조: (the) very + 최상급

This is the very biggest hotel around here.

(이것이 이 근처에서는 가장 큰 호텔이다.)

She is by far the best singer.

(그 여자가 가장 뛰어난 가수다.)

B. 비교급으로 최상급의 의미를 갖는 표현

Ⅰ. 비교급 + than any other + 단수명사 (어느 ~보다 더 ~한)

New York is larger than any other city in America.

(뉴욕은 미국의 다른 어느 도시보다도 크다.)

Mary could speak English more fluently than any other student in our class.

(Mary는 우리 반의 어떤 학생보다도 더 유창하게 영어를 말할 수 있었다.)

Ⅱ. 비교급 + than all the other + 복수 명사 (모든 다른 ~보다 더 ~한)

Sue is more beautiful than all the other female students at the school.

(Sue는 학교에서 다른 모든 여학생들보다도 더 아름답다.)

He loved books more than all the other members of his family.

(그는 자기 집안에서 다른 모든 가족들보다도 더 책을 좋아했다.)

Ⅲ. 비교급 + than any one else (어느 ~보다 더 ~한)

Tom is more diligent than any one else in this office.

(Tom은 이 사무실에 있는 어느 누구보다도 부지런하다.)

Ⅳ. 부정어 + 비교급 + than (어느 ~도 더 ~하지 않다, 더 ~한 ~는 없다)

Nothing is more precious than life.

(생명보다 더 소중한 것은 없다.)

No one in this class is taller than Jack.

(이 학급의 어느 누구도 Jack보다 더 크지는 않다.)

C. 최상급의 의미를 갖는 다른 표현 방식들

Ⅰ. 원급으로 최상급의 의미를 나타내는 표현

not so ~ as (~처럼 ~한 것은 없다)

Nothing will be so easy as this test.

(이처럼 쉬운 시험은 없을 것이다. ⇒ 이 시험이 제일 쉽다.)

Ⅱ. as ~ as any (~못지않게 ~한)

Mother can be as brave as any person in the world.

(엄마는 이 세상 어느 누구 못지않게 용감해질 수 있다. ⇒ 엄마가 이 세상에서 가장 용감하다.)

Ⅲ. as ~ as ever (지금껏 ~못지않게 ~하다)

She is as great an opera singer as ever lived.

(이제까지 그녀만큼 위대한 오페라 가수는 없었다. ⇒ 그녀가 지금까지는 가장 위대한 가수다.)

5 I'd rather feel the earth beneath my feet

전치사의 분류는 전치사 구성 모습을 토대로 하여 분류할 수 있다.

A. 형태에 의한 분류

Ⅰ. 단순전치사

after; on; in; at; of; by; with; from; out; to

Ⅱ. 복합전치사: 복합에 의한 형태

across; about; between; inside; without: below; beneath; within; upon; into; beside; aboard; along; under

Ⅲ. 어군전치사(group preposition): 일군의 낱말로 형성되는 형태

by means of; for the sake of; because of; according to

as for; on account of; thanks to; under the command of

with regard to; along with; for the good of; with a view to

in place of; in lieu of; in addition to; in spite of

in accordance with; in behalf of; in case of; by way of

by virtue of; in front of; in connection with; by order of

due to; owing to

Ⅳ. 분사전치사(participial preposition): 동사의 현재분사형으로 전치사 기능을 하게 한다.

concerning; during; notwithstanding; barring

B. 기능에 의한 분류

Ⅰ. 장소와 관련된 전치사

in, inside, on, at, over, above, under, underneath, beneath, below, near, by, next to, between, behind, in back of, in front of, beside

> 주소(address), 지명(geographical location)과 사용되는 전치사
> in: 대륙, 국가, 주, 도시, 주변 지역 앞에서 사용된다.
> on: 거리(streets) 앞에서 사용된다.
> at: 거리의 고유 번호(street numbers) 앞에서 사용된다.

Ⅱ. 시간과 관련된 전치사

> in: 세기, 연도 단위, 계절
> on: 주일과 날짜, 휴일
> at: 정확한 시각
> around/about: '대략의 시간대'를 가리킨다.
> by: 특정 시간이나 바로 그 전을 가리킨다.
> through: 전체 시간대에 걸쳐 있음을 의미하며, 마지막 부분까지도 포함한다.

She slept through the play and only woke up at intermission.

(연극공연 내내 자고, 쉬는 시간에만 깨어났다.)

I was in my office through the lunch hour.

(점심시간을 포함한다.)

> during: 시간대의 부분을 의미한다.
> in time: 원하는 시간의 바로 그때나 그 전을 가리킨다.
> on time: 정확한 시점을 가리킨다.

Step VII: Workout Exercise

A ▪▪ Listen to the song and fill in the blanks.

01_ I'd rather be a sparrow than a snail
Yes, _____, I surely would

02_ I'd rather be a hammer than a nail
Yes, _____, I surely would

03_ Away, I'd rather sail away like a swan that's here and gone
A man gets _____ to the ground
He gives the world, it's the _____, it's the _____.

04_ I'd rather be a forest than a street
Yes, _____, I surely would

05_ I'd rather feel the earth beneath my feet
Yes, _____, I surely would

B ▪▪ Choose the right answer for the questions.

01_ 이 노래의 내용과 다른 것은? (   )

① 남미의 민요
② 식민지 정책
③ 폴 사이먼의 노래
④ 영국의 민요

02_ 빈칸에 맞는 단어를 고르시오. (　　)

I'd rather be a _____ than a _____.
(나는 못보다는 망치가 되겠어.)

① nail - hammer　　② hammer - nail
③ sparrow - nail　　④ nail - sparrow

03_ 이 노래를 사자성어로 표현하면? (　　)

① 골육상쟁　　② 갑론을박
③ 약육강식　　④ 야반도주

04_ 빈칸에 맞는 표현을 고르시오. (　　)

I'd rather feel the earth _____ my feet.
(나는 발밑에 지구를 느끼고 싶어요.)

① before　　② above
③ under　　④ beneath

05_ 빈칸에 맞는 표현을 고르시오. (　　)

It's the _____ sound.
(그것은 가장 슬픈 노래입니다.)

① sad　　② sadden
③ sadness　　④ saddest

17 | Are You Lonesome Tonight

Artist: Elvis Presley

Are you lonesome tonight?
Do you miss me tonight?
Are you sorry we drifted apart?
Does your memory stray to a brighter summer day
When I kissed you and called you sweetheart?
Do the chairs in your parlor seem empty and bare?
Do you gaze at your doorstep and picture me there?
Is your heart filled with pain, shall I come back again?
Tell me dear, are you lonesome tonight?

I wonder if you're lonesome tonight
You know someone said that the world's a stage
And each must play a part.
Fate had me playing in love you as my sweetheart.
Act one was when we met, I loved you at first glance
You read your line so cleverly and never missed a cue
Then came act two, you seemed to change and you acted strange
And why I'll never know.
Honey, you lied when you said you loved me
And I had no cause to doubt you.
But I'd rather go on hearing your lies
Than go on living without you.
Now the stage is bare and I'm standing there

With emptiness all around
And if you won't come back to me
Then they can bring the curtain down.

Is your heart filled with pain, shall I come back again?
Tell me dear, are you lonesome tonight?

 Artist Profile

Elvis는 가수가 되기 전 트럭 운전사로 일하며 불철주야 스타의 꿈을 키웠다. 1977년 43세의 나이로 세상을 떠났을 때 전 세계가 슬퍼했으며, 그의 고향 맴피스에는 최근까지도 추모행렬이 끊이지 않고 있다. 이 곡은 사람을 연극무대와 비교하여 드라마틱하게 노래하였다. Elvis는 장르를 가리지 않고 R&B, POP, Jazz, Country를 넘나들며 노래했다. 특히 공연 때는 언제나 오케스트라의 반주에 맞춰서 노래를 불렀다. The Beatles와 함께 불멸의 가수(immortal singer)로 기억된다. 1967년 미 육군대령의 딸 프리실리와 결혼하지만 1973년 이혼한다. 그의 딸 리사 마리는 훗날 마이클 잭슨, 니콜라스 케이지 등과 결혼, 파혼을 반복했다. Elvis는 도넛을 너무 좋아해서 비만한 몸을 갖게 되는데, 1977년 맴피스에서 42세의 나이로 요절한다.

오늘밤 당신은 외로운가요.
오늘밤 당신은 나를 그리워하고 있나요.
우리가 헤어지게 된 것을 안타깝게 생각하나요.
햇살이 따가운 어느 여름날을 기억하나요.
내가 당신에게 입맞춤하면서 나의 사랑이라고 불렀던 그날을.
당신의 거실에 있는 의자들이 왠지 허전해보이나요.
당신 현관 계단에 걸린 내 사진을 응시하고 있나요.
당신의 마음은 괴로움으로 가득한가요.
내가 다시 돌아가도 되나요.
내게 말해줘요. 오늘밤 당신은 외로운가요.

오늘밤 당신이 외로워하고 있는지 궁금합니다.
누군가 세상은 연극 무대 같은 것이라고 말했죠.
우리는 각자 연기를 해야 하는 배우고요.
운명은 나로 하여금 당신을 사랑하도록 만들었습니다.
제1막에서 우리는 만났어요.
난 당신을 처음 본 순간 사랑에 빠졌죠.
당신은 대사를 너무도 낭랑하게 읊었습니다.
큐 사인을 놓친 적도 결코 없었어요.
그런데 제2막이 되자
당신은 변해가는 것 같았습니다. 당신은 이상하게 행동했어요.
그 이유를 난 정말 지금까지도 모르고 있답니다.
그대여, 나를 사랑한다고 말했을 때 당신은 거짓말을 한 거였어요.
당신을 의심할 만한 이유가 내겐 없었습니다.
하지만 차라리 당신의 그 거짓말을 계속 듣고 있는 게 나을 뻔 했군요.
당신 없이 이렇게 계속 살아가느니 말이에요.
그 무대는 이제 비어 있고, 거기에는 나만 홀로 서 있답니다.
온통 공허함으로 가득한 채
만약 당신이 내게로 돌아오지 않는다면
그 무대는 막을 내리고 말 거예요.

당신의 마음은 괴로움으로 가득한가요.
내가 다시 돌아가도 되나요.
내게 말해줘요. 오늘밤 당신은 외로운가요.

Step III : Words and Idioms

1 miss: 동 그리워하다

    ex) Her children have gone to California, and she misses them very much.

       (그녀의 아이들이 캘리포니아에 가고 없어서 그녀는 그들을 무척 보고 싶어 한다.)

2 drift: 동 떠돌다, 표류하다, 흐르다

3 stray: 동 방황하다, 헤매다

4 sweetheart: 명 애인

5 parlor: 명 응접실, 가게

    ex) pizza parlor: 피자 가게

       ice cream parlor: 아이스크림 가게

       beauty parlor: 미용실

6 gaze: 동 응시하다

7 play a part: 역할을 하다

8 fate: 명 운명

9 act: 명 장면, 막

10 at first glance: 첫눈에

11 miss a cue: (감독의 사인을) 놓치다

12 bare: 형 텅 빈

13 emptiness: 공허함

Step Ⅳ : Pronunciation Drill

1️⃣ tonight: [tunait]

'투나이트'가 아니고 '투나잇'이다. 2음절이기 때문이다.

2️⃣ summer: [səmmər]

/m/은 겹자음탈락에 따라 '썸머'가 아니고 써머[səmə]가 된다.

3️⃣ empty and bare: [empti ænd bɛə]

empty에서 /p/는 묵음이 되어 [emti]가 되고 and의 /d/도 묵음이 되어 [emti æn bɛə]가 된다.

4️⃣ act two: [ækt tu]

/t/가 겹자음탈락이 되어서 [æk tu]가 된다.

5️⃣ drifted apart: [driftid əpərt]

drifted의 /d/가 모음과 모음 사이에서 /r/로 변하여 [driftirəpərt]가 된다.

6️⃣ you said you loved me: [yə sed yə ləvd mi]

said의 /d/와 you의 /y/가 연음되어 [sedʒyə]가 되는데 발음은 '세줘'이다.

7️⃣ doubt you: [daut yə]

doubt의 /t/가 you의 /y/와 연음되어 [dautyə]가 된다.

Step Ⅴ : Expression Checklist

1 Are you sorry we drifted apart?

(우리가 서로 떨어져서 아쉽나요?)

여기 나오는 sorry의 용법에 대해선 다음 단계에서 자세히 설명하겠다. 원래 drift는 주로 바다에서 표류하는 것을 뜻하는데 연인과의 관계에서 갈피를 못 잡고 마음의 안정을 취하지 못하고 있는 상태에 주로 쓰인다.

2 Does your memory stray to a brighter summer day

(당신의 기억이 여름날의 추억 속에 흔들리고 있나요?)

노래의 주인공은 연인과의 여름날의 멋진 추억이 있었던 듯하다. 따라서 상대에게도 '멋진 여름날의 추억' 때문에 기억이 혼미하지 않느냐고 묻고 있는 것이다.

3 When I kissed you and called you sweetheart?

(내가 당신에게 '자기야'라고 부르며 입맞춤 했을 때)

바로 이 문장이 2번의 원인제공이라고 하겠다. 멋진 여름날 어느 한적한 해변에서 둘은 사랑을 속삭였고 주인공은 상대에게 연인(sweetheart)이라는 호칭(한국에서는 '자기')을 처음 썼던 추억을 상기하고 있다.

4 Do the chairs in your parlor seem empty and bare?

(당신 거실에 있는 의자도 텅 비어서 허전하나요?)

이 내용은 순전히 자기 자신의 느낌을 가감 없이 노래했다. 실제 노래 속에서 상대는 날 배반하고 떠났다. 그러므로 상대는 나처럼 참담하진 않을지도 모르지만 자신의 심정을 전하는 방법으로 위와 같이 노래했다.

5 Do you gaze at your doorstep and picture me there?

(당신도 문을 바라보면서 내 모습을 그리고 있나요?)

아마도 문을 바라보며 떠나간 연인이 금방이라도 들어올 것 같은 생각에 잠긴 듯하다.

6 You know someone said that the world's a stage
(누군가가 인생은 연극무대라고 했지요.)

여기서 누군가는 문자 그대로 누구든 될 수 있지만, 이 말을 한 사람은 Shakespeare 이다. 셰익스피어가 '인생은 연극무대'라고 얘기했고 우리 모두 그 무대의 주인공이 되어야 한다고 말했다.

 As You Like It(II, vii, 139-143): William Shakespeare

"All the world's a stage,

And all the men and women merely players.

They have their exits and their entrances,

And one man in his time plays many parts,

His acts being seven ages."

7 Fate had me playing in love you as my sweetheart.
(나는 운명처럼 당신과 사랑에 빠지는 역을 맡았어요.)

인생이 연극무대라면 '나에게는 당신과 연인이 되어 사랑하는 역'이 주어졌다는 뜻이다.

8 You read your line so cleverly and never missed a cue
(당신은 당신 대사를 현명하게 소화했고 감독의 지시도 놓치지 않았죠.)

이들이 실제 연극을 한 것은 물론 아니다. 하지만 자신이 사랑을 연극에 비유하여 1막에서는 서로가 서로에게 충실했음을 표현하고 있다. 그러나 2막에 들어서며 상대는 변했는데, 문제는 이것은 연극이 아니고 '실제상황'인 것이다. 그래서 주인공은 더욱더 슬퍼한다.

⑨ If you won't come back to me, Then they can bring the curtain down.

(당신이 내게 오지 않으면, 그들은 이제 막을 내릴 겁니다.)

문제는 '실제상황'이라는 데 있다. 이것이 연극 자체라면 이미 모든 상황은 예정된 것이다. 그러나 연극에 비유한 '인생사'이기 때문에 주인공은 떠나간 그녀를 기다리고 있는 것이다. 간절히 돌아오길 바라지만 결국 오지 않는다면 그들이 무대를 치울 것이라고 호소 반 읍소 반으로 노래하고 있다.

⑩ sweetheart

(연인)

직역하면 '달콤한 마음'이란 뜻인데 언젠가부터 '연인'을 칭하는 가장 일반적인 말이 되었다. flame이라고도 한다. 주고 과거의 연인을 가리키며, She was my old flame이라고 하는데 '나의 옛 연인' 정도가 된다. better half(더 나은 반쪽)이란 멋진 표현도 있다. 보통 honey, darling, sunny 등의 표현도 애용된다.

⑪ Do you miss me?

(당신은 나를 그리워하고 있나요?)

miss가 '그리워하다'라는 뜻으로 쓰이는 경우가 많다. 예를 들어 공항에서 오랫동안 떨어져 있는 것이 섭섭한 사람들이 "I think I am going to miss you"라는 말을 자주 하는데 이는 "헤어지기가 무척 섭섭하네요"라는 뜻이다. 행여나 "나는 당신을 그리워할 예정입니다"라고 번역하면 큰일!!

장거리 여행에서 돌아온 사람에게 "I missed you so much"라고 하면 "무척 보고 싶었습니다"가 된다.

Step Ⅵ: Grammar Catch

1 When I kissed you and called you sweetheart?

영어의 문장형식 중에서 5형식에 해당된다.

A. 문장의 기본형식

주부와 술부로 되어 있는 문장은 술부의 구조에 따라 다음 다섯 가지의 기본형식으로 분류된다.

> 1형식 문장: 주어(S) + 동사(V)
> 2형식 문장: 주어(S) + 동사(V) + 보어(C)
> 3형식 문장: 주어(S) + 동사(V) + 목적어(O)
> 4형식 문장: 주어(S) + 동사(V) + 목적어(O) + 목적어(O)
> 5형식 문장: 주어(S) + 동사(V) + 목적어(O) + 목적보어(C)

B. 5형식에 대하여

Ⅰ. 불완전타동사

이 형식에 사용되는 동사는 불완전타동사라고 한다. 동사는 '～을 ～하게 된다'라는 뜻으로 해석된다. 영어 동사들 중 'make'가 대표적이다.

He made his servant happy.

(그는 자기 하인을 행복하게 했다.)

They named their first child Tom.

(그들은 첫아기를 Tom이라고 이름 지었다.)

I found the book easy.

(그 책이 쉽다는 것을 알았다.)

Keep the door shut.

(문을 닫아두시오.)

Don't leave the door open.

(문을 열어두지 마시오.)

Show yourself a gentleman.

(신사답게 하시오. = 신사임을 보이시오.)

Ⅱ. 목적보어

The students of the class elected Jack chairman this semester.

(그들은 Jack을 의장으로 선출했다.)

위의 문장에 주어 The students, 동사 elected, 목적어 Jack 이외에 chairman이라는 단어가 있다. 문 전체의 뜻을 생각하면 'Jack을 의장으로 선출했다'는 것은 결국 '선거 결과 Jack이 의장이 되었다'라는 사실을 가리킨다. 따라서 Jack과 chairman은 동일한 사람이다.

Jack is (a) chairman.

Jack과 chairman의 관계는 주어와 보어 관계로 볼 수 있다. 그렇지만 실제 문장에서 Jack은 목적어이기 때문에 보어인 chairman은 목적어의 보어 역할을 한다는 의미로서 목적보어라고 명명하고, 2형식 문장에 제시되는 주격보어와 구별한다. 목적보어도 주격보어와 같이 명사, 형용사가 관련된다.

Ⅲ. 목적보어의 의미

목적보어가 문장에서 해석되는 내용은 다음과 같이 분류될 수 있다.

<동작의 결과 생긴 상태>

Raise your head higher.

(머리를 더 높이 드시오.)

→ 머리를 들어서 위를 보고 있다.

He painted the wall white.

(벽을 희게 칠했다.)

→ 벽이 하얗게 칠해져 있다.

They left me alone.

(그들은 나를 혼자 남겨 두었다.)

→ 내가 홀로 남아 있다.

<동작이 행하여질 때의 목적어의 상태>

They discovered Jane hidden among the bush.

(그들은 그가 숲속에 숨어 있는 것을 찾아냈다.)

→ 그들이 찾았을 때 'Jane'이 숲속에 있는 상태이다.

I saw Jane young and strong.

(나는 그가 젊고 건강할 때 만났다.)

→ 내가 만났을 때 'Jane'이 젊고 건강한 상태이다.

Ⅳ. 어순

이 형식의 문장에서 때로는 목적보어가 목적어 안에 와서 동사와 결합하여 일종의 동사구와 같은 역할을 할 때가 있다.

Lincoln set free the slaves after the Civil War.　　(S-V-C-O)

(남북전쟁 이후 링컨은 노예를 해방했다.)

→ Lincoln set the slaves free after the Civil War.

(남북전쟁 이후 링컨은 노예들을 자유롭게 했다.)

Jack threw open his own beautiful gardens to the public.　　(S-V-C-O)

(Jack은 그의 아름다운 정원을 일반에게 공개했다.)

→ (비교) Jack threw the door open.

(Jack은 문을 열어 제쳤다.)

2 Is **your heart** filled with **pain**

수동태 문장이다.

A. 태의 정의

영어 문은 능동과 수동의 두 가지 방법으로 서술된다. 아래 도표는 두 문장 형태 사이의 관계를 보인 것이다. 편의상 능동태에서 수동태로 변형된 것으로 간주하여 도표를 만들었다.

◇ 능동태 문
The average Korean seeks independence.
　　주어　　　　　　동사　　목적어

◇ 수동태 문
Independence is sought by the average Korean.
　　주어　　　동사　　　by + 주어

B. 수동태의 특수 예들

관용구로서 동사와 전치사가 함께 있으면, 이들은 한 개의 단위를 이루어 완전타동사의 기능을 가지게 된다. 따라서 동사와 전치사는 불가분의 관계에 있다고 간주되기 때문에 동사 자체가 수동태로 전환되어도 전치사는 동사를 따라다닌다.

His mysterious death **was talked** of for years afterwards.

The difference could not **be accounted for**.

I like to **be thought** well **of** by my companions,

I wish the maxim **were** more generally **acted on** in all cases.

His weakness **was** taken undue **advantage of**.

The troublesome customer **was** quietly **gotten rid of**.

C. 수동태를 사용하는 경우들

영어에서는 능동태보다 수동태가 덜 사용된다. 수동태가 사용되더라도 대부분은 정식 표현에서 사용되고 있다. 다음은 영어에서 수동태가 사용되는 경우들을 모아 놓은 것이다.

Ⅰ. 동작을 받는 대상이나 그 결과를 강조할 필요가 있을 때

Americans are taught independence and self-sufficiency at an early age.

(미국인들은 어릴 적부터 독립심에 대하여 교육을 받는다.)

Ⅱ. 행동주가 꼭 표기될 필요가 없을 때

Coffee is drunk in America.

* 행동의 주체는 당연히 미국인들이다.

Ⅲ. 정보 제공자를 생략하여 객관성이 생길 때

It is often thought that American families are not close because the children want to live independently.

* 일반적 사실에 대한 화자가 반드시 있을 필요는 없다.

③ shall I come back again?

미래형으로서 주어의 상황에 따라서 다양한 의미를 표현할 수 있다.

A. I shall, We shall

Ⅰ. 일인칭과 함께 단순미래를 가리키는 경우

I shall be eighteen tomorrow.

(나는 내일이면 만 열여덟 살이 된다.)

We shall go to the high school next year.

(내년이면 우리는 고등학생이 된다.)

Ⅱ. 감정, 능력, 예상, 결과, 필요 등을 나타내는 동사와 함께 나오는 경우

I shall be glad to meet Jack.

(나는 Jack을 만나면 기쁘다.)

I shall be able to read English books soon.

(곧 영어 책을 읽을 수 있을 것이다.)

I shall succeed next year.

(나는 내년에는 성공할 것이다.)

If I study too hard, I shall fall ill.

(너무 열심히 공부하면 탈이 날 것이다.)

Ⅲ. 말하는 사람의 의지와 계획이 일치하는 일에 대하여 말하는 경우

I shall call on you tomorrow.

(나는 내일 당신을 방문하겠다.)

Ⅳ. 강한 의지(부정의 경우에는 거절)를 나타낸다.

I shall whip you if you don't behave better.

(네가 행실을 고치지 않으면 나는 때려주겠다.)

You must go. I shan't.

(넌 가야만 해. 나는 싫다.)

B. Shall I, Shall we

Ⅰ. 의문으로서 단순미래를 가리킨다.

Shall I succeed?

(나는 성공할까요?)

Ⅱ. 상대방의 의사를 묻는다.

Shall I open the window?

(창문을 열까요?)

Ⅲ. 'we'가 주어이면 권유를 나타낸다.

Shall we go for a walk?

(산책 가실까요?)

Let's go, shall we?

(자아 갑시다.)

C. You shall, He (They) shall

말하는 사람의 의지, 즉 명령, 약속, 결심, 위협 등을 나타낸다.

You shall have it. (⇒ I will let you have it.)

(네게 그것을 주겠다.)

You shall repent it soon.

(곧 후회하게 만들겠다.)

D. Shall you

단순미래, 때로는 상대방의 형편을 묻게 된다.

How much shall you need?

(얼마나 필요하십니까?)

Shall you be at home tomorrow?

(내일 댁에 계실까요?)

E. Shall he(they)

상대방의 의지를 묻는다.

Shall he come to our office tomorrow?

(내일 그를 우리 사무실로 오라고 할까요?)

Memo Pad (will에 대하여)

① I will
의지를 포함하는 미래로서 약속, 승낙, 거부, 주장, 선택 등을 나타낸다.

I will let you know when I shall arrive.
(내가 도착하는 시간을 알려 드리겠습니다.)
I won't(= will not) do it again.
(다시는 않겠습니다.)

② You will, He will
2인칭, 3인칭의 will은 단순 미래를 나타낸다.

You will be late tonight.
(너는 오늘밤 늦을 것이다.)
The student will be late for school tomorrow.
(그 학생은 내일 학교에 늦을 것이다.)

③ Will you
상대방의 의지를 묻는 의미로서, 권유, 부탁 등을 표시한다. 대답은 I will을 예상한다.

Will you come tomorrow?
(내일 오시겠습니까?)
Won't you come with me?
(같이 가시지 않겠습니까?)
Will you kindly show me the way to the postoffice?

(우체국으로 가는 길을 가리켜 주시겠습니까?)

④ Will he

3인칭 단순미래를 가리킨다.

Will he be in time for the train?
(그는 기차 시간에 댈 수 있을까요?)

⑤ will의 특수 용례

Ⅰ. 말하는 사람의 의지를 완곡히 표시한다. 2인칭에서는 부드러운 명령이 된다.
You will stay here.
(여기 계세요.)
A solution to this problem will be given in the following chapter.
(이 문제에 대한 해답은 다음 장에서 말하겠다.)

Ⅱ. 인칭에 관계없이 주어의 의지를 표시한다.
You will have your own way.
(너는 어디까지나 고집을 부린다.)
The door will not open.
(문이 아무리해도 열리지 않는다.)
Boys will be boys.
(사내아이는 역시 사내아이다.)

Ⅲ. 시간, 조건의 부사절에서는 미래시제는 현재형으로서 표시되므로 언제나 주어의 의지를 나타내게 된다.
If you will come, I shall be glad.
(오신다면 기쁘겠습니다.)

Ⅳ. 주어의 의지를 나타내는 will이 약해지면, 습관이나 자연적인 경향을 나타낸다.
He will often sit up 'til late, reading a novel.
(그는 자주 밤늦게까지 자지 않고 소설을 보곤 한다.)

Ⅴ. 추측을 나타낸다.
"This will be your luggage, I suppose." said the man.
("이것은 당신의 짐이지요"라고 그 사나이는 말했다.)

⑥ will have + 과거분사

2인칭과 3인칭에서, 미래완료를 나타낸다.

He will have finished the task by the evening.
(그는 저녁까지는 그 일을 끝내고 있을 것이다.)

과거에 일어난 일에 대한 추측을 나타낸다.
You will have seen from my postcard that I was in Seoul.
(내 엽서를 보고 너는 내가 서울에 있었다는 것을 알았겠지.)

4 Tell me dear, are you lonesome tonight?

명령법의 용법에 연관된 표현이다.

A. 명령은 보통 상대방에게 말하기 때문에 'you'라는 주어가 필요하지 않다.
   명령법의 동사는 의미상 주어가 단수, 복수임에 관계없이 원형을 쓴다.

   Speak! (말하시오!)

   Be diligent. (부지런하시오!)

B. 때로는 대조를 나타내거나 주의를 환기시키기 위해서 주어가 표시되기
   도 한다. 이때에는 억양으로 서술문과 구별한다.

   I must go about my work. You amuse yourself in any way you like.
   (나는 내 볼일을 봐야겠습니다. 아무렇게 하든 좋으실 대로 노시지.)

   You mark my words!
   (내 말을 귀담아 들어요!)

C. 강조 의미를 위하여 'do'를 사용한다.

   Do come, please! (꼭 와 주십시오!)

   Do be quiet! (조용히 하라니까!)

D. 부정형으로 명령할 때에 don't를 붙인다.

   Don't speak so fast. (그렇게 빨리 말하지 마세요.)

Don't be silly. (그 바보짓은 그만둬요.)

Never mind! (걱정 마시오!)

[⇒ 'never'를 붙이는 경우는 'do'를 쓰지 않는다.]

E. 명령법 형태의 시제는 현재이지만 현재완료형을 쓰기도 한다.

Have done with such nonsense!

(그따위 어리석은 짓은 집어 치우라!)

F. 1인칭, 3인칭에 대한 명령형은 let과 함께 동사원형으로 표현한다. 이때 명령의 의미는 간접적으로 나타난다.

Let me try! (나에게 시켜주세요.)

Let us leave at once! (당장 떠납시다.)

Let him visit us at once.

(그를 우리에게 당장 오라고 하세요.)

'let'을 사용할 때 'do'로는 간청, 'don't'로는 금지를 나타낸다.

Shall we play tennis? - Oh, do let's!

(테니스를 칠까요? - 예, 합시다.)

Don't let the kids read such a horrible book.

(아이들에게 그런 끔찍한 책을 읽게 해서는 안 되죠.)

G. 명령법에 수동태형이 있을 때는 let을 사용한다.

(능동태)   Do it. (그것을 하시오.)

→ (수동태)   Let it be done.

(능동태)   Praise him. (그를 칭찬하시오.)

→ (수동태)　　Let him be praised.

H. 명령법의 특수 용법에 대하여

명령법은 금지요구, 간청, 희망, 말하는 사람의 의지를 나타내는 것 이외에 다음과 같은 조건을 나타내는 용법이 있다.

Ⅰ. 명령형 + and '~하시오, 그렇게 하면'

Study English really hard, and you will speak it quite fluently.

⇒ If you study English really hard, you will speak it quite fluently.

(열심히 영어공부를 해, 그러면 꽤 유창하게 말할 수 있게 될 것이다.)

Talk of the devil and he'll appear.

(호랑이도 제 말하면 온다.) (속담)

Ⅱ. 명령형 + or '~하시요, 그렇지 않으면'

Study English really hard, or you won't speak it well.

⇒ Unless you study English really hard, you won't speak it well.

(열심히 영어 공부를 하세요. 그렇지 않으면 말을 잘 할 수 없을 것예요.)

Step VII: Workout Exercise

A ▪▪ Listen to the song and fill in the blanks.

01_ Are you _____ tonight, do you _____ tonight?
     Are you sorry we drifted apart?

02_ Do the chairs in your parlor seem empty and bare?
     Do you gaze at your doorstep and picture me there?
     Is your heart _____, shall I come back again?

03_ _____ if you're lonesome tonight
     You know someone said that the world' s a stage
     And each must play a part.
     Fate had me playing in love you as my _____.

04_ But I'd rather go on hearing your lies
     Than go on living without you.
     Now the stage is _____ and _____ there with emptiness all around

05_ And if you _____ back to me
     Then they can bring the curtain down.
     Is your heart filled with pain, shall I come back again?
     Tell me dear, are you _____?

B ▪▪ Choose the right answer for the questions.

01_ 이 노래의 내용과 다른 것은? (   )

     ① play   ② heart-broken

③ marriage   ④ Shakespeare

02_ Elvis Presley에 관하여 틀린 것은? (   )

① He was a truck driver
② British
③ died
④ Memphis

03_ 다음 중 miss의 뜻이 다른 하나는? (   )

① I missed you a lot.
② You can't miss it.
③ I am giving to miss you.
④ Do you miss me?

04_ sorry의 용법이 다른 하나는? (   )

① I'm sorry I'm late.
② Sorry?
③ I'm sorry, I can't hear you.
④ You should say 'sorry'.

05_ 밑줄 친 단어의 올바른 해석은? (   )

Do you still <u>picture</u> me?

① 그림 그리다
② 사진 찍다
③ 기억을 떠올리다
④ 색칠하다

18 | Tears In Heaven

Artist: Eric Clapton

*Would you know my name
if I saw you in heaven?
Would it be the same
if I saw you in heaven?
I must be strong and carry on
Cause I know
I don't belong here in heaven *

Would you hold my hand
if I saw you in heaven?
Would you help me stand
if I saw you in heaven?
I'll find my way through night and day
Cause I know
I just can't stay here in heaven.

Time can bring you down
Time can bend your knees
Time can break your heart
Have you beg and plead
Beg and plead

Beyond the door, there's peace I'm sure
And I know there'll be no more tears in heaven

* 반복 *

* 하늘에서 나를 보면
　나를 알아보겠니?
　하늘에서 보는 네 모습은
　같은 모습일까?
　나는 강해져야 해.
　그리곤 계속 나아가야 해.
　왜냐하면 아직 천국은
　내가 갈 곳이 못 되니까 *

　천국에서 만나면
　내 손을 잡아 주겠니?
　천국에서 만나면
　나를 일으켜 세워주겠니?
　나는 밤낮으로 길을 찾아야지.
　왜냐하면 나는 아직도
　천국에는 어울리지 않기 때문이야.

　세월 때문에 좌절하고
　세월 때문에 슬퍼하고
　세월 때문에 아파하고
　삶이 당신을 구걸하고 애걸하게 한 적이 있나요?

　저 문 밖에는 평화가 있을 거야.
　그리고 그곳엔 더 이상 눈물이 없겠지.

　* 반복 *

 Artist Profile

Eric Clapton은 1945년생이다. 흔히 그를 가리켜 세계 3대 기타리스트라고 하는데 혹자는 그를 당대 최고라고 칭하기도 한다. 90년대 초 눈에 넣어도 아프지 않을 아들을 고층아파트 추락사고로 잃었다. 아들을 떠나보낸 슬픔을 노래로 부른 것이 바로 「Tears in Heaven」이다. 부모가 집을 비운 사이 아들이 좁은 아파트 베란다 창문으로 추락하고 말았다. 흔히 자식이 죽으면 가슴에 묻는다고 했다. Eric도 예외는 아니어서 술로 방황의 세월을 보내다가 이 곡으로 재기를 했다. 죽은 아들이 살아 있는 아버지를 살렸다고 할까? 여하튼 이 곡은 Eric Clapton의 아들이 주인공이라는 사실이 알려지면서 더욱더 팬들의 사랑을 받고 있다. 단, Eric은 콘서트에서는 아들에 대한 그리움 때문인지 이 노래를 잘 부르지 않는다. 죽은 아들을 이용해서 돈을 번다는 인상을 주기 싫어서였을까?

Step Ⅲ: Words and Idioms

☐ bring down: 좌절시키다, 쓰러뜨리다

ex) He brought the deer down with a shot.

(그는 총 한방으로 사물을 쓰러뜨렸다.)

ex) Don't bring someone down to your level.

(남을 자신의 수준으로 떨어뜨리다.)

② bend: 굽다, 휘다

ex) I can't bend her into changing her mind.

(나는 억지로 그녀의 마음을 바꿀 수 없다.)

③ beg: 동 구걸하다 (to ask humbly for money, food)

ex) He begged me to stay.

(머물러 달라고 간청했다.)

④ plead: 동 간청하다, 탄원하다

ex) He pleaded until she agreed to do as he wished.

(그는 그녀가 자신이 원하는 대로 하겠다고 수락할 때까지 간청했다.)

Step Ⅳ: Pronunciation Drill

☐ would you: [wud yə]

would의 /d/와 you의 /y/가 상호동화작용을 일으켜서 [ʤ]로 발음된다. 따라서 '우드 유'가 아니라 '우쥬'가 된다.

② **If I:** [if ai]

If의 /f/가 자음이동하여 [i-fai]가 된다.

③ **must be:** [məst bi]

must의 /t/가 자음 사이에서 탈락하여 [məs-bi]가 된다.

④ **cause I:** [kəz ai]

cause의 /s/가 자음이동하여 [kə-zai]가 된다.

⑤ **hold my hand:** [hɔuld mai hænd]

'호울드 마이 핸드'가 아니고 '호울 마 핸'이 된다. my는 이중모음현상 때문에 '마이'가 아니고 '**마이**'로 발음된다. hold와 hand의 /d/는 생략된다.

⑥ **night and day:** [nait ænd dei]

night의 /t/는 단타음이므로 /t/가 /r/로 변하고, and day의 /d/가 겹자음탈락현상에 따라서 [nairændei]가 된다.

Step Ⅴ: Expression Checklist

① Would you know my name?

(나를 알아보겠느냐?)

know one's name의 의미는 '알아보다', 즉 recognize의 뜻이다. 따라서 '내 이름을 아느냐'로 해석하면 안 된다.

② I don't belong here in heaven.

(나는 천국과는 무관한 사람입니다.)

직역을 하면 '천국에 속하지 않는다'이지만 여기서는 의역해야 한다. 보통 어색한

자리에 가서 마음이 영 불편하다 싶을 때 쓰는 말이 다음과 같다.

I don't think I belong here.

즉, '왠지 여기 있는 사실이 어색하다'는 뜻이다. 다른 표현으로 한다면 I feel out of place가 된다. 한마디로 '어색하다'는 뜻이다. 자신은 죄가 많아 도저히 천국에 속할 자격이 없다는 뜻이 된다.

③ I just can't stay here in heaven

(나는 도저히 천국에 머무를 수 없어요.)

②번과 문장만 다를 뿐, 같은 표현이다.

④ Time can bring you down

(세월은 당신을 봉변주고)

bring somebody down은 '~를 망신주다'는 뜻이다. 다른 말로 바꾸면 put down도 좋다. "Don't put him down!"이라고 하면 "그를 무시하지 마"가 된다.

'무시하다'라는 단어는 frustrate, disappoint, humiliate 등 많이 있지만 bring down이나 put down과 같은 쉬운 숙어로 대체해서 사용하기 때문에 영어를 공부하는 학생들이 더욱 곤혹스럽게 느끼게 되는 것이다.

⑤ Time can bend your knees

(세월 때문에 좌절하고)

'무릎을 구부리게 한다', 즉, 문자 그대로 좌절한다는 뜻으로 ④번과 같은 의미의 문장이다.

⑥ Have you beg and plead

(삶이 당신을 구걸하고 애걸하게 만들며)

논란의 여지가 있는 문장이다. 현재완료형의 문장으로 보면 당연히 "Have you begged and pleaded?"가 되어서 "전에 구걸하거나 탄원해본 적이 있는가?"가 될 것이다. 그러나 여기서는 Time have you beg and plead에서 Time이 생략된 걸로 본다. 따라서 세월(Time)이 당신을 구걸하고(beg), 읍소하도록(plead) 환경을 만들고 있다는 의미로 해석해야 한다. 'have + 사람 + 동사원형'의 문장이다.

7 Beyond the door, there's peace I'm sure

(저 문 밖에는 평화가 있을 거야.)

배경지식이 없으면 뜬금없이 문장이라고 느껴질 수 있다. 아들 Rush는 뉴욕의 주상 복합 아파트 59층 창문에서 실수로 떨어져 사망했다. 널따란 거실에서 아들이 떨어진 창문 쪽을 바라보며 탄식하고 서러워하는 아버지의 모습을 떠올리면 금방 이해가 되는 문장이다.

Step VI : Grammar Catch

1 Would you know my name?

'would'의 여러 용법에 대하여 생각해볼 수 있다.

A. 시제의 일치

He said that he would try again.

(그는 다시 한 번 해보겠다고 말했다.)　　　　　[과거의 의지]

→ He said, "I will try again."

Did you know when he would come?

(그가 언제 오려는지 알고 있었습니까.)　　　　　[과거에서 본 미래]

→ When will he come?

I thought it would be his hat.

(나는 그것이 그의 모자일 것이라 생각했다.)　　　[과거의 추측]

→ It will be his hat.

B. 가정법 과거, 가정법 과거완료

현재나 과거의 사실에 반대되는 가정을 나타내는 가정법 표현의 주문장에 사용된다. 주로 1인칭에서는 의지를 나타내며 2, 3인칭에서는 추측을 나타낸다.

If Jane had enough money, she would buy the suit.

(Jane은 돈이 충분히 있으면 그 옷을 살 텐데.)

→ Because Jane hasn't enough money, she doesn't buy the suit.

If Jane had not helped Jack, he would not have lived like that.

(Jane이 Jack을 도와주지 않았더라면 그는 지금 그렇게 살지 못했을 것예요.)

→ Because Jane helped Jack, he lived like that.

가정법 표현의 조건문이 생략되었다고 생각되는 경우에 공손한 말투가 된다.

Would you mind opening the window?

(창문 좀 열어주실 수 없을까요?)

I would rather not do it.

(나는 그렇게 하지 않는 편이 좋겠소. / 그렇게 하고 싶지 않소.)

C. 인칭에 관계없이 의지를 나타낸다.

If you would(= wish to) be happy, it would be good.

(행복해지고 싶으면 착하게 굴라.)

If I would(= wished), I could.

(하려고 하면 할 수도 있는데.) [현재의 사실에 반대되는 가정]

Would (to God) (= I wish) that he were alive!

(그가 살아 있으면 얼마나 좋을까) [현재의 사실에 반대되는 소망]

I offered him some money, but he would not take it.

(돈을 주려고 했으나 그는 받으려 하지 않았다.)

D. 과거의 습관을 나타낸다.

He would sit for hours lost in thought.

(그는 생각에 잠겨 몇 시간씩 앉아 있곤 했다.)

⇒ (비교) He used to drink when he was young.

(그는 젊어서는 꽤 술을 마셨다.)

E. would have + 과거분사

'시제의 일치'에 따라 'will have + 과거분사'가 변한 경우.

I was sure they would have finished it by then.

(그때까지는 그들이 그것을 끝내고 있으리라고 생각했다.) [과거에서 본 미래완료]

I thought that he would have arrived there.

(나는 그가 거기에 도착했으리라고 생각했다.) [과거의 추측]

② Would you help me stand

A. help + 사람 + (to) 동사원형 (~이 하는 것을 돕다)

여기서 주의할 점은 'help' 다음에 오는 동사가 홀로 동사원형으로 오거나 또는 'to'를 수반해서 'to 부정사' 형태로 사용될 수 있다는 사실이다.

Jane had to help her younger sister (to) wash the dishes.

(Jane은 여동생이 접시를 닦는 것을 도와야만 했다.)

I helped the guest (to) find his purse.

(나는 손님이 지갑을 찾는 것을 도와주었다.)

My brother always helps me (to) solve the questions in mathematics.

(형은 언제나 수학 문제를 푸는 것을 도와준다.)

 'help' 뒤에 어떤 것이 오는 것은 영국식 영어와 미국식 영어의 차이일 수 있다.

영국식 영어: to 부정사가 오는 경우

미국식 영어: 동사원형이 오는 경우

B. 'help'와 유사한 유형의 표현

Ⅰ. keep + 목적어(명사) + 형용사 (~을 ~하게 하다)

Jack always keeps the room dark when he watches TV.

(Jack은 TV를 볼 때면 늘 방을 어둡게 한다.)

My wife likes to keep the house neat and tidy.

(안사람은 항상 집을 깨끗하게 정돈한다.)

> keep the soup hot
> keep the story between us secret
> keep the front door open
> keep the campus area clean

Ⅱ. hear + 목적어(명사) + 동사 현재분사형 (~이 ~하는 것을 듣다)

Jane heard her parents calling her name in the building.

(Jane 건물 안에서 부모님들이 자신을 부르는 소리를 들었다.)

Jack heard Jane singing a song in her room.

(Jack은 Jane이 방에서 노래를 부르는 것을 들었다.)

I heard someone knocking the door in the morning.

(아침에 누군가 방문을 두드리는 소리를 들었다.)

3 Have **you** beg **and** plead

사역동사 'have'가 포함된 'Have + 사람 +동사원형' 용법으로 보는 경우

A. have + 사람 + 동사 원형 (~에게 ~을 시키다)

Jack will have Jane deliver the mail in 3 days.

(Jack은 3일 내에 Jane에게 편지를 배달시킬 것이다.)

> have Jane meet the person   (= Jane meets the person)
> have the boy come to the office   (= the boy comes to the office)
> have the student stay at your house (= the student stays at your house)

B. have + 사물 + 동사 과거분사형 (~에게 ~이 되게 하다)

목적어가 사물일 경우에는 동사 위치에는 '과거분사' 형태가 온다.

Jack will have the mail delivered.

(= the mail is delivered)

C. have + 대격목적어(명사) + 동사 현재분사형(-ing) (~을/를 ~시키다)

위 문장 형식을 일컬어 '대격목적어 + 현재분사형'이라고 한다. 동사의 분사형
이 대격과 같이 사용되어 형성하는 구문이다. '대격목적어 + 현재분사형'에서
문법적으로 보면 분사는 바로 앞에 있는 목적어를 수식하는 술어처럼 역할을
수행할 수 있다. 그러나 '대격목적어 + 현재분사형'에서 대격을 주동사의 목적
어로 보고, 현재분사형을 목적어의 술어로 간주하기보다는 '대격목적어 + 현재
분사형'을 하나의 단위로 보는 '불가분의 구문 단위'(inseparable syntactic unit)로
볼 수 있다. 따라서 위 구조에서 '대격목적어 + 동사 현재분사형' 구조 전체를
'have'의 목적어로 간주할 수 있다.

When at last he returned home, he found **his wife dying**.

(여기서는 현재분사가 wife를 수식하는 술어적 부가사가 되어 있는데 이때 동사 현재분사형 'dying'을 제거해도 주동사의 뜻 found에 변동이 없다.)

I can't understand **the newspapers printing such nonsense**.

(예문에서 'understand'의 목적어를 'the newspapers printing such nonsense'에서 'the newspapers'만이 아니라 'the newspapers printing such nonsense' 전부로 본다. 현재분사형 'printing'이 포함된 'printing such nonsense'을 제거하면 'understand'의 의미가 불명확해질 수 있다.)

<'불가분의 구문단위'로서의 대격목적어 + 동사 현재분사형>

'대격목적어 + 동사 현재분사형'을 하나의 구문으로 간주하는 동사들에는 크게 두 종류가 있다.

Ⅰ. 지각동사를 위주로 한 동사들이 있다.

feel, hear, see, notice, perceive, watch

Jack **heard the woman fumbling** at the wall.

(Jack은 그 여자가 벽에 부딪치는 소리를 들었다.)

Jane could **feel all her muscles shrinking**.

(Jane은 자신의 근육이 오그라드는 것을 느꼈다.)

Ⅱ. 기타 동사들

bring, conceive, have, help, imagine, prevent, remember, set, want

I cannot **have you doing** nothing all day.

(하루 종일 아무것도 안 하도록 둘 수 없다.)

→ I cannot allow you not to do anything all day.

Jack **has a taxi waiting** for him.

(Jack은 택시를 기다리게 하고 있다.)

The detective **had his men tail** the criminal.

(형사가 부하에게 그 죄인을 미행하게 하였다.)

That interval **brought the blood beating** into her face.

(잠깐의 틈이 그의 얼굴을 화끈거리게 했다.)

It **set me wondering** whether I did indeed write too much.

(내가 정말 너무 많이 썼는지 궁금하게 하였다.)

I don't **want them bringing** their children to see me.

(그들이 아이들을 내게 데려오는 것을 원치 않는다.)

Have you beg and plead를 완료시제형에 속하는 <have + 과거분사형> 용법으로 볼 수도 있다. 그러나 'have' 조동사의 완료시제형이라면, 'beg, plead'는 'begged, pleaded'가 되어야 할 것이다. 영어문법 중 완료시제에 대하여 정확하게 짚어 보기 위하여 다음에 'have' 조동사에 관련된 완료시제형을 살펴보겠다. 완료시제는 현재, 과거, 미래의 어느 한 점을 기준으로 하여 그 이전의 동작이나 상태를 나타내는 형으로서, 이 시제는 언제나 그 기준이 되는 때와 대비해서 쓰인다. 완료시제는 'have'의 각 시제에 동사의 과거분사형을 붙여서 만든다.

4 **Cause** I know 『I don't belong here in heaven』

And I know 『there'll be no more Tears in heaven』

영어 표현 중에서 절(clause)이 명사로서 역할을 할 때 '명사절'이라고 한다.

A. 명사절

문장에서 명사의 역할을 하며 주어, 목적어, 보어 등으로 사용된다. 명사절은 that, whether, if나 which 등의 의문사 등에 의하여 유도된다.

What he said is quite true. (주어)

(그가 말한 것은 사실이다.)

I think **that he is married**. (목적어)

(나는 그가 결혼했다고 생각한다.)

The question is, **which is the best plan**. (보어)

(문제는 어느 것이 최선의 방책이냐 하는 것이다.)

It is no wonder **that he should get angry**. (It의 내용)

(그가 화내는 것은 무리가 아니다.)

B. 명사절과 주절 사이의 시제 일치 관계

Ⅰ. 명사절을 목적어로 하는 주동사가 과거, 과거완료, 과거완료 진행형처럼 과거에 속하는 시제에 해당할 때 명사절 안의 동사는 과거나 과거완료로 제한된다. 이 법칙은 시제의 일치 또는 시제의 연관이라고 하며, 영어 시제의 용법상 특별한 주의를 요한다.

I know that he is ill.   [명사절 시제 → 현재]

(그가 **앓고 있는** 것을 알고 있다.)

I knew that he was ill.   [명사절 시제 → 과거]

(그가 **앓고 있던** 것을 알고 있었다.)

I know that he was ill.   [명사절 시제 → 과거]

(그가 **앓고 있던** 것을 알고 있다.)

I knew that he had been ill.　　[명사절 시제 → 과거완료]

(그가 **앓고 있었던** 것을 알고 있었다.)

I know that he has been ill.　　[명사절 시제 → 현재완료]

(그가 **앓고 있은** 것을 알고 있다.)

I knew that he had been ill.　　[명사절 시제 → 과거완료]

(그가 **앓고 있었던** 것을 알고 있었다.)

I know that he will come.　　[명사절 시제 → 미래]

(그가 **올 것이라는** 것을 알고 있다.)

I knew that he would come.　　[명사절 시제 → 과거 (시제일치)]

(그가 **올 것이라는** 것을 알고 있었다.)

Ⅱ. 그러나 must, ought는 과거형이 없기 때문에 그대로를 과거로 쓴다.

I think that he must be honest.

(나는 그가 정직함에 틀림없다고 생각한다.)

I thought that he must be honest.

(나는 그가 정직함에 틀림없다고 생각했다.)

I think that you ought to know it.

(나는 당신이 마땅히 그것을 알고 있을 것이라 생각한다.)

I thought that you ought to know it.

(나는 당신이 마땅히 그것을 알고 있을 것이라 생각했다.)

Ⅲ. 시제의 일치의 법칙은 다음과 같은 경우에는 적용되지 않는다.

- 불변의 진리

I think that honesty is the best policy.

(정직한 것이 상책이라고 생각한다.)

I thought that honesty is the best policy.

(정직한 것이 상책이라고 생각한다.)

- 상습적 동작

He said that he takes a walk every morning.

(그는 매일 아침 산책한다고 말했다.)

We asked the guard what time the first train starts.

(첫 차는 몇 시에 떠나느냐고 차장에게 물었다.)

- 역사적인 사실을 말하는 경우에는 주문의 동사가 과거일지라도 명사절의 동사는 과거완료로 하지 않는다.

We learned that Columbus discovered America.

(우리는 콜럼버스가 미국을 발견했다는 것을 배웠다.)

- 명사절의 동사가 가정법인 경우에는 주문의 동사 시제에 좌우되지 않는다.

He says that he could buy it if he had the money.

(돈이 있으면 그것을 살 수 있겠는데 하고 말하고 있다.)

He said that he could buy it if he had the money.

(돈이 있으면 그것을 살 수 있겠는데 하고 그는 말했다.)

 시제의 일치는 단순히 명사절의 경우뿐만 아니라 다음과 같은 부사절의 경우에도 적용된다.

He **works** hard so that he **may** succeed.

(그는 성공하기 위해서 열심히 일한다.)

He **worked** hard so that he **might** succeed.

(그는 성공하기 위해서 열심히 일했다.)

그러나 'lest'에 계속되는 'should'는 주절의 시제에 좌우되지 않는다.

He **works** hard **lest** he **should** fail.
(실패하지 않도록 열심히 일한다.)
He **worked** hard **lest** he **should** fail.
(실패하지 않도록 열심히 일했다.)

Step VII: Workout Exercise

A ■■ Listen to the song and fill in the blanks.

01_ Would you know my _____ if I saw you in heaven?
Would it _____ if I saw you in heaven?

02_ I must be _____ and carry on
Cause I know
I don't _____ here in heaven

03_ I'll find my way through _____.
Cause I know
I just can't stay here in heaven.

04_ Time can _____ you down
Time can _____ your knees
Time can _____ your heart
Have you beg and plead

05_ Beyond the door
There's peace I'm sure
And I know there'll be no more

_____

B ■■ Choose the right answer for the questions.

01_ Eric Clapton에 대해서 틀린 것은? (   )

① singer   ② guitarist
③ British   ④ passed away

02_ 이 노래에서 주인공의 심경은? ( )

① cheerful   ② hilarius
③ uninterested   ④ desperate

03_ 빈칸에 맞는 단어의 형태를 넣으시오. ( )

Have you _____ and _____
(세월이 당신으로 하여금 빌고 사정하게 하나요?)

① begged - pleaded
② begging - pleading
③ to bed - to plead
④ beg - plead

04_ 빈칸에 알맞은 단어를 고르시오. ( )

I don't _____ here in Heaven
(나는 천국에 어울리지 않아요.)

① appear
② look
③ show
④ belong

05_ 빈칸에 알맞은 단어 형태는? ( )

Would you know my name if I _____ you in Heaven?
(천국에서 보면 나를 알아보겠니?)

① see
② have seen
③ saw
④ had seen

19 | Alone Again (Naturally)

Artist: Gilbert O'Sullivan

In a little while from now
If I'm not feeling any less sour
I promise myself to treat myself
And visit a nearby tower
And climbing to the top
Will throw myself off
In an effort to make it clear to
whoever what it's like when you're shattered
Left standing in the lurch
At a church where people saying
My god that's tough, she's stood him up.
No point in us remaining, we may as well go home
As I did on my own
alone again, naturally

To think that only yesterday
I was cheerful, bright and gay
Looking forward to, well who wouldn't do
the role I was about to play
But as if to knock me down
Reality came around
And without so much as a mere touch
Cut me into little pieces
Leaving me to doubt

Talk about God in his mercy
who if he really does exist
Why did he desert me in my hour of need
I truly am indeed
alone again, naturally

It seems to me that there are more
hearts broken in the world
That can't be mended left unattended
What do we do?
What do we do?

Now looking back over the years
And whatever else that appears
I remember I cried, when my father died
Never wishing to hide the tears
And at sixty five years old
My mother God rest her soul
couldn't understand why the only man
she had ever loved had been taken
leaving her to start with a heart
So badly broken
Despite encouragement from me
No words were ever spoken and when she passed away
I cried and cried all day
Alone again, naturally
Alone again, naturally

지금부터 잠시 후에
참담한 기분이 가라앉지 않으면
나는 스스로 높은 탑을 찾아서
꼭대기까지 올라가겠어.
그리곤 이 몸을 던질 테야.
누구든 한 인간의 몸이 산산조각 나는
것을 보여주고 싶어.
뒤뚱거리며 서보니
교회에서 나오는 사람들이
"세상에, 안 됐다. 여자한테 차였나봐."
"여기 왜 있어 빨리 집에 가자"라고 말하는 게 아닌가?
하기야 예전에 나도 그랬으니까
난 원래부터 혼자였거든

돌이켜보면 어제 같은데
나는 밝고, 명랑하고 즐거웠었지.
기대에 가득 찼었지. 내가 하려던 역할은
아무도 마다않은 배역이었어.
그러나 혼절하듯 현실이 찾아왔지.
큰 충격도 아닌데
가벼운 타격으로 나는 산산조각이 났어.
그리곤 의심하게 됐지.
자비로운 신도 의심하게 되었어.
그는 과연 존재하는가?
나는 원래부터 혼자야.

이 세상에는 치유 불가능한 아픔을 안고
살아가는 사람들이 많이 있어.
우린 어찌해야 해?
우린 어찌해야 해?

지나온 세월을 돌이켜보니
불현듯 떠오르는 수많은 일들
아버님이 돌아가셨을 때
원 없이 울었던 기억이 있지.
65세에 어머님도 운명하셨어.
당신이 사랑한 유일한 남자를 신께 뺏기시곤
이유를 몰라 슬퍼하시다가 세상을 뜨신 거야.
내가 그렇게 위로했건만
한마디 말씀도 남기지 않은 채
내 곁을 떠나신 날
나는 울고 울고 또 울었지.
나는 원래부터 혼자였어.
나는 원래부터 혼자였어.

 Artist Profile

아일랜드 사람의 이름에는 유독 O'가 많이 들어간다. Sinead O'Corner도 그렇듯 Gilbert O'Sullivan도 O'가 들어간다. 네덜란드 사람 이름에 van이 자주 들어가듯이 ……. 여하튼 O'Sullivan은 이 노래를 1971년에 발표하여 영국차트에서 오랫동안 1위를 차지했고 전 세계 팬들의 사랑을 받고 있다. 우리나라에서도 크게 히트했는데 최근에는 아시아나, SK Telecom 등의 광고에 삽입이 되어 더욱 친숙하다. 노랫말은 한마디로 슬프다. '이별'을 소재로 한다. 연인과의 이별, 부모님과의 이별 그래서 근본적으로 나는 '외롭다' (lonely)는 것이다. 특히 1절은 연인으로부터 결별을 선언당한 뒤 성당의 올라가 자살하려고 뛰어내린다는 내용인데 너무 자주 이 노래의 앞부분이 CF에 인용되어 들을 때마다 찜찜하다.

Step Ⅲ: Words and Idioms

1 sour: 형 (맛이) 시큼한, (기분이) 언짢은

   ex) This milk has gone sour.

   (우유는 맛이 갔다.)

   He gave a sour look.

   (그는 내게 언짢은 시선을 던졌다.)

2 throw off: 내던지다

   ex) Don't throw off your talent.

   (재능을 던져버리지 말아요.)

3 in an effort to: ~ 하기 위하여 (for the purpose of)

4 lurch: (갑작스러운) 요동, 비틀거림 (a sudden, uncontrolled movement)

   ex) The boat gave a lurch sideways toward the rocks.

   (배가 암초에 부딪혀 옆으로 기울어졌다.)

5 tough: (고기가) 질긴, (상황이) 나쁜

   ex) tough meat: 질긴 고기

   tender meat: 부드러운 고기

   Tough luck!: 야단났네!

6 stand up: 바람맞히다

   ex) She stood me up yesterday.

   (어제 그녀가 날 딱지 놨어.)

7 knock down: 쓰러뜨리다

8 mercy: 관용, 자비 (willingness to forgive)

9 desert: [disərt] 유기하다, 버리다 (to leave empty or leave completely)

ex) the silent deserted streets of the city

　(도시의 황량한 거리)

All my friends deserted me.

　(모든 친구가 날 버렸어.)

cf.　dessert: 후식

　　desert: 사막

[10] unattended: 혼자인 채, (보살핌 없이) 방치된

ex) Your car will be damaged if you leave it unattended here.

　(당신 차를 그냥 여기 놔두면 훼손당할 겁니다.)

[11] God rest her soul: 운명하다 ('사망하다'의 점잖은 표현)

[12] despite: ~ 임에도 불구하고 (in spite of)

ex) He came to the conference despite his illness.

　(그는 아픈데도 불구하고 회의에 참석했다.)

[13] encouragement: 명 격려, 위로

[14] pass away: 돌아가시다 ('죽다'보다 공손한 표현)

ex) I'm sorry to hear that your uncle passed away last week.

　(삼촌이 지난주에 돌아가셨다니 유감이야.)

Step Ⅳ : Pronunciation Drill

[1] visit a: [vizit ə]

visit의 /t/가 자음이동과 단타음현상으로 인해 [vizi-rə]가 된다.

[2] In an effort to: [in ən efət tu]

in의 /n/이 자음이동하고 effort의 /t/와 to의 /t/가 겹자음탈락을 일으켜서 [inən efətu]가 된다.

3 left standing: [left stændiŋ]

left의 /t/가 생략되어 [lef stændiŋ]이 된다.

4 point in us: [pɔint in əs]

point의 /t/가 자음이동하고 in의 /n/도 자음이동하여 [pɔin-ti-nəs]가 된다.

5 again: [əgɛin]

이중모음현상에 따라 '어게인'이 아니고 '어겐'이다.

6 bright and gay: [brait ænd gei]

bright의 /t/는 /r/로 변하고 and의 /d/는 생략된다. 따라서 [brai ræn gei]로 발음된다.

7 about to: [əbaut tu]

about의 /t/가 겹자음탈락에 따라서 [əbau tu]가 된다.

8 reality: [riæliti]

/i/가 약모음화현상에 따라 [riæləti]가 된다.

9 talk about: [tɔk abaut]

talk의 /k/가 자음이동하여 [tɔ-kabaut]이 된다.

10 alone again: [əlɔun əgɛin]

alone의 /n/이 자음이동하고 again의 [ɛi]는 이중모음이므로 [əlɔu-nəgɛn]이 된다. 구태여 우리말로 하면 '어로너겐'이다.

Step Ⅴ : Expression Checklist

1. If I'm not feeling any less sour.

   (내 기분이 더 이상 나아지지 않는다면)

   sour는 음식물이 '시금털털해졌다'는 뜻인데 '기분이 처참하다, 참담하다'의 뜻이다. 여기서는 여자친구에게 결별을 선언당한 후 느끼는 참담함을 나타낸다.

2. I promise myself to treat myself.

   (나 스스로 행동을 취하겠어.)

   I will do it이라고 해도 되는데 상당히 수사적인 표현을 썼다. promise의 용법에 주의해볼 필요가 있다. "I have a promise today(나 오늘 약속 있어)"라고 하면 콩글리시가 된다. "I promise to meet my friend"가 옳다. 단, 명사로 쓸 때는 "If you make a promise, you should keep it(약속을 했으면 지켜야죠)"에서 보듯 make a promise로 쓴다.

   ex) I promise to return your notebook in good condition.

   　　(노트북을 망가뜨리지 않고 곱게 돌려줄게요.)

3. Whoever what it's like when you're shattered.

   (당신의 찢겨진 몸이 어떤지 보여주고 싶어.)

   좀 으스스한 표현이다. 현재 너무 괴롭기 때문에 자살하고 싶은데 높은 종탑에서 떨어진 인간의 파괴된 모습을 남들에게 보여줌으로써 자신의 슬픔의 정도를 생생하게 전하고 싶어 한다.

4. Left standing in the lurch

   (비틀거리며 선채로)

   높은 종탑 위에 서니까 무섭고 떨리기도 하고 바람에 흔들리는 자신의 모습을 표현했다.

5 That's tough.

(안됐군.)

원래 tough는 고기가 '질기다'의 뜻인데, 일이 잘 안 풀려도 쓴다. "I have a tough day" 하면 '오늘 일이 제대로 풀리지 않았다'는 뜻이다. 길을 가다가 불쌍한 광경을 목격하면 "That's tough!"라고 할 수 있는데 이때는 "아! 불쌍하다"가 된다.

6 She stood him up.

(여자에게 차였나봐.)

대부분 이런 형태로 쓰인다. 가령 '남자가 여자를 딱지 났다'고 할 때는 "He stood her up"이 된다. 우리말로 '바람 맞다'가 된다. 우린 눈이 오나 비가 오나 '바람맞았다'라고 하는데 영어로는 "stand somebody up"이 된다. 앉아서 기다려도 세워 놨다고 한다. "I got stood up"이라고 해도 '바람 맞았다'가 된다.

    A: What did you do last weekend?

       (주말에 뭐했어?)

    B: I was going to meet my friend, but she stood me up.

       (친구를 만나려고 했는데, 바람 맞았어.)

    A: That's too bad.

       (그거 참 안됐군.)

7 No point in us remaining, as I did on my own.

(내가 그랬듯이, 그들도 남아 있을 이유가 없었다.)

노래의 주인공도 예전에 다른 사람의 안타까운 입장을 헤아리고 도움을 주려고 하기보다는 모른척하고(No point in him remaining) 집으로 갔었다. 내가 그랬듯(as I did on my own) 그들도 똑같이 나의 어려운 처지를 외면한 것이다.

8 Who wouldn't do the role I was about to play

(누가 내가 맡은 역할을 외면하나요)

'인생은 연극무대'라고 말한 이는 Shakespeare였다. 삶은 드라마의 연속인지도 모른다. 어제만 하더라도 주인공은 사랑하는 이와 희희낙락하며 미래의 행복을 꿈꾸는 (looking forward to having future happiness) 상황이었다. 그래서 이것이 드라마라면 누구나 맡고 싶은 역할이라고 하였다.

⑨ As a mere touch cut me into little pieces
(미세한 접촉이 나를 산산이 부셔버렸다.)

작별의 인사는 '큰소리'(loud voice)인가? 아니다. 대개 이별의 멘트는 속삭임에 가깝다. 아니면 소문에 의해 '연인의 배반'을 접하기도 한다. 그래서 남이 보면 단순한 건드림(mere touch)인데, 나는 그로 인해 큰 충격에 빠졌다고 한다.

⑩ there are more hearts broken in the world that can't be mended left unattended.
(이 세상에는 주목받지 못한 채 치유될 수 없는 아픔을 안고 사는 사람이 많다.)

자기 자신의 아픔을 극적으로 표현하였다. 자신은 연인과의 결별로 인해 죽음까지도 생각하지만 주변에서 단순한 남녀관계로 치부해버리는 것이 너무 서럽다는 뜻이다. 그 어떤 불치병(terminal disease)보다 더 큰 아픔이 바로 자신의 고민이라고 한다.

⑪ My mother God rest her soul couldn't understand why
(어머니는 이해를 못하시고 돌아가셨다.)

여기서는 God rest her soul이 삽입절이다. 따라서 이 부분을 괄호로 묶고 해석해야 한다. My mother couldn't understand why, God rest her soul의 순서로 해석하면 옳다. God rest her soul은 신께서 그녀의 영혼을 쉬게 하셨다. 즉, 운명하셨다는 뜻이다.

※ Culture Tips 1

"'바람 맞았다'와 영화 <You got mail>"

톰 행크스와 맥 라이언의 로맨틱코메디 <You got mail>이란 영화가 있다. 정확한 제목은 <You've got mail>이다. 둘은 off-line에서는 앙숙이지만 on-line에서는 서로 얼굴을 모른 채 고민을 털어놓는 사이이다. 그들이 처음 만나는 날 New York의 l ollo cafe에서 맥 라이언이 앉아서 기다린다. 그러나 기다리던 그는(he) 오지 않는다(사실은 왔지만 눈치 채지 못했다). 나중에 직장동료와 친지들이 궁금해서 묻는 장면이 연속해서 나오는데 하나같이 He stood you up!(그 남자한테 차였구나!)이다.

1. 옆 가게 아주머니가 묻는다.

    K: Kathelane

    Woman: So, what happened? (어떻게 됐어?)

    K: He never came. (그 남자가 안 왔어요.)

    Woman: He stood you up? (바람 맞았네?)

2. 서점의 동료직원(실제로는 부하)이 묻는다.

    Man: What happened? (어찌 됐죠?)

    K: He was unable to make it. (부득이하게 약속을 못 지켰어.)

    Man: He stood you up? (바람 맞은 거예요?)

3. 할머니는 특히 손녀의 혼사에 관심이 많다. 그래서 더욱 관심을 갖고 미팅(blind date)에 나간 캐서린에게 묻는다.

    Grandma: So? (그래서?)

    Man: He was unavoidably detained. (불가피하게 어디 매여 있나 봐요.)

    Grandma: He stood you up? (바람 맞은 거야?)

위의 세 장면에서 보듯 본인이 돌려서 부드럽게 얘기하고자 하였으나 동료들의 눈은 싸늘하다. 그들이 보기엔 그냥 She got stood up(바람 맞다)인 것이다. 중요한 사실은 그녀가 그를 기다리는 내내 그녀는 한 번도 일어선 적이 없다(She never stood up)는 사실이다. 계속 앉아 있었다(She kept sitting down).

※ Culture Tips 2

"영화 <Love actually>와 「Alone Again」"

2004년도 공전의 히트작인 <Love Actually>는 로맨틱코미디의 거장인 Kichard Cutis 가 직접 대본을 쓰고 감독을 했다. 영국의 유명한 working title이 제작을 맡았다. 영화 초기에 주인공 Colin Perth가 친동생에게 애인을 빼앗긴 뒤 프랑스 니스의 별장에 가서 짐을 푼 채 하는 첫 마디가 'Alone Again naturally'이다. 이 영화를 보는 관객(원어민)의 대다수는 Gilbert O'Sullivan의 「Alone Again (Naturally)」을 잘 알고 있다. 따라서 주인공의 그 한마디를 들으며 노래가사를 당연히 떠올릴 것이다. 사랑하는 이와의 새콤달콤한 상황이 졸지에 참담한 현실로 다가올 때, 그야말로 천국행 열차를 타고가다 지옥으로 급전직하(急轉直下)하는 상황은 당해보지 않으면 모를 것이다. 영화 속에 여인 Katya가 동생에게 Hurry up big boy, I'm naked I want you to have a sex at least twice when Jamie gets home(이봐요, 서둘러요 형 제이미가 오기 전에 두 번은 더 해야 할 거 아냐, 나 옷 아직 안 입었어)이라고 하는 말이 있다. 이것은 직접적인 작별인사는 아니지만(as a mere touch) 그는 큰 충격에 휩싸인다(cut him into little pieces). 한마디로 <Love Actually>는 노래 「Alone Again」을 motive로 대본을 썼음을 확연이 알 수 있는 대목이다. 노래 한 곡이 "우리의 고단한 삶을 지탱해줄 수 있는가?"는 질문에 의문의 여지가 없다. 그리고 종종 멋진 영화의 탄생에 단서를 제공하기도 한다. Boxer가 Rocky를 탄생시켰듯이……

Step Ⅵ: Grammar Catch

1. people saying my god that's tough she's stood him up.

No point in us remaining we may as well go home.

→ '화법'에 관련된 내용으로서 특히 '묘출화법'에 관련된 예라고 볼 수 있다.

묘출화법

직접화법과 간접화법은 우선은 뚜렷이 구별되고 직접화법을 간접화법으로 바꾸는 것은 모두 규칙적으로 행하여지는 것처럼 생각되지만 앞서 화법의 전환에서도 말한 바와 같이 동일한 피전달문이라도 말하는 사람과 듣는 사람, 전달자와 피전달자, 전달하는 시간과 장소의 관계에 따라 간접화법의 형태가 여러 가지로 달라질 수 있다. 그러므로 극단적으로 말하면 화법의 문제는 문법상의 문제라기보다는 그 문장의 전후 관계에 의한 상식적인 해석의 문제라는 면이 더 타당성이 있어 보인다. 이런 점에서 화법에 관해서 노래 가사 중 사용된 표현을 화법으로 설명할 때 주의해야 할 사항이 있다. 우선 가사 내용에 사용된 화법은 영어문법에 의하면 묘출화법의 용법에 해당된다고 할 수 있다. 이 화법의 방법은 직접화법과 간접화법의 중간의 형태로서 문장 형식은 직접화법처럼 독립적인 형태를 취하면서 인칭과 시제는 전달자인 화자나 저자 입장에서 쓰이기 때문에 얼핏 보기에는 화자나 저자의 말처럼 보이면서 실은 작중인물의 말이나 생각을 저자가 대표하여 묘사해내는 방법을 가리킨다. 이 화법에 대한 예를 보면 쉽게 이해될 수 있을 것이다.

(Silas knew that little Eppi's toddling legs were giving him much trouble.) **But should he try to stop her? He tied her to the leg of his loom. Was that not enough? No, he couldn't punish her.**

(<Silas는 작은 Eppi가 아장아장 걷는 것이 그에게 큰 괴로움이 된다는 것을 알고 있었다.> 그러나 자기는 그 아이를 제지해야만 하는가? 자기는 그 아이를 베틀 다리에다 매 놓는다. 그것으로는 부족한가? 아니, 자기는 그 아이를 벌할 수 없었다.)

윗글의 강조 부분은 형식상으로는 저자의 말처럼 보이지만 실은 작중인물 Silas의 기분을 저자가 대표해서 묘사해낸 것이다. 대명사나 동사의 시제는 모두 저자의 글과 같이 저자의 입장에서 쓰여 있다. 그런데 글의 형태는 Silas가 직접 자기 기분을 말하는 경우와 마찬가지로 직접화법의 형태이다. 이제 이것을 순수한 직접화법으로 바꿔 쓰면 그 관계가 분명해진다.

(Silas knew that little Eppi's toddling legs were giving him much trouble.)
(Silas thought.) "But **should I** try to stop her? **I tie** her to the leg of **my loom**. Is that (or **this**) not enough?   No, **I can't** punish her."

보통 간접화법은 종속절이기 때문에 길고 복잡한 글이 되면 아무래도 구문이 뒤섞여 그 연결이 복잡해진다. 그렇다고 직접화법으로 표현하기 위하여 모든 문장에 하나씩 'He said, He thought'를 붙이면 문장의 전개가 매우 반복적이 되기 때문에 단조로운 느낌을 준다. 그런데 이 때 묘출화법을 사용하면 보통 간접화법에서는 허용되지 않지만, 감탄사 등도 그대로 쓰이기 때문에 이것은 특히 소설 내용 중 작중인물의 심리를 장황하게 묘사하는 경우에 많이 적용된다. 따라서 가사 내용을 위에 제시된 예문의 분석에 따르자면 다음과 같다고 할 수 있다.

People saying my god that's tough she's stood him up.
No point in us remaining. we may as well go home
⇩
<직접화법으로 전환>
People said, "My God! This is tough." People said, "She has stood him up." People said, "No point in us remaining. we may as well go home."

위처럼 완전하게 화법 용법에 따라서 직접화법으로 전환하면 일일이 'people said'를 넣어서 누가 내용을 전달하고 있는가를 보여주어야 한다. 그러나 묘출화법을 적용한 가사 표현 방법에 의하면 노래 작곡자가 지나가는 사람들의 말이나 생각을 대신 적어놓은 형태를 취하고 있기 때문에 직접화법에서처럼 'people said'를 모든 경우에 넣을 필요가 없어진다.

Memo Pad (직접화법 ⇨ 간접화법 유형)

① 의문문의 전달
   a. say → 전달동사를 ask, inquire 등으로 바꾼다.
   b. 의문문 → 의문사절로 바꾼다.
   c. 주어와 동사의 어순은 서술문에서처럼 되며, 의문부호도 생략한다.
      He said to me, "What is your name?"
      He **asked me what** my name was.
      (그는 나에게 이름이 무엇이냐고 물었다.)
   d. 의문사가 없는 의문문은 접속사 if 또는 whether 명사절로 바꾼다.
      I said to him, "Do you want to go?"
      I **asked** him if he wanted to go.
      (나는 그에게 가고 싶으냐고 물었다.)

② 명령문의 전달
   a. 명령문 → to 부정사로 바꾼다. (목적어 + to 부정사의 구문)
   b. said → (원문의 뜻에 따라) tell, order, advise, ask 등 적당한 것을 사용
      He said to me, "Go at once"
      He told me **to go** at once.
      (그는 나에게 곧 가라고 말했다.)
      He said to us, "Be quiet!"
      He ordered us **to be** quiet.
      (그는 우리에게 조용히 하라고 명령했다.)
   c. 부정명령문 → not + to 부정사
      The doctor said to me, "Don't overeat."
      The doctor advised me **not to overeat**.
      (의사는 나에게 과식하지 말라고 충고하였다.)

③ 감탄문의 전달
   a. 감탄문은 그 성질상 형식에 있어서 완전한 문이 적고, 또한 감탄사는 주어진 그대로는 간접화법 방법으로 전달되지 않기 때문에 상황에 따라서 그 내용을 전달해야만 한다.
      He said, "How happy I am!"
      He said **that he was very happy**.
      (그는 매우 행복하다고 말했다.)

He said, "Alas! How foolish I have been!"
He **confessed with regret** that he had been very foolish.
He **owned** his past folly **with regret**.
(그는, 아아 어쩌면 나는 그렇게 바보였을까 하고 말했다.)
He said to them all, "Good-bye, my friends!"
He said **good-bye to all his friends**.
(그는 친구들 모두에게 작별 인사를 했다.)

b. 감탄문에서 주로 볼 수 있는 표현들을 간접화법으로 변환시키는 방법

"Hello!"	She greeted him.
"What a nice day!"	She exclaimed that it was a nice day.
"No."	She refused. She disagreed.
"Yes."	She accepted. She agreed.
"Sure."	She agreed (enthusiastically)
"I'd love to go!"	She accepted the invitation.
"Thank you."	She thanked him.

④ 화법 표현 중 간접적으로 내용을 전달하는 동사의 종류
다음은 간접화법문을 형성할 때에 사용되는 전달동사의 종류들을 전달 내용의 기능에 따라서 분류해놓은 것이다.

a. 일반적인 서술문을 전하는 동사
   He said (to me) that
   He reported (to me) that
   She stated (to me) that
   He mentioned (to me) that
   He told me that

b. 다른 정보도 아울러 전달하는 내용의 동사
   He further stated (to me) that
   He continued to say (to me) that
   She added (to me) that
   He later mentioned (to me) that

c. 사실을 제시하는 경우에 사용되는 동사
   She informed us that
   He notified us that
   She advised us that

d. 논쟁과 의견을 제시하는 동사
He believed that
She maintained that
She claimed that
He asserted that
She argued that
He declared that

e. 답변을 전달하는 동사
He replied that
She responded (to me) that
He answered (me) that
She agreed (with me) that
She concurred (with me) that
He disputed (the fact) that
He disagreed (with him) that

f. 결론 부분을 전달하는 동사
She concluded that
He realized that

② And at sixty five years old

My mother God rest her soul

Couldn't understand why

The only man

She had ever loved had been taken

→ God rest her soul은 삽입절로서 기원의 의미를 포함하고 있다.

God rest her soul!(영혼이 고이 잠들게 하소서!)
⇒ May God rest her soul!
⇒ Rest her soul!

기원문

기원이나 소망을 나타내는 문으로 가정법 현재나 조동사 'may'를 써서 나타낸다.

God **save** the king!　　　　(o)

(신이시여 왕을 구하소서)

→　God **saves** the king!　　(x)

이 문장에서 가정법이 쓰였음을 알 수 있는 것은 바로 'save'란 동사가 삼인칭 단수 명사 다음에 있지만 '주어-동사 일치 관계'를 지켜서 'saves'로 바뀌지 않는 사실에서 알 수 있다. 조동사 'may'가 기원문에 쓰일 때에는 언제나 도치가 수반되어 해당 조동사가 문두에 오게 된다.

May you return home safely!

(당신이 무사히 집에 돌아가기를)

Memo Pad

기원문 이외에 영어 문장은 내용 의거하여 다음처럼 분류될 수 있다.

① 서술문

사실을 있는 그대로 진술하는 문으로서 항상 '주어 + 동사'의 순으로 되어 있으며, 어조는 문장 끝에서 내려가면서 발음된다.

I met Jane in the park. (↘)
(Jane을 공원에서 만났다.)
He is studying in the library. (↘)
(그는 도서관에서 공부하고 있다.)

② 의문문

질문할 때 사용되는 형식이다.

a.　문장 끝에 의문 부호를 붙인다.

b.　주어 앞에 동사, 조동사 등 다른 표현을 첨가한다.

c. 전체적인 어조는 올라간다.
He is a student of the school. (↘)
(그는 이 학교 학생이다.)
→ Is he a student of the school? (↗)
Yes, he is.
No, he isn't.

Jane will come here tomorrow. (↘)
(Jane은 내일 여기에 올 것이다.)
→ Will Jane come here tomorrow? (↗)
Yes, she will.
No, she won't.

Jack speaks English quite well. (↘)
(Jack은 영어를 잘 한다.)
→ Does Jack speak English very well? (↗)
Yes, he does.
No, he doesn't.

'speak'처럼 일반 동사의 경우에는 의문문을 만들 때 'do'를 이용하여 그것을 문두에 놓아 의문문을 만든다. 그러나 'have' 동사의 경우는 '갖다'의 의미를 가질 때 'do'를 이용하지 않고 'be'의 경우처럼 'have'를 의문문의 문두에 놓아도 된다.

You have a pen.
→ Do you have a pen?
Have you a pen?

의문대명사가 의문문을 만드는 경우에는 여섯 개의 의문대명사가 이용되는데 who, when, where, what, how, why들이 여기에 속한다.

Who ate my bread?
(누가 내 빵을 먹었냐?)
When did you see her?
(네가 언제 그녀를 보았냐?)

③ 명령문
명령이나 금지를 나타내는 문이다.

a. 명령문에서는 대부분 주어를 생략하는 것이 일반적이다.
Go straight on.
(곧장 계속 가거라.)

b. 강력한 감정을 나타낼 때에는 'You'를 일부러 사용한다.

You don't be shy.

(당신, 부끄러워하지 마세요.)

You do not think about the result of the test.

(당신, 시험 결과에 대해 생각하재 마라.)

c. 'please, let'을 쓰는 명령문은 어감에 부드러움을 주기도 한다.

Pass me the pepper, please.

(후춧가루를 건네주세요.)

Let me see your passport.

(여권 좀 보여주세요.)

④ 감탄문

놀라움, 기쁨, 슬픔 등의 강한 감정을 나타낸다.

a. 문장 끝에 감탄 부호인 '!'을 붙인다.

b. 전체적인 어조는 하강조로 발음된다.

c. 감탄문에는 두 종류가 있다.

　 － 'what'으로 시작하는 것

　 　 what + a(an) 형용사명사 + 주어 + 동사

　 　 What a pretty girl she is!

　 　 (그녀는 얼마나 매력적인 여자인가!)

　 － 'how'로 시작하는 것

　 　 how + 형용사(부사) + 주어 + 동사

　 　 How still and lovely it was!

　 　 (그것은 얼마나 고요하고 사랑스러운가)

③ As I did on my own

As a mere touch cut me into little pieces

→ 'as'를 동반한 부사적 의미를 가진 절에 대하여 생각해보자.

부사절

종속접속사(subordinate conjunction)에 의하여 유도되는 절을 가리키며, 종류는 종속사의 기능에 따라 다음과 같이 분류될 수 있다.

시간	after, as, before, since, when, until, while
장소	where, wherever
방법	as, as if, as though
이유	as, because, since
목적	so that, in order that
결과	so that
조건	if, unless, provided that
양보	although, though

Please, wait **until it gets dark**. (시간)

(어두워질 때까지 기다리시오.)

As it rained, I decided to stay at home. (이유)

(비가 왔기 때문에 나는 집에 있었다.)

You have to remain **where you are**. (장소)

(당신이 계시는 곳에 있으시오.)

If it is fine tomorrow, let's go on a picnic. (조건)

(내일 날씨가 좋으면 소풍갑시다.)

Though it is so humble, there's no place like home. (양보)

(아무리 초라해도 자기 집 같은 곳은 없다.)

Memo Pad (부사절 이외에 다른 기능을 가진 절들에 대하여 생각해보자.)

① 명사절

명사의 역할을 하며 주어, 목적어, 보어 등으로 사용된다. 명사절은 that, whether, if나 which 등의 의문사 등에 의하여 유도된다.

That we were late for the meeting was true. (주어)

(우리가 회의에 늦었다는 것이 사실이었다.)

I believe that the man is married. (목적어)

(나는 그가 결혼했다고 생각한다.)

② 형용사절

명사 뒤에서 그 명사를 수식한다. 관계대명사, 관계부사에 의하여 유도된다.

- 관계대명사: 명사를 주로 수식함.

  He has a son who is three years old. (son 수식)

  (그는 세 살 난 아들이 있다.)

  The boy who came here yesterday is my cousin. (boy 수식)

  (어제 온 소년은 나의 사촌이다.)

- 관계부사가 나온 경우: 시간, 장소, 방법 등과 연관됨.

  I remember the night when you met me. (night 수식)

  (네가 나를 만난 그날 밤을 나는 기억하고 있다.)

  The exact place where it happened is not known. (place 수식)

  (그것이 일어난 정확한 시간은 모른다.)

4 I promise **myself** to treat **myself**

→ to 부정사를 취하는 동사들을 분류해놓은 것이다.

A. to 부정사가 바로 이어 나오는 동사

agree, arrange, decide, deserve, hope, intend, need, learn, promise, plan, prepare, refuse, seem, tend

She **agreed to care** for her grandfather.

(할아버지를 돌보기로 약속하였다.)

I **expect to receive** a letter today.

(오늘 편지를 받으리라.)

Jane **intends to change** her job.

(Jane은 직업을 전환하려고 한다.)

Jack **pretends to be** my elder brother.

(Jack은 내 형인 양하였다.)

B. to 부정사가 목적어(명사나 대명사) 다음에만 오는 구조를 가지는 동사

advise, allow, cause, convince, encourage, force, get, hire, invite, order, permit, warn

The teacher advised **us** to study grammar.

(선생님께서 문법을 공부하라고 조언해주셨다.)

The doctor convinced **me** to eat less.

(의사가 소식해야 한다고 하였다.)

The policeman forced **Jack** to pay a fine.

(경찰이 Jack이 벌금을 내도록 하였다.)

I hired **an agent** to sell my house.

(집을 팔 대리인을 고용했다.)

The court ordered **the woman** not to speak.

(법원은 여자에게 침묵할 것을 명령했다.)

C. to 부정사 다음에 목적어가 선택적인 경우의 동사

→ 그렇지만 목적어의 유무에 따라 의미가 달라진다.

ask, beg, choose, dare, expect, need, promise, want, would, like

We begged to see a movie.

(우리가 영화를 본다는 사실)

We begged **them** to see a movie.

(그들이 영화를 본다는 사실)

I promised to take a trip to America soon.

(내가 미국에 여행을 한다는 사실)

I promised **my son** to take a trip to America soon.

(아들이 미국에 여행을 한다는 사실)

Memo Pad

① 동명사만 올 수 있는 경우에 동명사만을 취하는 동사 또는 동사구들은 다음과 같다.

→ 동사
admit, advise, anticipate, avoid, appreciate, defend, defer, deny, dislike, enjoy, escape, finish, keep, mind, miss, need, postpone, recall, recommend. recollect, regret, repent, resent, risk, suggest, tolerate, understand

→ 동사구
burst out, cannot help, give up, go on, keep on, leave off, put off, it's no use

I couldn't **avoid telling** only the truth
(사실을 말할 수밖에 달리 도리가 없었다.)
Do you **mind holding** your tongue?
(좀 조용히 해주지 않겠니?)
The school authorities announced that it **postponed considering** the policy of recruiting new students to next year.
(학교 당국은 신입생 선발의 정책을 내년까지 연기한다고 발표하였다.)
Jane **regretted spending** all the money to buy the clothes.
(Jane은 돈을 모두 옷 사는 데 써버린 것을 후회하였다.)
The class **burst out laughing** yesterday.
(어제 교실 전체가 웃음바다가 되었다.)
I **can't help believing** that he is still alive.
(그가 살아있으리라고 믿을 수밖에 없었다.)

② 동명사와 to 부정사가 함께 쓰이는 경우 to 부정사와 동명사 모두를 허용하는 동사는 다음과 같다.

begin, cease, continue, dislike, dread, fear, hate, intend, like, love, neglect, prefer, propose, purpose, recollect, remember, start, try, go on, it's no use

Jane liked to stand so before the window.
(Jane은 창가에 서있기를 좋아하였다.)
"Do you like living like this?" he said.
(이런 삶을 좋아하는지 그가 물었다.)

He began to visit his friends.
(친구들을 방문하기 시작했다.)
On his return to England he began studying law.
(영국에 돌아와서 법 공부를 시작하였다.)
I couldn't stop to argue the matter with my wife.
(아내와 그 문제를 다투려고 멈출 수는 없었다.)
After one hour the guest stopped knocking the door.
(한 시간이 지난 후 손님이 노크를 그만두었다.)

〈동명사와 to 부정사의 비교〉
to 부정사나 동명사는 모두가 동사에서 와서 명사로 쓰이기 때문에 앞서 말한 바와 같이 둘 다 명사적인 성질과 동사적인 성질을 구비하고 있다. 그러나 to 부정사가 주로 동작이나 상태에 대한 의무, 경향, 의지를 나타내는데 대하여(예를 들면 '해야 할 일, 하려고 하는 것') 동명사는 과거, 현재의 사실 혹은 시간에 관계없는 단순한 일반적 사실을 나타낸다(예를 들면 '한 것, 하는 것'). 따라서 동사의 목적어로서는 동명사가 보통이며, to 부정사는 동사에 따라서 목적어가 될 수 없는 것도 있다. 그리고 동일한 동사라도 목적어로서 동명사를 취하는 경우와 부정사를 취하는 경우와 뜻이 달라지는 때가 있다.

I remember seeing him once. (과거의 사실)
(나는 전에 그를 만난 기억이 있다.)
I remember to see him.   (의무, 약속)
(그와 만날 일이 기억난다.)

이처럼 to 부정사와 동명사는 비교하여 보면 뜻에 차이가 나타나는 경우가 많다.

    a. to 부정사는 목적 vs. 동명사는 동작 자체
        He stopped to look around him.
        (주위를 살피기 위해서 걸음을 멈추었다.)
        For goodness sake, stop talking!
        (말을 하지 마시오!)

        I must remember to ask him.
        (remember는 not forget라는 뜻이 되어 미래를 가리킨다.)
        I remember seeing her when she was a little girl.
        (과거에 대한 이야기가 된다.)

    b. 'try + to 부정사'의 경우는 노력 vs. 'try + 동명사'에서는 시도
        Try to keep perfectly still for a moment!
        (잠시라도 완전하게 안정을 찾으려고 하였다.)
        To make a living, he had tried writing and other things.
        (살기 위해서 그는 저술과 다른 일들을 시도하였다.)

c. begin, stop, cease + to 부정사는 자연적인 사물의 경향
begin, stop, cease + 동명사는 일정한 이유를 뒷받침으로 하는 동작

He began to realize that he had made a mistake.
(주위 상황으로 보아 잘못임을 깨닫게 되었다.)
On his return to England he began studying law.
(일정한 목적 아래 법학을 공부한 것)

d. 동명사에는 현재분사와 같은 −ing형이 붙어 있어 지속적 성격

Reading this book is like looking at a series of pictures.
(그림을 계속 보고 있는 것 같은 느낌)
To read this book is like hearing somebody speak.
(누군가 말을 하는 것을 들은 것 같은 느낌)

e. begin, hate, like, dislike, prefer + to 부정사는 '특수한 일'
begin, hate, like, dislike, prefer + 동명사를 쓰면 '일반적인 일'

의미상의 구별이 언제나 엄격하게 나타나는 것은 아니지만 여하간 to 부정사에 비하여 동명사가 의미적으로 한층 폭넓은 일반성을 가지고 있다는 것만은 사실이다.

I hate to dine all by myself.
(홀로 먹기를 싫어한다.)
I hate dining all by myself.
(홀로 식사하는 행위 자체를 싫어한다.)

I don't like to write.
(쓰기를 싫어한다. → 쓰는 행위에 초점이 있다.)
I don't like writing.
(동명사는 '작문'과 같은 특정 의미도 포함할 수 있다.)

5 Despite encouragement from me

No words were ever spoken.

→ 양보의 의미를 가리키는 유사 용례에 대하여 생각해보자.

A. in spite of

In spite of the high price of oil many people keep driving their cars.
(고유가에도 불구하고 많은 사람들은 계속 차를 운전하였다.)

B. for all ~

For all the warnings from the police, people stayed in the middle of the street.
(경찰의 수차 경고에도 불구하고 사람들이 길 중간에 머물러 있었다.)

Ⅰ. Whatever ~ may, Wherever ~ may, However ~ may

Whatever you may read, you must finish it.
(어떤 책을 읽는다고 해도 반드시 끝을 내야만 한다.)
The students will enjoy themselves wherever they go.
(어디를 가든지 학생들은 즐길 수 있을 것이다.)
However you may be late for school, you have to be there.
(아무리 늦더라도 학교에 가야만 한다.)

Ⅱ. No matter + 의문사 + (may)

No matter what you may read, you must finish it.
(어떤 책을 읽는다고 해도 반드시 끝을 내야만 한다.)
The students will enjoy themselves no matter where they may go.
(어디를 가든지 학생들은 즐길 수 있을 것이다.)
No matter how late you may be for school, you have to be there.
(아무리 늦더라도 학교에 가야만 한다.)

Ⅲ. 형용사 as 주어 동사

Sad as Jane was, she tried to forget Jack.
(Jane은 슬펐음에도 불구하고, Jack을 잊으려 노력하였다.)
Rich as Jack is, he saves costs as much as possible.
(Jack은 부자임에도 불구하고 가능한 비용을 아낀다.)

Ⅳ. whether A or not

Jane and Jack, you must do the job whether both of you like it or not.

[좋아하거나 말거나 (어떤 상황에도 불구하고) 그 일을 해야만 한다.]

Ⅴ. It is true that ～, but ～

It is true that Jack is bright, but he still has to study hard.

(Jack이 똑똑함에도 불구하고 열심히 공부해야만 한다.)

Step VII: Workout Exercise

A ▪▪ Listen to the song and fill in the blanks.

01_ In a little while from now
If I'm not feeling any less sour
I _____ myself to treat myself
And visit a _____

02_ Left standing in the lurch
At a church where people saying my god
That's tough she's _____ him ____.
No point in us remaining we may as well go home
As _____
Alone again, naturally

03_ Why did he desert me in my hour of need
I truly am _____
Alone again naturally

04_ Now looking back over the years
And _____ else that appears
I _____, when my father died
Never wishing to hide the tears

05_ Despite encouragement from me
No words were ever spoken and when she _____
I cried and cried all day
_____,
_____,

B ▦ Choose the right answer for the questions.

01_ 다음 중 죽다(die)의 뜻이 아닌 것은? (   )

① kick the bucket   ② pass away
③ god rest her soul   ④ gone to the valley

02_ 이 노래 속에서 stand ~ up의 뜻은? (   )

① 세워놓다   ② 서 있다
③ 견디다   ④ 바람 맞다

03_ 다음 중 문법적으로 맞는 문장은? (   )

① I was cheerful, bright and gay.
② I was cheerful, bright gay.
③ I was cheerful, bright, gay.
④ I was cheerful and bright, gay

04_ 빈칸에 맞는 표현은? (   )

Why did he _____ me?
(왜 그는 날 버리는가?)

① desert   ② dessert
③ disert   ④ dissert

05_ 다음 중 노래의 내용과 다른 것은? (   )

① She stood him up.
② His father died after his mom died.
③ Both if his parents passed away.
④ He is so sad.

20 | Have You Ever Seen The Rain?

Artist: C. C. R.

Someone told me long ago
There's a calm before the storm
I know
It's been coming for some time
When it's over so they say
It'll rain a sunny day
I know
Shining down like water

* I wanna know
　Have you ever seen the rain?
　I wanna know
　Have you ever seen the rain
　coming down on a sunny day *

Yesterday, and days before
Sun is cold and rain is hot
I know
It's been that way for all my time
Till forever on it goes
Through the circle of fast and slow
I know
It can't stop I wonder

* 반복 *

오래전에 누군가가 말했죠.
폭풍 전에는 고요하다고
알아요.
일정기간 그랬어요.
모두 끝나면 그들은 말하죠.
맑은 날에도 비는 올 거라고…….
밝은 햇살을 받으면 내리는 비

* 알고 싶어요.
  비를 보신 적이 있나요?
  알고 싶어요.
  비를 보신 적이 있나요?
  맑은 날에 퍼붓는 비를 말이에요 *

어제인가 그제인가
태양은 차갑고 비는 뜨거워요.
알아요.
그것이 내 인생의 길이란 것을
영원히 계속될 거예요.
다람쥐 쳇바퀴 돌듯 하는 인생
알아요.
놀랍게도 그것은 멈출 줄을 모르죠.

* 반복 *

 Artist Profile

C. C. R.은 1958년부터 다양한 이름으로 활약하던 네 사람(John Forgerty, Tom Forgerty, Stud Cook, Doug Clifford)이 1970년에 결성한 밴드이다. 1972년 해체할 때까지 주옥같은 명곡을 내놨다. 그들의 음악은 짙은 사회성이 묻어나는 메시지를 포함한다. 이 곡은 1971년에 발표된 곡으로 전 세계에 만연한 양심수들에 대한 이야기를 다루었다. 지하 감옥에서 원인도 모른 채 감금되어 있는 사람들은 빗소리를 들을 수는 있으나(can listen to the sound of the rain) 비를 볼 수는 없다(can't see the rain). 한국도 1970년대 초반은 경제발전이라는 미명하에 많은 민족투사들이 투옥되었던 시절이다. 전 세계적으로도 넬슨 만델라와 같은 지도자를 비롯하여 다수의 양심수들이 감옥에서 신음하던 시절이었다. 모든 것이 혼란스럽던 그때 C. C. R.은 노래로써 세상을 바꿔보려 했는지도 모른다.

Step Ⅲ: Words and Idioms

1 calm: 몡 평정, 침착 (a time of peace and quiet)

2 storm: 몡 폭풍우

　　ex) a thunderstorm: 심한 뇌우

　　　　a snowstorm: 눈보라

　　　　a sandstorm: 모래 폭풍

3 wonder: 몡 놀라움

　　ex) I wonder how you did that.

　　　　(나는 네가 그것을 이룬 게 놀라울 뿐이다.)

Step Ⅳ: Pronunciation Drill

1 **told me:** [tɔuld mi]

　told의 /d/는 자음 사이에서 탈락한다. 따라서 [tɔul-mi]가 된다.

2 **when it's over:** [wen its əvər]

　when의 /n/이 자음이동하여 [we-nit]가 되고, it's의 /s/가 자음이동하여 [we-nit-səvər]가

　된다.

3 **water:** [wəter]

　/t/가 단타음현상에 따라서 [wərer]가 된다.

4 **wanna:** [wənə]

원래는 want to인데 /n+t=n/과 약모음현상 때문에 wanna가 되었다.

⑤ sun is cold and rain is hot: [sʌn iz kɔud ænd rein iz hat]

sun의 /n/이 자음이동하여 [sə-niz]가 되고, cold의 /d/도 자음이동하여 [kɔu-dæn]이 된다. and의 /d/는 탈락하고 rain의 /n/은 자음이동하여 [rei-niz]가 된다. 함께 발음해보면 [sʌ-niz-kɔul-dæn-rei-niz-hat]이 된다.

Step Ⅴ: Expression Checklist

① There's a calm before the storm.

(폭풍 전에는 고요하다.)

대단한 암시가 엿보인다. 감옥에 갇힌 양심수에게는 언제 사형이 집행될지 아니면 어떤 억울한 죄목으로 또 다시 형기가 연장될지 모른다. 여기서 폭풍우는 극형 (capital punishment)을 암시한다.

② It's been coming for some time.

(일정기간 그랬어요.)

언제 어떤 일이 터질지 모르는 '일촉즉발'의 위기상황이 늘 자신에게는 일상이 되어 왔다는 뜻이다.

③ When it's over so they say. It'll rain a sunny day.

(모두 끝나면, 글쎄, 그들은 어쨌든 맑은 날에도 비는 내릴 거야라고 말한다.)

물론 경우에 따라 맑은 날에도 비는 올 수 있다. 하지만 이 노래 속에서의 비는 주인공에게는 참혹한 '형벌'이다. 감옥에 있는 죄수(여기서는 양심수이지만)에게는 형기가 끝나는 것보다 더 가슴 벅찬 것은 없다. 그런데 죄가 없는데도(on a sunny day)

불행한 일이 생긴다(It will rain). 참으로 억울한 일이다. 형기가 끝나도(when it's over) 어떤 형태로든 비는 또 내린다고 한다.

4 Have you ever seen the rain coming down on a sunny day.
(맑은 날에 내리는 비를 보셨나요?)

필자도 이 노래를 사랑하던 상당기간 뒷부분(coming down~)을 간과하고 단지 Have you ever~ 만 갖고 "비를 보셨나요?" 식으로 이해하다 보니, 마치 비오는 날 꼭 이 노래를 들어야 하는 정도로 이해했다. 어느 날 전체 가사를 보고 이 노래를 완전히 이해하게 된 뒤 참으로 놀라움을 금치 못하였다. 그들(C.C.R.)의 시대정신이 배어 있는 노래였다.

5 Sun is cold and rain is hot.
(태양은 차갑고 비는 뜨거워요.)

비는 차고 태양은 뜨거워야 하는데 정반대의 형국이 되었다. 있을 수 없는 일이 벌어지고 있는 것이다. 실로 억울하고 분한 일들이 이 세상에 얼마나 많이 존재하는가? Tom Forgety는 그런 이 세상의 부조리와 불합리를 노래를 통해 꼬집고 싶었다.

6 Through the circle of fast and slow.
(빠르고 느린 회전체를 통하여)

빠르고, 느리다(fast, slow)는 차이가 있을 뿐 실제 우리의 삶은 어떤 순환고리들(circles)에 의해 진행된다. 보통사람이라면 깨어나서 출근하고 또 퇴근하고 주말에 쉬는……. 평범한 일상이다. 여기서는 주인공이 투옥되고, 출소하고 또 투옥되는 일련의 반복과정을 은유적으로 표시한 것이다.

※ Culture Tips 1

"C.C.R.의 반항정신"

C.C.R.은 Creedence Clearwater Revival이라는 의미에서 보듯이 맑은 물을 돌려달라는 신념을 가진 자들이 만든 band이다. 여기서 Clearwater는 단순히 '맑은 물'이란 의미를 넘어서 그 의미가 '평화', '진실', '정의'까지 미친다. 그들의 노래는 가사가 직설적이고(straightforward) 생생하며(vivid) 몰아붙이는(demanding) 요소를 갖고 있다. 처음 밴드가 결성된 1961년은 월남전이 막 발발했던 때였는데 그들은 반전(反戰, anti-war)에 대한 주장을 일관되게 펼쳤다. 이 노래처럼 자유와 정의를 위해 투쟁하다 곤욕을 치르는 정치범, 양심수들을 옹호하고 그들의 존재를 알리는 노래도 많이 불렀다. 그렇다고 해서 이들의 노래가 시사적인 내용으로 일관하며 재미가 없는 것은 아니었다. 1960년대의 대표적인 rock and roll 밴드로서 마치 시대를 기만(deceptive)하는 듯하면서도 아름답고(beautiful) 사랑스런(lovingly) 음악을 조금은 부자연스럽게(contrived) Fan들에게 전달했다. 이 노래를 출간 시점에 맞춰서 필자가 강의하는 대학(단국대학교 및 S.D.U.)에서 소개하며 조심스럽게 반응을 보았다. 1960년대의 시대정신이 깃든 이 노래를 과연 21세기에 사는 오늘의 젊은이들은 어떻게 받아들일까 궁금했다. 결과는 뜻밖에 '친근한 반응'으로 돌아왔다. CF에서 들었다며 익숙하다는 학생도 있고, 인터뷰수업을 듣는 어느 학생은 집에 CD가 있다며 환호작약(歡呼雀躍)했는데 30대 중반인 오빠가 애지중지하는 음반이라고 한다. 이렇듯 이 곡은 20대의 동생과 30대의 오빠 그리고 또 10년 이상을 뛰어넘는 저자가 함께 좋아하는 노래인 것이다. 서로 세대와 직업은 다르지만 그들이 느끼는 시대적 공감성(synchronicity)은 하나로 집약되는 것이다. 이것이 바로 음악이 하는 역할이다. 1970년대, 80년대, 90년대 우리가 직면한 사회문제는 각각 다르다. 하지만 사회의 어둡고 불합리한 문제에 대해 저항하고 시정을 요구하는 젊은 양심은 시대정신은 모두 한마음으로 일치하는 것이다.

Step Ⅵ: Grammar Catch

1 Have you ever seen ~ ?

→ 현재완료의 용법 중 '~한 적이 있는가?'로 해석될 수 있는 '경험'을 가리킨다.

A. 현재완료

'have'의 현재형 'have, has'에 동사의 과거분사형을 붙인다. 현재완료형의 용법들을 보면 다음과 같다.

Ⅰ. 현재에 있어서의 **동작의 완료**를 나타낸다.

He has just finished it.

(그는 마침 그것을 끝낸 참이었다.)

Ⅱ. 과거의 **동작의 결과**로 생긴 현재의 상태를 의미한다.

He has become rich. (= He is rich).

(그는 부자가 되었다 - 현재 부자이다.)

I have lost my watch.(= I haven't it now.)

(나는 시계를 잃었다 - 현재 가지고 있지 않다.)

Ⅲ. **현재까지의 경험**을 나타낸다.

I think I have met him once or twice.

(한두 번 그를 만난 일이 있다고 생각합니다.)

Have you ever seen an airship?

(비행선을 본 일이 있습니까?)

Ⅳ. 과거에서 현재까지의 **상태의 계속**을 가리킨다.

He has been ill for a week.

(그는 1주일 동안 앓고 있다.)

I have known him from a child.

since his childhood.

since he was a child.

(나는 그가 어렸을 때부터 알고 있다.)

B. 과거완료

'have'의 과거형 'had'에 동사의 과거분사를 이어 사용한다. 인칭, 수에 의한 변화는 없다. 과거의 어떤 때를 기준으로 하여 그것보다 이전의 사실을 나타내는 시제이기 때문에 기준이 되는 과거의 어느 점을 염두에 두어야만 한다. 이 기준이 되는 과거의 어느 때는 문장 내부에서 과거형으로 표시되는 수도 있으며 또는 문맥에 포함되어 명시되지 않는 수도 있다.

Ⅰ. 과거 **어느 때에 있어서의 동작의 완료**를 가리킨다.

I had arrived home when it started to rain.

(비가 오기 시작할 때에는 집에 도착해 있었다.)

Ⅱ. 과거 **어느 때까지의 경험**을 가리킨다.

I did not know him, for I had never seen him before.

(나는 그를 몰랐다. 그전에 한 번도 만난 일이 없었기 때문이다.)

Ⅲ. 과거의 **어느 때까지의 상태의 계속**을 가리킨다.

He had been ill for a week when he was sent to hospital.

(그가 병원에 보내졌을 때에는 이미 1주일 동안 앓고 있었다.)

Ⅳ. 과거에 있어서의 두 가지 동작에 대해서 하나의 **동작이 다른 동작보다 앞서 있는 것**을 나타내기 위하여 과거완료가 쓰인다.

I lost the fountain-pen I had bought the day before.

(나는 그 전날 산 만년필을 잃었다.)

He said that he had returned a week before.

(그는 1주일 전에 도착했다고 말했다.)

→ He said, "I retuned a week ago."

그러나 과거의 두 가지 동작을 그 일어난 순서대로 말하는 경우에는 모두 다 과거형을 써서 표시한다.

He bought a fountain-pen and lost it the next day.

(그는 만년필을 사서 이튿날 그것을 잃어버렸다.)

He worked hard but he failed.

(그는 열심히 일했지만 실패했다.)

C. 미래완료

'have'의 미래형(shall have, will have)에 동사의 과거분사형을 붙인다.

I(we) shall have written.

You will have written.

He(They) will have written

Ⅰ. 미래의 어느 때를 기준으로 하여 **그때까지의 완료**를 나타낸다.

I shall have finished it when you come home.

(당신이 귀가할 때에는 이 일을 끝마치고 있을 것이다.)

Ⅱ. 미래의 어느 때를 기준으로 하여 **그때까지의 경험**을 나타낸다.

I shall have read this book three times if I read it again.

(다시 한 번 읽으면 이 책을 세 번 읽은 셈이 될 것이다.)

Ⅲ. 미래의 어느 때를 기준으로 하여 **그때까지의 계속**을 나타낸다.

He will have been in hospital for three weeks by next Monday.

(다음 월요일이면 3주일 동안 입원하고 있는 셈이 된다.)

2 Have you ever seen the rain

coming down on a sunny day

→ (which is)가 'coming down' 앞에서 생략된 분사구문으로서 'the rain'을 수식하는 형용사구문으로 볼 수 있다.

분사의 형용사적 용법

동명사나 부정사가 동사 및 명사의 성격을 골고루 가지고 있기 때문에 동사와 형용사의 성격을 가지고 있어서 분사는 동사와 형용사의 중간이라고 할 수 있다. 따라서 분사는 경우에 따라 동사적인 색채가 진하게 나타날 때도 있고 또는 형용사적인 색채가 표면화하기도 한다.

A. 분사가 단독으로 사용되는 경우에는 보통 명사 앞에 놓인다.

Ⅰ. 자동사의 현재분사

a sleeping baby ⇒ a baby who is sleeping.

(자고 있는 아기)

Ⅱ. 타동사의 현재분사

an exciting scene ⇒ a scene which excites (us).

(마음을 조마조마하게 하는 광경: 숨 막히는 광경)

Ⅲ. 자동사의 과거분사: 완료의 뜻을 나타낸다.

fallen leaves ⇒ leaves which are fallen(or 'have fallen')

(낙엽: 떨어져 있는 잎)

Ⅳ. 타동사의 과거분사: 수동의 뜻을 나타낸다.

a broken window ⇒ a window which is broken.

(부서진 창: 부서져 있는 창)

B. 분사가 보어나 목적어를 동반하거나 또는 부사적 표현으로 수식되는 경우에 언제나 명사 뒤에 위치해야 한다.

He had a lovely little daughter **called** (who was called) **Jane**.

(Jane이라는 귀여운 딸이 있었다.) (**보어**를 동반)

Who is the girl **wearing** (who wears) **a red blouse**?

(붉은 색 옷을 입고 있는 그 소녀는 누군가?) (**목적어**를 동반)

He is an artist just **returned** (who just returned) **from France**.

(그는 방금 불란서에서 돌아온 화가이다.) (**부사적 수식어**를 동반)

C. 분사가 대명사를 수식할 때는 분사가 하나인 경우에도 뒤에 놓인다.

Of those invited only a few came to the party.

(초대된 사람 중에서 불과 몇 사람만이 왔다.)

D. 명사 뒤에 놓이는 분사는 보어나 목적어를 동반하고 부사적 수식어귀에 의하여 수식되기 때문에 동사적 성질이 강하지만 앞에 놓이는 단독의 분사는 형용사 색채가 강하고, 이 중에는 순수한 형용사인 것도 있다.

<u>형용사적 성격</u>

a singing bird (⇒ a bird which sings)

(우는 새)

a very excited look

(매우 흥분한 표정)

<u>동사적 성격</u>

a bird singing (⇒ which is singing) in the bush.

(숲 속에서 울고 있는 새)

a man much excited (⇒ who was much excited) at the news.

(그 소식을 듣고 매우 흥분한 사람)

E. 다음 분사형들은 형용사적인 기능을 하고 있다.

a captivating manner	a charming girl
gasping nature	an interesting look
a missing paper	surging crowds
surprising news	a sweeping river
trembling accents	a walking dictionary
an accomplished lady	an amused audience
a lighted cigarette	repeated requests
a retired officer	a surprised look
a well-dressed woman	a written language

3 **Through the circle** of fast and slow

→ 이 문장에서 fast와 slow의 품사에 대하여 생각해보자.

A. 'fast and slow'를 밀접한 관련을 가진 단어들을 나열한 것 중 하나로 보고

'of'로서 동격으로 보고 'the circle'이 바로 'fast and slow'라는 별명을 가진 것처럼 보거나, 노래 가사 중 의미가 'the circle'이 움직이는 모습을 묘사한 것으로 볼 수 있다.

fast and slow	⇒ '완급'	the circle of fast and slow (완급이라는 수레바퀴)
come and go	⇒ '왕래'	
up and down	⇒ '기복'	
high and low	⇒ '고저', '귀천'	

B. 'fast and slow'를 형용사로 하여 'the circle'을 수식하게 하면 'the fast and slow circle'로 만들 수 있다. 'go through'에 형용사 수식어를 포함한 명사구로 보고 구조를 만들면 'go through the fast and slow circle'로서 '완급의 수레바퀴를 통해 가다'라고 할 수 있을 것이다. 이 표현에서 동사 'go'의 의미를 강조하기 'fast and slow'를 동작에 걸맞도록 부사로 전환할 때 '전치사 + 형용사'의 부사적 용법을 적용해본다면, 본래 가사처럼 'go through the circle of fast and slow'로 만들어 문장 말미에서 구절 전체를 꾸미는 부사의 역할을 하게 했다고 볼 수 있다.

C. 단순하게 'of fast and slow'를 부사로 보기는 쉽지 않다. 그 이유는 영어 문법에 따르면 형용사를 가끔 부사적 용법으로 사용하는 경우에 형용사 자체를 그대로 문장에 적용하여 사용하기 때문이다.

<형용사의 부사적 용법>

The man played it cool / safe / tough / rough.

(그 사람이 냉정하게 / 안전하게 / 엄하게 / 난폭하게 그것을 다루었다.)

He always plays fast and loose.

(그는 항상 언행이 일치하지 않는다.)

It is boiling hot throughout the world nowadays.

(세계 날씨가 찌는 듯이 덥다.)

때로는 형용사 중에서 'nice, fine, good, rare'들 중 두 개를 결합하여 부사적으로 사용하면서, '대단히, 아주'를 첨가하기도 한다.

It's nice and warm.

(기분 좋게 따뜻하다.)

I'm good and hungry.

(몹시 배가 고프다.)

위에서 제시된 두 경우를 모두 보더라도, 'of fast and slow'를 부사로 보기는 쉽지 않음을 잘 알 수 있다.

Step VII: Workout Exercise

A ▪▪ Listen to the song and fill in the blanks.

01_ Someone told me long ago
There's a calm before the _____
I know it's been coming for some _____

02_ When it's over so they say
It'll rain a sunny day
I know _____ like water

03_ Yesterday and days before sun is cold and rain is hot
I know it has not _____

04_ Through the circle of _____
I know it can't stop I wonder

05_ I wanna know _____ the rain?
I wanna know _____ the rain?
Coming down on a sunny day

B ▪▪ Choose the right answer for the questions.

01_ 다음 중 C.C.R.과 관계없는 말은? (   )

① anti-war　　　　　② anti-pollution
③ political issue　　④ Gulf War

02_ 다음 문장을 사자성어로 표기할 때 가장 가까운 것은? (　　)

Sun is cold and rain is hot.

① 각골난망
② 어불성설
③ 진퇴유곡
④ 사면초가

03_ 이 노래의 주인공을 올바르게 표현한다면? (　　)

① innocent prisoner
② lover
③ businessman
④ career woman

04_ 이 노래의 주제는? (　　)

① 희망
② 사랑
③ 억울함
④ 냉소

05_ C.C.R.의 음악세계를 한마디로 표현하면? (　　)

① Heavy metal
② Soft rock
③ Country rock
④ Jazz

21 | Dancing Queen

Artist: ABBA

* You can dance, you can jive, having the time of your life
See that girl, watch that scene, dig in the Dancing Queen *

Friday night and the lights are low
Looking out for the place to go
Where they play the right music, getting in the swing
You come in to look for a King
Anybody could be that guy
Night is young and the music's high
With a bit of rock music, everything is fine
You're in the mood for a dance
And when you get the chance

** You are the Dancing Queen, young and sweet, only seventeen
Dancing Queen, feel the beat from the tambourine **

* You can dance, you can jive, having the time of your life
See that girl, watch that scene, dig in the Dancing Queen *

You're a teaser, you turn 'em on
Leave 'em burning and then you're gone
Looking out for another, anyone will do
You're in the mood for a dance
And when you get the chance

** You are the Dancing Queen, young and sweet, only seventeen
Dancing Queen, feel the beat from the tambourine **

* You can dance, you can jive, having the time of your life
See that girl, watch that scene, dig in the Dancing Queen *

 Artist Profile

ABBA의 노래 가운데 Fan들의 사랑을 가장 많이 받은 곡이다. 「Dancing Queen」이라는 제목은 '춤추는 여왕'이란 뜻인데, Sweden이 왕정국가이고 왕의 영향력이 큰 나라이다 보니 마치 이 곡이 스웨덴 왕비와 관련이 있는 노래처럼 알려져 있다. '왕비에게 바치는 노래'나 '왕비의 생일에 헌정된 노래'로도 방송을 통해 알려졌다. 하지만 이 곡은 춤을 좋아하는 여자친구가 금요일의 Dance Party에서 가장 잘 추는 여성(Dancing Queen)을 뽑는 콘테스트에 출전하는 모습을 그린 노래이다. 뭇 남성의 시선을 한몸에 받는 여자친구의 모습을 질투 반, 부러움 반으로 바라보는 남성의 시각이 드러나 있다.

* 춤추며, 멋지게 흔드는 모습
  당신은 전성기를 구가하고 있군요.
  저 여자를 봐요. 저 모습
  춤의 여왕을 꿈꾸고 있어요. *

  금요일 밤 조명은 어두워지고
  갈 곳을 찾아 헤매지요.
  제대로 된 음악이 있어서 춤을 잘 출 수 있는 곳
  그곳에서 왕 같은 남자를 만나려 하죠.
  누구든 그 남자가 될 수 있죠
  아직 초저녁인데 음악은 고조되고요
  약간의 록 뮤직이 흐르면서
  모든 것은 잘 됐어요. 춤추고 싶은 분위기예요.

** 기회가 되면 당신은 춤의 여왕이 되요.
   당신은 아직 어리고 예쁜 17세예요.
   춤의 여왕
   탬버린의 멋진 박자에 맞춰요. **

 * 반복 *

 당신은 새침데기
 뭇 남성들을 홀리게 만들고
 그들의 속을 태우게 하곤
 미련 없이 떠나죠.
 그리곤 또 새로운 파트너를 찾아
 누군가를 유혹하네요.

 ** 반복 **

  * 반복 *

Step III : Words and Idioms

1 jive: 춤의 일종, 댄스음악 (a type of popular music with a strong regular beat)

허튼소리, 뜻 모를 말 (deceiving or foolish talk)

ex) jive talking (허튼소리)

2 dig: (땅을) 파다, ~을 좋아하다

ex) The dog has been digging in that corner for an hour.

(그 개는 한 시간 동안 구석에서 계속 땅을 파고 있다.)

I just don't dig this kind of music.

(나는 이런 음악을 좋아하지 않아요.)

3 swing: 스윙, 율동적인 리듬의 음악

ex) The band really swings.

(밴드가 진짜 스윙을 연주한다.)

4 tease: (남을) 놀리다, 괴롭히다

ex) At school, they teased me because I am fat.

(학교에서 그들이 날 보고 뚱보라고 놀렸다.)

Step Ⅳ : Pronunciation Drill

1. time of your life: [taim əv yə laif]

   of의 /o/가 약모음이동하여 [taimə]가 되고 /f/는 자음이동하여 [taimə-vyə-laif]가 된다.

2. night and the lights are: [nait ænd ðə laits a]

   night의 /t/가 단타음현상에 따라서 [nai-ræn]이 되고 and의 /d/가 the의 /th/와 동화되어 [ðə]로 되고 lights의 /s/는 자음이동하여 [lait-sa]가 된다. 그래서 [nai-ræn ðə lait-sa]가 된다.

3. dig in: [dig in]

   dig의 /g/가 자음이동하여 [di-gin]이 된다.

4. getting in the: [getin in ðə]

   getting의 /t/가 단타음현상과 겹자음탈락에 의해 [gerin]이 되고(ing는 in으로 발음), 다시 /n/이 자음이동하여 [geri-nin ðə]가 된다.

5. with a bit of: [wiθ ə bit əv]

   with의 /th/가 자음이동하여 [wi-θə]가 되고 bit의 /t/가 /r/로 변하며 자음이동하여 [birəv]가 된다.

6. turn 'em on: [tən em ən]

   원래 turn them인데 th가 생략되어 turn 'em이 된 것이다. turn의 /n/이 자음이동하고 em의 /m/이 자음이동하여 [tə-ne-mən]이 된다.

7. leave 'em: [liv 'em]

   원래는 leave them인데 them의 th가 생략되어 leave 'em이 되었다. 발음은 '리-븜'이 된다.

Step V : Expression Checklist

1 Having the time of your life.

(전성기를 구가하고 있군요.)

앞에 'you are'가 생략되어 있다. have the time of one's life는 "~의 생애 최고의 순간을 갖고 있다" 즉, '전성기를 구가한다'는 뜻이다.

ex) Kim Joo Sung is having the time of his life as far as basketball is concerned.

(농구에 관한 한 김주성 선수는 전성기를 누리고 있다.)

2 dig in the Dancing Queen.

(춤의 여왕을 꿈꾸고 있어요.)

여기서도 주어는 you가 된다. dig in the Dancing Queen은 춤의 여왕이 되기 위해 애쓰는 모습을 표현한다.

3 Friday night and the lights are low

(금요일 밤 조명은 어두워지고)

lights are low는 '조명이 어두워지다'이고, lights are high는 '조명이 밝아지다'는 뜻이다. rents are low는 '집세가 싸다'이고, rents are high는 '집세가 비싸다'라는 뜻이다.

4 Where they play the right music.

(멋진 음악이 있는 곳)

Dancing Club을 찾는 사람들의 관심사는 DJ가 어떤 음악을 트는가에 있다. 따라서 Dancing Queen을 꿈꾸는 사람들은 좋은 음악이 있는 Club을 선호한다.

5 getting in the swing, you come in to look for a King.

(스윙에 몸을 맡기고 멋진 남성을 찾지요.)

Swing은 음악의 일종이며 역시 그 음악에 맞추어 추는 춤을 의미한다.

6 Night is young and the music's high

(아직 초저녁인데 음악은 고조되고)

Night is young은 여러 가지 해석이 가능하다. 객관적으로는 '이른 시간'이 되겠지만 상대적으로는 한밤중이지만 너무 신나서 초저녁처럼 느낀다는 뜻도 된다.

7 You're a teaser, you turn 'em on.

(당신은 새침데기, 모두를 반하게 하지)

tease는 '~을 놀리다'인데 여기서는 남자를 애타게 하는 여심을 뜻한다. turn ~ on은 '~을 반하게 한다.'는 관용어이다.

ex) Jessica Alba turns me on.

   (제시카 알바에게 반했어요.)

※ **Culture Tips**

"Swing에 대하여"

swing 음악은 전자악기가 출현하기 전에 유행했던 장르이다(전자악기 3대가 스윙 15인조 밴드와 맞먹는다). 1935년에 베니 굿맨과 그의 밴드가 LA와 시카고에서 연주하면서 비로소 swing이 일반인에게 알려졌다. 그 전에는 Jelly Roll Morton이 1928년에, Duke Ellington이 1932년에 처음으로 이 용어를 사용하였다. 12~15인조로 구성된 밴드들이 경쾌하게 연주하면 무대에서 무용수들이 멋지게 춤을 추었다. swing 시대는 Jazz 형식의 음악이 미국에서 가장 인기 있는 음악으로 된 유일한 시대였다. ABBA도 분명코 swing 음악에 크게 영향을 받았을 것이다. 그들의 음악은 어느 정도 고전적이면서도 전형적인 틀을 갖고 있다. 그래서 남녀노소를 불문하고 그들의 노래를 사랑하게 되었는지도 모른다.

swing 시대는 1930년대 초에 시작되어 제2차 세계대전이 끝날 때까지 계속되었는데 그 시대에 수백 개의 밴드들이 전국을 순회하며 볼룸에서 무용수들이 즐겁게 춤을 추도록 하여 전쟁과 공황으로 찌든 서민의 삶에 활기를 불어넣어 주었다.

Step Ⅵ: Grammar Catch

1️⃣ You can dance, you can jive, having the time of your life.

A. 「능력」을 나타낸다.

I can swim.

(나는 헤엄칠 수 있다.)

He cannot(⇒ can not, can't) speak English well.

(그는 영어를 잘 못한다.)

B. may와 유사하게 사용된다. - 「가능」, 「허가」를 나타낸다.

Can I see you at your house tomorrow?

(내일 당신 집에서 만나 뵐 수 있을까요?)

You can go home now.

(이제 가도 좋습니다.)

C. 화자의 추측을 나타내며, 보통 의문형이나 부정형으로 사용된다.

Can the story be true?

(그게 정말일까?)

No, it cannot be true.

(그것은 사실일 리가 없다.)

Jack has just had big lunch. So, he cannot be hungry.

(Jack은 방금 점심을 거나하게 들었다. 배가 고플 리 없다.)

D. 'can (not) have + 과거분사' - 과거나 현재완료에 대한 추측

Can he have finished the homework on time?

(그가 시간 내 숙제를 끝낼 수 있을까?)

He cannot have done it on time.

(그가 시간 내 했을 리가 없다.)

E. could는 과거형이지만 과거의 시제를 나타내는 일은 드물고 대개는 시제 일치를 위해서나 의미적으로는 조건 또는 그 결과를 나타낸다.

<시제의 일치>

I tried to draw a picture, but couldn't do it at all.

(그림을 그리려고 했지만, 전혀 할 수 없었다.)

[앞에 과거 행위를 표시하는 동사가 있는 경우]

Jack thought that he could attend the party.

(Jack은 회의에 참석할 수 있다고 생각하였다.)

→ Jack thought, "He can attend the meeting."

<조건문에서>

I would do so, if I could.

(가능하다면 그렇게 하겠지만)

→ (사실은) I can't do so.

If I had enough money, I could (= should be able to) buy it.

(돈이 충분히 있었으면 그것을 샀을 텐데.)

→ (사실은) As I haven't enough money, I can't buy it.

F. could (not) have + 과거분사형

He said that it could not have been true.

(그것은 사실일 리가 없다고 그는 말했다.)

→ He said, "It cannot have been true."

If you had helped me, I could have complete the plan on schedule.

(네가 도와주었다면 나는 계획을 일정에 맞추어 완성할 수 있었을 텐데.)

(사실은) As you did not help me, I could not do so.

G. 관용적 방법으로 사용되는 경우

Ⅰ. cannot but ~ (~할 수밖에 없다.)

I cannot but laugh. (⇒ I cannot help laughing.)

(웃지 않을 수 없다.)

Ⅱ. could someone ~ ? (공손한 부탁)

Could you come and see me tomorrow?

(내일 와주실 수 있겠습니까?)

('Can you ~?'보다 공손한 부탁의 표현이다.)

Ⅲ. cannot ~ too ~ (~해도 지나치지 않다.)

You cannot be too careful with your health.

(건강에 아무리 조심해도 부족하다.)

I believe that the students cannot be praised too much praise him.

(그 학생들은 아무리 칭찬을 받아도 지나치는 수가 없다고 여겨진다.)

② dig in the Dancing Queen.

→ 'dancing'의 형태가 동명사의 형용사적 용법인지 아니면 현재분사로서 형용사로 사용된 것인 생각해봐야 한다.

A. 현재분사 형태와 동명사 형태의 비교

현재분사와 동명사는 '~ing'처럼 형태가 동일하지만 현재분사는 형용사적 성격에 가깝고, 동명사는 명사적 성격이 강하다고 할 수 있다. 그렇지만 현재분사와 동명사는 명사 앞에서 사용될 때 모두 '-ing'의 형태로 나타나기 때문에 명사 앞에 '~ing' 형태가 있을 때에는 현재분사와 동명사의 경우가 모두 가능하다.

그러나 동명사는 현재분사와 달리 복합어의 일부분을 이루어 복합어 앞에 위치한 첫째 요소로서 명사 앞에 놓여 뒤에 오는 명사의 뜻을 한정하는 기능을 수행할 수 있다. 복합어의 경우 동명사와 명사 사이에 때로는 '-'(하이픈)이 사용되기도 하지만, 항상 하이픈이 표시되는 것은 아니다. 이런 경우에는 육안으로만 봐서는 명사 앞에 있는 '-ing'의 형태가 현재분사인지 동명사인지 정하는 자체가 어렵게 된다. 따라서 현재분사와 동명사에 대한 구분은 내부적 의미를 바탕으로 확인할 수밖에 달리 방법이 없다. 다음과 경우들은 명사 앞에 나오는 '-ing' 형태가 현재분사와 동명사 중 어디에 해당하는 것을 구분하는 방법을 예시하고 있다.

Ⅰ. 현재분사는 뒤에 있는 명사가 '-ing'을 나타내는 동사의 의미상의 주어가 된다.

　　a sleeping baby ⇒ a baby who is sleeping.

　　(잠자고 있는 아기)　 (아기가 잠자고 있다.)

　　a walking dictionary ⇒ a dictionary that walks.

　　(걷는 사전)　　　　　　(단어를 풍부하게 알고 있는 사람)

Ⅱ. 동명사는 위의 의미가 성립하지 않고, 동명사와 명사는 주로 용도를 표시한다.

　　a sleeping-car ⇒ a car for sleeping

　　(a car that is sleeping은 무의미하며 '침대차'이다.)

　　a walking-stick ⇒ a stick for walking

　　(걷는 데 쓰는 지팡이)

Ⅲ. 때로는 의미에 따라서 현재분사, 동명사 둘 다로 해석이 가능할 수도 있다.

　　a dancing girl　 (춤추고 있는 소녀)　 「현재분사」

a dancing-girl	(무희)	「동명사」
a sailing ship	(항해하는 배)	「현재분사」
a sailing-ship	(돛단배)	「동명사」

3 the **Dancing Queen**

- 정관사 'the'의 용법

A. 앞에 한 번 나온 명사가 이야기 도중에 다시 나왔을 때에는 다시 나온 명사 앞에 'the'를 붙인다.

One day, I came across **a man** in the shopping mall. At frist, I found that **the man** looked familar to me. Suddenly I remembered the he was one of my old friends, Jack. I hurried to walk after **the man** to say 'hello' to him.

(어느 날 쇼핑상가에서 한 남자를 만났다. 처음에 그가 낯설지 않았다. 갑자기 그 남자가 옛 친구 중 하나였던 Jack임을 기억하게 되었다. '여보시오'라고 말하려고 나는 서둘러 그를 따라갔다.)

B. 고유명사에는 관사가 붙지 않는 것이 원칙이지만 단 하나밖에 없다는 뜻에서 도로(road), 장소(place), 선박(ship), 하천(river), 나라(Country), 바다(ocean), 섬(island), 산(mountain), 신문(newspaper), 호수(lake) 등의 이름 앞에는 정관사를 붙이는 것이 관례가 되어 있다. 또 보통명사가 고유명사로 전용되었을 때에도 the를 붙이게 되어 있다.

Ⅰ. 하천, 해양, 바다, 운하, 길

the Thames, the Rhine River, the Mississippi River

the Pacific, the Atlantic,

the Suez Canal, the Panama Canal

the Dover Road, the Riverside Drive

Ⅱ. 산맥, 호수, 사막

the Rocky Mountains, the Alps

the Great Lakes

the Mohave Desert, the Sahara Desert

Ⅲ. 포괄적 지역 명칭

the Midwest, the East Coast, the Middle East, the Middle West

the South

Ⅳ. 다른 지역 명칭을 수식하거나 내부에 'of'를 수반하는 경우

the French Riviera, the Gulf of Mexico

the United States of America

the United kingdom of Great Britain and Northern Ireland

Ⅴ. 장소, 신문, 선박 등

the Hilton Hotel, the National Gallery the British Museum

the New York Times, the American College Dictionary

the University of Michigan

the Titanic, the White House

C. 배분정관사로도 사용된다. 수량이나, 중량, 또는 기타 수의 단위를 나타 내는 데도 사용되는 정관사를 가리켜 배분정관사라고 한다.

The people visited him by the score and paid respects.

(여럿이 방문해서 경의를 표했다.)

Sugar is sold here by the pound.

(설탕은 파운드로 팔린다.)

It sells at fifty cents by the bushel.

(부쉘당 50센트에 팔린다.)

D. 질병의 이름에는 일반적으로 the를 붙이는 것이 보통이나 보통명사와 같이 취급되어 부정관사가 붙을 때도 있고 또 병명이 단수형이고 추상명사처럼 간주되면 관사를 붙이지 않고 쓸 수도 있다.

I've got rheumatism. (the scarlet fever, the measles)

She is in the doleful dumps.

I get in the dumps at times.

You do not know what the cholera is.

The plague is much worse in autumn.

→ He died of dysentery.

→ Indigestion is one of the most serious diseases.

E. 최상급과 함께 쓰이는 형용사에는 보통 the를 붙이는 것이 원칙으로 되어 있다.

The poorest children cannot afford to attend school.

I do not know which of the two is the best novel.

John is the tallest in the classroom.

Memo Pad 〈정관사를 사용하지 않는 경우〉

① 도시, 국가, 지역, 대륙
Toronto, California, Ontario, North America

② 산과 호수를 개별적으로 볼 때
Mount Everest, Lake Superior

③ 대부분의 국가명칭
Mexico, Poland, Greece, India, Korea
(예외)　국가이면서도 정관사가 있는 명칭들
the United States(the USA)
the Soviet Union(the USSR)
the People's Republic of China(the PRC)

④ 고유명사에 따라서는 관습상 정관사를 수반하지 않고 사용되는 것들이 있다.

Times Square
Pennsylvania Avenue
Fifth Avenue
Canterbury Cathedral
Korea University
Oxford University
Harvard University
Central Park
Hudson River
Lake Ontario
Buckingham Palace
Westminster Abbey
Rugby School
Time
Grand Central Station
Holland Tunnel

⑤ 각 언어를 표시하는 고유어에는 물론 정관사를 붙일 필요가 없지만 명사를 수식하는 한정사로 사용될 때는 정관사를 붙여야 한다.
He can read and speak *French, English, and Japanese*.
A book translated from *the German*. (the German original)
What is *the French* for cauliflower? (the French word for cauliflower)

⑥ 호격, 가족관계를 나타낼 때
Waiter, two beers and three Cokes, please.
(웨이터, 맥주 둘과 콜라 셋이요.)
Father is looking for John.
(아버지가 John을 찾고 계신다.)

⑦ 관직, 칭호, 신분 + 고유명사일 때
President Bush

Professor Lee
Chairman
Dean
Principal

⑧ 밀접한 관계의 짝을 가리킬 때
man and wife (남편과 아내)
father and son (아버지와 아들)
knife and fork (나이프와 포크)
bread and butter (빵과 버터)

⑨ 공공건물이나 장소가 본래의 목적으로 쓰일 때
go to school   학교에 공부하러 가다
go to church   교회에 예배 보러 가다
go to hospital   병원에 입원하다
go to bed   잠자러 가다
at the table   식사 중
at sea   항해 중

⑩ 교통, 통신수단을 나타낼 때
We can arrive there by bus. (by train, by airplane, on foot)
[우리는 거기에 버스로(기차로, 비행기로, 걸어서) 갈 수 있다.]
I informed him by telephone. (by letter, by telegraph, by e-mail)
[나는 그에게 전화로(편지로, 전보로, 전자메일로) 알려주었다.]

Step Ⅶ: Workout Exercise

A ▪▪ Listen to the song and fill in the blanks.

01_ Friday night and the lights are low.
_____ for the place to go.
Where they play the right music, getting in the swing.
You come in to _____ a King.

02_ Anybody could be that guy.
Night is young and the music's high.
With _____ rock music, everything is fine.
You're in the mood for a dance.
And when you _____ the _____.

03_ You are the Dancing Queen, _____, only seventeen .
Dancing Queen, _____ the beat from the tambourine.

04_ You can dance, you can jive, having the _____of _____.
See that girl, watch that scene, dig in the Dancing Queen.

05_ You're a _____, you turn 'em on.
Leave them burning and then you're gone.
Looking out for another, anyone will do.

B ▪▪ Choose the right answer for the questions.

01_ Dancing Queen의 내용과 관계없는 것은? (   )

① dance party   ② girlfriend
③ good music   ④ Swedish Queen

02_ 밑줄 친 부분에 대한 정확한 뜻은? (   )

You're <u>having the time of your life</u>.

① 네 삶의 시간
② 너만의 시간
③ 남은 여생
④ 너의 전성기

03_ 밑줄 친 부분을 다른 단어로 표현하면? (   )

You <u>dig in</u> the Dancing Queen.

① bury
② hatch
③ like
④ support

04_ 밑줄 친 부분의 정확한 뜻은? (   )

You <u>turn me on</u>.

① 싫증나다
② 고개를 돌리다
③ 반하게 하다
④ 켜다

05_ 다음 중 성격이 다른 하나는? (   )

① jive
② tango
③ blues
④ andante

22 | Dust In The Wind

Artist: Kansas

I close my eyes
only for a moment and the moment's gone
All my dreams
pass before my eyes, a curiosity

* Dust in the wind
All they are is dust in the wind *

Same old song
just a drop of water in an endless sea
All we do
crumbles to the ground though we refuse to see

* 반복 *

Now don't hang on
nothing lasts forever but the earth and sky
It slips away
and all your money won't another minute buy

* 반복 *

* 반복 *

Step II : Between the Lines

눈을 감으면
순간은 어느새 찰나처럼 사라져가요.
나의 모든 꿈들은
내 눈앞에서 의혹을 품은 채 사라져요.

* 바람에 날리는 먼지
   그 모든 것들은 바람에 날리는 먼지 같아요. *

매일 같은 옛날 노래
대양의 물 한 방울 같은 우리의 신세.
우리의 모든 행동은
우리가 아무리 부정해도 땅바닥에 넘어져 부서지는 것에 불과하죠.

* 반복 *

자, 무엇을 망설이시나요?
이 세상에서 땅과 하늘을 빼곤 영원한 것은 없답니다.
모두 사라지지요.
돈이 중요한들 시간만큼 소중할까요?

* 반복 *

* 반복 *

 Artist Profile

미국 그룹 가운데는 자신들의 출신 도시를 Team 이름으로 정하는 경우가 많다. Boston, Chicago 등이 그들이다. Kansas도 1971년 Kansas Topeka 출신의 고교동창생들로 구성되었다. 그들은 「Carry On Wayward Son」 등 수많은 곡을 발표하였으나 한국에는 「Dust In The Wind」가 명곡으로 알려져 있다. 인생무상을 바람에 날리는 먼지에 비유한 노래이다.

Step III : Words and Idioms

1 curiosity: 호기심 (desire to know)

ex) Curiosity is part of a child's nature.

(호기심은 어린애의 본성이다.)

2 drop: 명 방울

a drop of oil: 기름방울

teardrop: 눈물

ex) A: Would you like some more milk?

B: Just a drop, please.

3 crumble: 동 가루가 되다 (break into small pieces)

ex) He crumbles the bread in his finger.

(그는 손안에 빵을 부스러뜨렸다.)

In the end, the Roman Empire crumbled.

(마침내 로마 제국은 무너졌다.)

4 refuse: 거절하다 (not to accept)

ex) He asked her to marry him but she refused.

(그는 그녀에게 자기와 결혼해달라고 간청했지만, 그녀는 거절했다.)

5 slip: 미끄러지다

ex) The old lady slipped and fell on the ice.

(노부인이 빙판 위에 미끄러져 넘어졌다.)

Step Ⅳ : Pronunciation Drill

1 my eyes: [mai aiz]

  my[mai]의 /ai/와 eyes[aiz]의 /ai/가 모두 이중모음이다.

2 curiosity: [kjuriɔsəti]

  '큐리어시티'가 아니고 '큐리어서티'로 /i/가 /ə/로 발음이 되는 것은 약모음화현상 때
  문이다.

3 dust in the wind: [dəst in ðə wind]

  dust의 /t/가 자음이동하여 [dəs-tin-ðə-wind]가 된다.

4 just a drop of water: [jəst ə drap əv wətər]

  just의 /t/는 자음이동, water의 /t/는 단타음현상에 의해 [wərər]가 된다. 따라서 [jəs-tə-
  drap-əv-wərər]이 된다.

5 Don't hang on: [dɔunt hæŋ ɔn]

  don't의 /t/는 묵음이 되어 [dɔun-hæŋ-ən]이 된다.

6 nothing lasts forever: [naθiŋ læsts fərevə]

  lasts의 /t/는 묵음이 되고 /s/는 겹자음탈락하여 [naθiŋ læs fərevər]가 된다.

Step Ⅴ : Expression Checklist

1. All my dreams pass before my eyes a curiosity.
(나의 모든 꿈들은 의혹과 함께 내 눈앞에서 사라집니다.)

여기서 curiosity 앞에 with라는 전치사가 생략되었다고 봐야 한다. 해석은 '의혹을 품은 채' 혹은 '의혹만을 남긴 채(with curiosity)'가 된다. 문장 속에서 생략된 표현도 번역할 때는 풀어서 쓰는 것이 좋다.

2. Same old song, just a drop of water in an endless sea.
(똑같은 옛날 노래, 대양의 물 한 방울 같습니다.)

이 표현은 괄호 안처럼 단순하게 번역하면 안 된다. 아니 그렇게 해서는 이해가 되지 않는다. 관건은 same old song이다. 직역하면 '똑같은 옛날 노래'지만 여기서는 '또 그 타령이야?'라고 해석하면 좋다. 흘러간 옛 노래는 정겹기는 하지만 너무 자주 들으면 지겹다. 그리고 같은 말이나 행동을 반복하면 '~ 타령'이라는 우리 속어가 있다. "매일 돈 타령이냐?", "매일 외모 타령이야?" 매일매일 핑계만 대는 인간들을 '대양의 물 한 방울' 같은 신세라고 비유하고 있다. 인간이 아무리 잘난 것 같아서 이 소리 저 소리 해보지만 결국은 대자연 앞에서는 미세한 존재가 될 수밖에 없다는 뜻이다.

3. All we do crumbles to the ground we refuse to see.
(아무리 발버둥쳐도 길 위에 내동댕이쳐지는 신세입니다.)

본문의 해석을 약간 의역해봤다. 우리가 아무리 최선을 다한들 결국은 땅에 부딪쳐서 산산조각이 나는 것과 같은 처지라는 뜻이다. 매우 의미 있고 진중한 일처럼 보여도 신의 섭리 앞에서는 무용지물(無用之物)이라고 한다.

4. All your money won't another minute buy.
(아무리 돈이 많아도 시간은 살 수가 없어요.)

문법을 조금만 아는 사람이라면 도무지 이해가 안 되는 문장이다. 조동사 뒤에 명사가 나오고 동사는 맨 뒤로 가 있고……. 이 문장을 고친답시고 All your money won't buy another minute라고 하면 소용없다. 그냥 관용적으로 All ~ buy로 쓰이는 것이다.

※ Culture Tips 1

"새 발의 피와 drop in a bucket"

새 발의 피는 사자성어로 조족지혈(鳥足之血)이다. 새의 발도 작은데 그 위에 피라니……. 아주 미세한 양을 말한다. 영어로는 drop in a bucket이라고 하는 '큰 물통에 물 한 방울' 격이니 작은 양임에 틀림이 없다. 노래 속에서 a drop in a water in an endless sea도 같은 비유이다. 통상 a drop in the sea 혹은 a drop in the ocean이라고 한다.

ex) Aid to the Third World is at present little more than a drop in the ocean.

(제3세계에 대한 원조는 조족지혈의 정도를 겨우 벗어난 것이라 할 수 있다.)

※ Culture Tips 2

"황당무계한 문장 배열의 예"

Better late than never! (늦었다고 생각할 때가 가장 빠른 거야!)
어느 학생이 학교에 지각하였다. 그때 교사는 다음과 같이 말할 수 있다.
Better late than never! (결석보다는 지각이 100배 낫지!)

친구의 생일선물을 깜박 잊고 챙기지 못했는데 나중에 줄 기회가 생겼다. 그때도 Better late than never!라고 할 수 있다. '늦었지만 축하한다'는 뜻이다. 여하튼 이 표현은 '늦게라도 ~을 하게 되어 참 다행이다'라는 뜻이다. 한마디로 만시지탄(滿時之

歎)의 감이 없지 않지만 잘 된 일이라는 뜻이다. 그런데 이 문장은 문법 애호가들이 보면 참으로 이상하다. 도무지 주어는 어디 있고 동사는 어디 있냐고 항변할 수 있다. 그래서 어떤 이는 Late is better than never라고 고쳐 쓰는 이도 있다. 하지만 구어체 용법에 따라 그냥 Better late than never!라고 하는 것이 옳다. 아니 그렇게 그들은 쓴다. 노래 속의 All your money won't another minute buy와 비교해보면 좋을 것이다.

Step Ⅵ: Grammar Catch

1 all your money won't another minute buy.

→ 이 문장을 영어 문장구조에 따라 다시 배열하면 다음과 같다.

all your money won't **buy another minute**.

이처럼 3형식의 문장으로서 동사 'buy'와 목적어 'another minute'가 술부를 형성하는 형식을 갖추고 있다. 그러나 가사에서는 술부의 동사와 목적어의 위치를 바꾸어서 서술하였다. 이는 문법적인 접근보다는 곡의 가사들을 배열하면서 영어의 시적 운율을 감안하여 재배치된 것이라고 볼 수 있다. 즉, 동사 'buy'와 바로 앞서 가사의 단어 'sky' 간의 전체적인 운율의 균형을 맞춘 것이라고 볼 수 있다. 'sky[스카이]'와 'buy[바이]'에 있는 '아이' 발음을 운율로서 맞추기 위하여 'buy another minute → another minute buy'로 변환된 것으로 보면 문법적인 설명이 반드시 있을 필요는 없을지 모르겠다. 이처럼 이 곡에서 가사의 운율 배치를 위하여 끝소리가 동일하게 발음되는 단어들로 배치한 모습을 전체적으로 표시해보기로 하겠다.

I close my eyes

only for a moment and the moment's gone

All my dreams

pass before my eyes, a curiosity

* Dust in the wind

All they are is dust in the wind *

Same old song

just a drop of water in an endless sea

All we do

crumbles to the ground though we refuse to see

* Dust in the wind

All we are is dust in the wind *

Now don't hang on

nothing lasts forever but the earth and sky

It slips away

and all your money won't another minute buy

2 Nothing lasts forever but the Earth and sky

→ 'but' 다음에 위치한 내용을 제외한 나머지를 가리키는 표현이다.

<'but'에 근접하는 유사한 의미를 가진 표현들>

A. far from (결코 ~이 아닌, ~이기는커녕)

All the contents of your presentation is far from satisfactory.

(당신의 발표자료 내용은 전혀 만족스럽지 못합니다.)

Jane was far from having a command of English writing.

(Jane은 영어 작문에 결코 능하지 못했다.)

It is far from true that Jack is innocent.

(Jack이 결백하다는 것은 결코 사실이 아니다.)

B. free from (~ 이 없는)

Yesterday the nurse was completely free from her duty.

(그 간호사는 오늘 완전히 비번이었다.)

This place is quite free from any danger.

(여기는 어떤 위험도 없는 곳이다.)

His answers on the test were is free from mistakes.

(그의 답은 조금도 틀린 곳이 없었다.)

All the Christians believe that Heaven is the place free from pain, free from disease, free from fear, and free from prejudice.

(기독교인은 천국을 고통이 없고, 질병이 없고, 두려움이 없고, 편이 없는 곳이라고 믿는다.)

C. the last person (결코 ~하지 않는 사람)

Everyone knows that Jack is the last person to violate the law.

(Jack은 결코 법을 어길 사람이 아니라고 알려져 있다.)

Jack must be the last person to betray his friends.

(Jack은 친구를 결코 배신할 사람이 아니다.)

Maybe I'd be the last man the students want to meet after graduation.

(아마 나는 학생들이 졸업 후에 결코 만나고 싶지 않을 사람일 것이다.)

D. anything but (결코 ~이 아닌)

The questions of mathematics are anything but easy for me.

(수학 문제는 내게 결코 쉬운 것들이 아니다.)

I will talk about all the issues but the problems of war.

(나는 결코 전쟁에 대해서는 논하지 않을 것이다.)

The members of the department are anything but scholars.

(그 학과 사람들은 결코 학자는 아니다.)

E. not A but B (A가 아니고 B이다)

It is not the time but the will that is wanting.

(부족한 것은 시간이 아니고 의지다.)

The goal of science is not to develop techniques but to improve spirit.

(과학의 목적은 기술을 발달시키는 것이 아니라 정신을 향상시키는 것이다.)

Young as he looked Jack is not a student but a teacher.

(아무리 어려 보여도 Jack은 학생이 아니고 선생님이다.)

3 All my dreams Pass before my eyes, a curiosity

→ 여기서 'all'은 뒤에 복수명사를 수반하여 전체적으로 복수의 의미를 가리키고 있기 때문에 동사 'pass'에 단수형을 가리키는 's' 가 첨가되지 않았다.

<all의 용례와 every의 용례>

A. every 뒤에는 단수명사를, all 뒤에는 복수명사를 쓴다.

Every child needs love of parents.

All children need love of parents.

B. all 뒤에는 관사나 소유격 등이 오고 명사가 올 수 있으나, every 뒤에는 이런 것들이 오지 못하고 바로 명사가 온다.

all + 관사, 소유대명사 + 명사　　　(o)

every + 관사, 소유대명사 + 명사　　(x)

All the lights were out.　　　(o)

Every the lights was out.　　　(x)

C. all은 셀 수 없는 명사와 같이 쓰일 수 있으나 every는 그렇지 못하다.

all + 불가산명사　　(o)

every + 불가산명사　(x)

I like all music.　　(o)

I like every music.　(x)

Memo Pad 〈some과 any에 대하여〉

① some과 any는 '약간의, 얼마간의'라는 막연한 숫자를 나타낸다. some은 주로 긍정문에 쓰이고 any는 부정문이나 의문문에 쓰인다.

I want some money to buy the books.
(책을 살 돈이 조금 있으면 한다.)
Do you want any money to buy the books?
I don't want any money to buy the books.

② 확인이나 권하는 내용에서는 의문문이라도 some을 쓸 수 있다.

Have you brought some paper and a pen?
(종이를 지참했는가에 대하여 확인하는 질문이다.)

Would you like some more tea?
(마실 것을 권하는 질문이다.)

③ never, little, hardly, without 등의 부정 의미 표현과 any를 같이 쓸 수 있다.

He will never give me any help.
(그는 내게 어떤 도움도 주지 않을 것이다.)
There's hardly any paper in the copy machine.
(복사기 안에 종이가 거의 없다.)
We hope to arrive in the city without any trouble.
(아무 문제없이 그 도시에 도착하기를 바란다.)
Under this situation it's no use talking to any people.
(이런 시점에 어떤 사람들에게도 말을 한다는 것은 소용이 없다.)

4 All we do Crumbles to the ground

All we are is dust in the wind

→ 여기서 'all'은 전체를 통틀어 가리키는 의미를 포함하고 있다. 따라서 'all we are'가 단수인 것이 아니라, 'all'이 가리키는 의미가 단수로서 해석되기 때문에 단수형 's'가 동사 'crumble'에 붙었고, 단수형 'be' 동사형인 'is'가 사용되었다.

<'All'을 단수 의미로 사용하는 용례에 대하여>

A. 'all' 다음에 관계대명사절이 올 때 단수취급을 한다.

All I want is your love.
(내가 원하는 것은 너의 사랑뿐이야.)
All we could do was to wait for his response.
(그의 응답을 기다리는 것 이외에 달리 도리가 없었다.)

B. 'whole'의 개념과 동일하게 '모든 것, 만사'를 의미하면 단수가 된다. 'whole'은 'the whole of'로 쓸 수 있으며 특히 대명사나 고유명사 앞에

서 사용된다. 'all of'도 같은 의미를 줄 수 있다.

The whole of Venice was under water.

All of Venice was under water.

Memo Pad 〈all과 whole의 차이에 대하여〉

① '모두' 혹은 '전부'를 나타내지만, 어순이 다르다.

> the + whole + 명사
> all + the + 명사

Jane spent the whole weekend at her office.
Jane spent all the weekend at school.

② all 뒤에는 부정관사 a(an)를 쓰지 않는다. whole 앞에는 가능하다.

> a + whole + 명사   (o)
> all + a + 명사   (x)

She's eaten a whole loaf.   (o)
She's eaten all a loaf.   (x)

③ 셀 수 없는 명사 앞에서는 all을 주로 쓴다.

> all + the + 불가산명사   (o)
> the + whole +불가산명사   (x)

I've drunk the whole milk.   (x)
I've drunk all (of) the milk.   (o)

C. 'all' 뒤에 장소가 오면 그 장소 '모든 부분 혹은 전체'를 나타낸다.

All London was talking about her affairs.

I've been round all the village (where I was) looking for the cat.

D. all ~ not ~ (모든 ~이 ~인 것이 아닌)

All that glitters is not gold.

(빛나는 것이 반드시 금은 아니다.)

⇒ All is not gold that glitters.

Step Ⅶ: Workout Exercise

A ▪▪ Listen to the song and fill in the blanks.

01_ I _____ my eyes
only for a moment and the moment's gone
All my dreams
pass before my eyes, a _____.

02_ Same old song
just _____ water in an endless sea

03_ All we do
_____ to the ground though we _____ to see.

04_ Now don't _____.
nothing lasts forever but the earth and sky
It _____.
and all your money won't another minute buy

05_ Dust in the wind
_____ is dust in the wind
Dust in the wind
_____ is dust in the wind

B ▪▪ Choose the right answer for the questions.

01_ 이 노래를 사자성어로 표현하면? (   )

① 시의적절　　　　　② 인생무상
③ 유유자적　　　　　④ 사면초가

02_ 노래 속의 다음 표현에 대한 정확한 해석은? (　)

a drop of water in an endless sea

① 물 한 방울
② 작은 양
③ 망망대해
④ 비교우위

03_ 빈칸에 적당한 단어는? (　)

All we are _____ dust in the wind.
(우리는 바람에 날리는 먼지 신세입니다.)

① are　　　　　　② is
③ take　　　　　　④ get

04_ 밑줄 친 부분을 다른 단어로 바꾸면? (　)

Nothing lasts forever <u>but</u> the Earth and sky

① and
② however
③ except
④ only

05_ last의 용법이 다른 하나는? (　)

① It won't last.
② Nothing last forever.
③ I hope it will last.
④ He came at last.

23 | I.O.U.

Artist: Carry & Ron

You believe that I've changed your life forever
And you're never gonna find another somebody like me
And you wish you had more than just a lifetime
to give back all I've given you
And that's what you believe

* But I owe you
the sunlight in the morning
and the nights of all this loving
that time can't take away
And I owe you
more than life now, more than ever
I know that it's the sweetest debt
I'll ever have to pay *

I'm amazed when you say it's me you live for
You know that when I'm holding you
you're right where you belong
And my love, I can't help but smile with wonder
when you tell me all I've done for you
Cause I've known all alone

 * 반복 *

Step II : Between the Lines

당신은 내가 당신의 삶을 영원히 바꿔놓았다고 했죠.
그리고 나 같은 사람은 절대 만날 수 없을 것이라고 했죠.
그리고 내게서 받은 사랑을 돌려주는 데에는
평생을 바쳐도 부족하다고 했지요.

* 그러나 나는 당신에게
  아침햇살과 사랑스런 밤을 빚지고 있어요.
  시간이 앗아갈 수 없는 소중한 것들이죠.
  나는 당신에게 생명보다 더한 것을 빚지고 있고요.
  이 빚은 평생 동안 내가 갚아야 할 의무랍니다. *

  당신이 나를 위해 산다고 했을 때 좀 놀랐습니다.
  내가 당신을 품는 순간
  그곳이 당신이 있어야 할 장소입니다.
  당신이 내가 당신을 위해 한 일을
  소상히 기억했을 때 나는 웃음을 참지 못하겠더라고요.
  사실 나도 짐작은 하고 있었거든요.

  * 반복 *

 Artist Profile

Carry & Ron은 독일 듀엣이다. 영어가사이고 가수 이름도 영어여서 미국 팀으로 착각하는 분도 있으나 엄연히 독일 출신 그룹이다. 이들의 곡 「I.O.U.」는 처음 나왔을 때는 큰 인기가 없었으나 1990년대 중반 TV드라마 <애인>(유동근, 황신혜 주연)에 삽입이 되었는데, 한국인의 정서에 꼭 맞는 멜로디에 아름다운 가사가 결합되어 불후의 명곡이 되었다. 사랑하는 남녀가 서로가 서로에게 은혜를 입었다며 주거니 받거니 하는 사랑의 세레나데이다.

Step III : Words and Idioms

1. owe: ~에게 지불해야 한다, 빚이 있다 (to have to pay)

   ~에게 은혜를 입고 있다, 신세지고 있다

   ex) He owes me $20 for my work.

   (그는 내게 일의 대가로 20달러를 지불해야 한다.)

   We owe our parents a lot.

   (우리는 부모님께 많은 은혜를 입고 있다.)

2. lifetime: 일생, 생애, 평생

   ex) He was sentenced to a lifetime in prison.

   (그는 무기징역을 선고받았다.)

3. amaze: 깜짝 놀라다 (to feel with great surprise)

   ex) I am amazed by the news.

   It amazed me to hear that you were leaving.

4. hold: 동 붙잡다, 차지하다

   ex) He holds a half share in the business.

   (그는 그 사업의 주식 절반을 자기 몫으로 갖고 있다.)

   The dog held the newspaper in his mouth.

   (개가 입으로 신문을 물고 있었다.)

5. can't help but: ~하지 않을 수 없다.

   ex) When I heard the news, I couldn't help but cry.

   (그 소식을 듣고 울 수밖에 없었다.)

Step Ⅳ : Pronunciation Drill

1　that I've changed your life: [ðæt aiv tʃeindʒid yə laif]

　　that의 /t/는 /r/로 변하고 changed의 /d/와 your의 /y/가 동화작용을 일으켜서 [ðæ raiv tʃeindʒi-dyə laif]가 된다.

2　find another somebody like me: [faind ənaðər səmbadi laik mi]

　　find의 /d/가 자음이동하여 [fain-də]가 되고 somebody의 /d/는 /r/로 변한다. 따라서 [fain-dənaðə-səmbari-laik-mi]가 된다.

3　But I owe you: [bət ai ɔ yə]

　　but의 /t/는 /r/로 변하여 [bəra ɔ yə]가 된다.

4　that it's the sweetest debt: [ðæt its ðə switist det]

　　that의 /t/는 단타음현상에 의해 /r/로 변한다. 그리고 sweetest에서 앞의 /t/는 /r/로 뒤의 /t/는 묵음이 된다. 따라서 [ðæ-rits-ðə-swiris-det]과 같이 발음한다.

5　I'm amazed: [am əmeiʒd]

　　I'm의 /m/이 자음이동하여 [a-məmeiʒd]가 된다.

6　have to pay: [hæv tu pei]

　　have의 /v/는 뒤에 나오는 무성음 /t/의 영향으로 [hæf]로 발음된다.

　　ex) I have to go. [hæf]

　　　　I have a pen. [hæv]

Step Ⅴ : Expression Checklist

☐1 I. O. U.

(나는 당신에게 신세지고 있어요.)

I owe you를 약어로 쓴 것이다. 'A에게 B를 신세지다'는 I owe A B가 된다. "I owe you a gratitude"라고 하면 "은혜를 입었다"가 되고, "I owe you an apology"라고 하면 "사과드릴 것이 있다"라는 뜻이 된다.

☐2 you wish you had more than just a lifetime to give back all I've given you.

(내가 드린 것에 대해 보상하려면 평생도 부족하다고 했죠.)

I've ~ 는 all을 수식하고 to give ~ 는 lifetime을 수식한다. 내가 당신에게 준 것에 대해 갚기 위해 평생(lifetime)이란 시간도 부족하다고 말한다.

☐3 I owe you the sun light in the morning and the nights of all this loving that time can't take away.

(나는 당신께 시간이 앗아갈 수 없는 아침햇살과 아름다운 밤을 빚지고 있어요.)

관계대명사의 형용사절 that time ~ 의 선행사는 the sunlight ~ loving이 된다. I owe A B(A에게 B를 신세지다)의 용법으로 보면 the sunlight ~ 끝까지가 B에 해당한다.

☐4 I owe you more than life more than ever.

(나는 당신에게 목숨보다 더 한 것을 빚졌어요.)

이 노래 전반에 흐르는 분위기는 한마디로 '빚을 지고 있다', '은혜를 입고 있다'이다. 여기서는 life, 즉 생명과 목숨을 빚지고 있다고 해서 참으로 처절한 사랑이라 하지 않을 수 없다.

☐5 I know that it's the sweetest debt I'll ever have to pay.

(내가 평생 갚아야 할 즐거운 채무입니다.)

이 세상에 빚(debt)이 즐거운 사람이 있을까? 하지만 이 노래의 주인공은 연인에게 진 빚은 기꺼이 행복한 마음으로 갚아나가겠다고 한다(하기야 돈이 아니고 사랑으로 갚는 것이니 그럴 법도 하다). 단순히 I love you라고 하지 않고 이렇듯 시적으로 표현한 것에 대해 놀라움을 금할 수 없다(I can't help but wonder!).

6 You know that when I'm holding you. you're right where you belong.

(내가 당신과 함께하는 동안은 이곳이 바로 당신 집입니다.)

hold는 원래 주로 "(손으로) 잡다"는 뜻이지만 여기서는 "함께 한다"는 뜻이 강하다. "You're right where you belong"은 "당신이 꼭 있어야 할 곳에 있다", 즉 "제대로 된 곳을 찾아왔다"는 의미이다.

7 I can't help but smile with wonder / when you tell me all I've done for you / Cause I've known all alone.

(나는 절로 웃음이 나왔는데 당신이 당신을 위한 내 행동을 지적했을 때 실은 나도 모두 알고 있었기 때문이죠.)

다소 장황한 번역이 되었는데 위에 사선표시(slash)해놓은 대로 끊어서 번역하면 아무 무리가 없다. 그냥 위에서부터 순서대로 번역하면 된다.

1. I can't help but smile with wonder
    (나는 놀라움에 웃음이 나왔다.)

2. when you tell me all I've done for you
    (내가 당신을 위해 한 것을 당신이 일일이 지적했을 때)

3. Cause I've known all alone
    (실은 모두 알고 있었으니까요)

1, 2, 3을 번역한 뒤 적절하게 뜻을 연결하면 된다.

Step Ⅵ: Grammar Catch

1 I.O.U.라고 써도 괜찮은지요?

이 표현은 'I OWE YOU'에서 각 단어의 앞 글자만을 따서 단어처럼 만든 것이다. 이처럼 새로운 단어를 만드는 것과 같이 영어에는 본래 단어들의 앞 글자만을 추려서 또 다른 표현을 만드는 예를 많이 볼 수 있다. 이처럼 형성된 단어를 일컬어 '두문자어'(頭文字語)라고 하는데, 영어로는 'acronym'이라고 한다. 영어 형태론에서는 이처럼 단어가 형성되는 예들로서 요사이 매스컴을 통하여 많이 소개되고 있다.

AI   -   Avian Influenza
SARS -   Severe Acute Respiratory Syndrome
SRM -   Specified Risk Material

2 I know that it's the sweetest debt (that) I'll ever have to pay.

A. 형용사절

명사 뒤에서 해당 명사를 수식하며, 관계대명사 또는 관계부사에 의하여 유도된다.

Ⅰ. 관계대명사

He has a son **who is three years old.**

(그는 세 살 난 아들이 있다.)

I have got the book **which you want.**

(당신이 원하는 책을 가지고 있습니다.)

Ⅱ. 관계부사

I remember the night **when you met me.**

(네가 나를 만난 그 날 밤을 나는 기억하고 있다.)

The exact time **when it happened** is not known.

(그것이 일어난 정확한 시간은 모른다.)

B. 관계대명사

현대영어에서 관계대명사라고 불리는 것에 who, which, that, what 등이 있고 경우에 따라 as나 but 등도 관계대명사 용도로 쓰인다. 관계대명사의 용례는 둘로 분류된다.

Ⅰ. 제한적(restrictive)

(기능)

제한적 관계대명사란 앞서 있는 명사인 선행사(antecedent)에 대하여 어떠한 제한이나 한정을 가하는 기능이 있을 때 제한적 관계대명사절이라고 한다.

(현상)

전자의 경우에 있어서는 선행사와 관계절 사이가 긴밀하므로 양자 사이에 발음할 때 선행사와 관계대명사 사이에는 휴지(pause)가 없다.

(예)

that, who, which 등

What is the name of the boy *who* brought us the letter?

(우리에게 편지를 전하는 소년의 이름이 무엇이냐?)

The next winter *that* you will spend in town will give you a good opportunity to work in the library.

(마을에서 보내는 다음 겨울에는 도서관에서 일할 수 있는 좋은 기회를 얻을 수 있을 거야.)

Ⅱ. 비제한적 용법(non-restrictive uses) 또는 연속적(continuative) 용법

(기능)

비제한적 관계대명사는 선행사에 대하여 아무런 제한이나 한정을 가하지 않고, 내용적으로 선행사의 의미를 보충하거나 기술적인 설명을 부연하는 것을 이른다.

(현상)

선행사와 관계절의 연관 관계가 비교적 거리가 있기 때문에 양자 사이에 'comma' 부호를 삽입한다.

(예)

who, which

I like to chat with the boy, *who* is a clever fellow.

(그 아이와 말하고 싶은데, 정말 똑똑한 친구야.)

The next winter, *which* you will spend in town, will give you a good opportunity to work in the library.

(다음 겨울은 마을에서 보낼 터인데, 도서관에 일할 좋을 기회가 있을 거야.)

C. 영어 문법에서 문장의 종류를 분류할 때 관계대명사 첨가 여부에 따라서 다른 종류의 문장으로 나누어진다.

Ⅰ. 혼합문

복문과 중분이 뒤섞여 있는 것을 가리켜서 혼합문이라 할 때가 있다.

<u>She bought the book **that** Jack recommended</u> **but** <u>actually he didn't read it.</u>

                복문   접속사   단문

⊢ →→→→→→→→→→→ 중문 ←←←←←←←←←←←←←←←←←←┤

(그녀가 Jack이 추천한 책을 샀다. 그렇지만 그는 사실 그 책을 읽지 않았다.)

Memo Pad 〈구조에 의한 문의 분류〉

단문 (simple sentence)
복문 (complex sentence)
중문 (compound sentence)
혼합문 (compound—complex sentence)

① 단문
단문이란 내부에 별도의 절을 없는 것으로서 주부와 술부로 형성되어 있다.

Birds sing.
(새가 운다.)
Flowers bloom.
(꽃이 핀다.)
He was lying alone. (SV)
(그는 홀로 누워 있었다.)
Swimming is his favorite sport. (SVC)
(수영은 그가 좋아하는 운동이다.)
He saw a hen with three chicks. (SVO)
(그는 세 마리의 병아리를 거느린 암탉을 보았다.)

② 복문
복문은 종속절을 거느리고 있다. 종속절은 대개 종속접속사를 수반하는 것이 보통이다.

I believe that he is innocent. (목적어)
(나는 그가 결백하다고 믿는다.)
This is the pen I bought yesterday. (pen수식)
(이것이 어제 내가 산 펜이다.)
This is the city where I was born. (city수식)
(이 도시가 내가 태어난 곳이다.)
I go for a walk when it is fine. (시간 표시)
(날씨가 좋을 때 산보하러 갑니다.)

③ 중문
두 개 이상의 대등절을 내포한다. 보통 대등접속사(for, or but, so, and)에 의하여 유도되는 문장이다.

I went to his house, **and** he came to mine. (and)
(나는 그의 집으로 가고, 그는 내 집으로 왔다.)
He is poor, **but** he is contented. (but)

(그는 가난하지만, 만족하고 있다.)

Is he guilty **or** innocent? (or)

(그는 유죄냐 혹은 무죄냐?)

He must be ill, **for** he is absent today. (for)

(그는 아픈 것이 틀림없다. 오늘 결석했으니까.)

3 it's me you live for.

→ 강조 구문으로 구성되어 있으며, 도치구문과도 연관이 있다.

It is ~~ that ~ (~한 것은 다름 아닌 ~이다)

It was Jane who spoke first in the class.

(수업에서 최초에 말을 한 것은 Jane이었다.)

It was in this coffee shop that I first met my wife in America.

→ In this coffee shop I first met my wife in America.

(내가 아내를 처음으로 만난 것은 이 커피숍이었다.)

It is the price that frightens him.

(그를 놀라게 한 것은 가격이었다.)

Memo Pad 〈구조에 의한 문의 분류〉

강조 구문처럼 가주어 'It'으로 시작하고 중간에 연결접사를 사용하는 몇 가지 표현 용례에 대하여 생각해보자.

① It is ~ for + 목적어 + to 동사

('목적어'에 해당하는 것이 ~할 필요는 없다.)

It is not necessary for him to attend the meeting.
(그가 회의에 반드시 참석할 필요는 없다.)

② It is ~ that + S(주어) +should ~ (S(주어)가 ~하는 것은 ~이다)

It is strange that you should disagree with me.
(네가 나와 의견을 달리한다는 것은 이상하다)

③ It is ~ whether ~ (~인가 아닌가는 ~이다)
It is doubtful whether they will come tomorrow.
(그들이 내일 올 것에 대해서 의심스럽다.)

④ It was not until ~ that ~ (~해서 비로소 ~하다)
It was not until yesterday that he finished his homework completely.
(어제서야 비로소 그가 자신의 숙제를 완전하게 끝냈다.)

It was not until the 18th century that novel began to appear as a independent genre of literature.
(18세기가 되어서야 비로소 소설이 문학의 독립적인 장르가 되었다.)

⑤ It is said that ~ (~라고 한다, ~인 듯하다)
It is said that the singer was once an idol of young persons.
(그는 한때 젊은 사람들의 우상이었다고 한다)

④ it's the sweetest debt

→ 영어에서 최상급을 표현할 수 있는 여러 가지 표현 방식을 생각해본다.

A. as ~ as + 명사 + ever (더 이상 없이 ~)

My father is as honest a man as ever lived.
(그는 세상에 드문 정직한 사람이다.)

Shakespeare was as great a drama writer as England ever produced.
(Shakespeare는 영국이 낳은 가장 위대한 희곡 작가였다.)
→ Shakespeare was one of the greatest drama writers that England had ever produced.

B. 비교문 + than any other ~ (다른 무엇보다도 ~하다)

Mt. Everest is higher than any other mountain in the world.
(에베레스트 산은 세계에서 제일 높은 산이다.)

→ Mt. Everest is the highest of all the mountain in the world.
→ Mt. Everest is as high as any mountain in the world.
→ No other mountain in the world is higher than Mt. Everest.
→ No other mountain in the world is so high as Mt. Everest.

C. Nothing is more ~than ~ (~보다 ~한 것은 없다)

Nothing is more important than time.
(시간보다 중요한 것은 없다.)
→ Nothing is so important as time
→ Time is the most valuable thing.

D. No other ~ more than ~ (~만큼은 없다)

No other animal is bigger than a whale on the Earth.
(지구상에서 고래만큼 큰 동물은 없다.)
→ No other animal is so [as] big as a whale.
→ A whale is the biggest animal.

E. not as ~ as ~ (~만큼 ~하지 않은)

His attitude was not so bad as I was worried about.

(그의 태도는 내가 걱정했던 것만큼 나쁘지는 않았다.)

Jack is not so old as he looks.

(Jack은 외모만큼 나이 들지 않았다.)

Step VII: Workout Exercise

A ▪▪ Listen to the song and fill in the blanks.

01_ You _____ that I've changed your life forever
And you're never gonna find another somebody like me
And you wish you had more than just a lifetime to _____ all
I've given you

02_ But _____.
The sun light in the morning and the nights of all this loving
that time can't _____.

03_ And _____.
more than life now, more than ever
I know that it's the sweetest _____.
I'll ever _____.

04_ I'm amazed when you say
_____ you live for
You know that when I'm holding you
you're right where you _____.

05_ And my love, I can't help but smile
with _____ when you tell me
all I've done _____.
Cause I've known all alone

B▪▪ Choose the right answer for the questions.

01_ 이 노래의 주제는? (　)

① 형제우애　　　　　② 부자유친
③ 각골난망　　　　　④ 희로애락

02_ 노래속의 I.O.U. 뒤에 생략됐을 단어는? (　)

① apology　　　　　② money
③ gratitude　　　　　④ nothing

03_ 빈칸에 맞는 표현을 고르시오. (　)

I can't help but _____.
(울 수밖에 없었어요.)

① to cry　　　　　② crying
③ cry　　　　　　　④ cried

04_ 빈칸에 맞는 표현은? (　)

No _____ you are hurt.
(네가 아픈 것도 당연해.)

① wondering　　　　② wondered
③ wonder　　　　　④ to wonder

05_ 빈칸에 알맞은 단어를 고르시오. (　)

It's me you live _____.
(당신은 내가 사는 이유입니다.)

① at　　　　　　　② by
③ for　　　　　　　④ in

24 | Living Next Door To Alice

Artist: Smokie

Sally called when she got the word
She said "I suppose you've heard about Alice"
Well, I rushed to the window
and I looked outside
Well, I could hardly believe my eyes
as a big limousine rolled up into Alice's drive

* Oh, I don't know why she's leaving or
where she's gonna go
I guess she's got her reasons,
but I just don't wanna know
cause for twenty four years
I've been living next door to Alice
Twenty four years just waiting for a chance
to tell her how I feel and maybe get a second glance
Now I gotta get used to not living next door to Alice *

We grow up together, two kids in the park
Carved our initials deep in the park,
me and Alice
Now she walks through the door with her head held high
Just for a moment I caught her eyes
as a big limousine pulled slowly out of Alice's drive

* 반복 *

Then Sally called back and asked how I felt
She said "I know how to help get over Alice"
She said, "Now Alice is gone but I'm still here.
You know, I've been waiting twenty four years"
And the big limousine disappeared.

    * 반복 *

(No, I'll never get used to not living next door to Alice)

Artist Profile

Smokie는 유독 한국을 비롯한 Asia 국가에서 인기가 좋다. Chris Norman의 흐느끼는 듯한 vocal이 큰 인상을 남겼다. 그들의 전성기는 1970년대 중반 3~4년이 고작이었지만 Soft Rock에 바탕을 둔 음악은 많은 한국 팬을 갖고 있다.
이 곡은 주인공이 옆집에 사는 Alice를 24년간 짝사랑했는데 어느 날 그녀가 결혼하기 위해 집을 떠나 것으로 시작된다. 24년간의 추억이 고스란히 묻어 있는 노래이다. 하지만 Alice의 친구 Sally가 똑같이 24년간 노래의 주인공을 기다리고 있었으니 …….

샐리가 전화를 해서 할 얘기가 있다고 하네요.
그리곤 그녀가 말하길
"앨리스에 대해서 들었을 거야."
저는 급히 창문으로 달려가서 밖을 보았죠.
저는 도저히 믿을 수 없었어요.
커다란 리무진이 앨리스네 주차장으로 빨려 들어가네요.

* 아, 나는 그녀가 왜 떠났는지, 어디로 가는지
  그녀는 이유가 있겠지만 저는 알고 싶지 않아요.
  24년간 이웃집 소녀 옆집에 살았거든요
  24년간 기회를 엿보면 내 감정을
  얘기하고 싶었는데 이제 와서 마지막
  떠나는 모습을 보며
  다시는 앨리스와 이웃하며 살 수 없다고 생각하니 괴롭습니다. *

우린 함께 자랐죠.
두 명의 어린이는 공원 어디엔가
우리의 이름을 새겼어요.
나와 앨리스라고
이제 그녀는 당당히 문을 나서고
잠시 그녀와 눈이 마주쳤죠.
그리고 큰 리무진은 천천히 앨리스네 주차장을 빠져나갑니다.

* 반복 *

샐리가 다시 전화를 했어요.
그리고 내 기분을 물어봤죠.
그녀는 "내가 너의 슬픔을 잊도록 도와줄게"라고 했습니다.
그녀는 "앨리스는 갔고 나도 24년을 기다렸어"라고 했습니다.
그리곤 앨리스가 탄 차는 시야에서 벗어났어요.

* 반복 *

Step III: Words and Idioms

① rush: 돌진하다

  ex) The reporter rushed to the scene of the accident.

    (리포터는 사고현장으로 달려갔다.)

② hardly: 團 거의 ~ 하지 않다

  ex) I gained hardly anything.

    (거의 아무것도 얻지 못했다.)

    This is hardly the time for going out.

    (지금은 외출할 시간이 아니다.)

③ roll up: 걷어 올리다

  → 여기서는 Alice가 차에 타는 것을 묘사하였다.

  ex) roll up the window: 창문을 올리다

    roll up the sleeves: 소매를 걷어 올리다

④ glance: 團 흘끗 봄, 일견(一見), 얼핏 봄 (swift look)

  ex) at a glance: 한 눈에

    at first glance: 처음 보고

⑤ get used to: ~에 익숙하다

  ex) I got used to playing tennis once in a while.

    (나는 종종 테니스 치는 데 익숙했다.)

⑥ carve: 새기다

  ex) The couple carved their names on the trees.

    (커플은 그들의 이름을 나무에 새겼다.)

⑦ initials: 머리글자

  ex) initial signature: 첫 글자만의 서명

initial expenditure: 창업비용

8 get over: 극복하다

ex) I can get over anything when you want my love.

(당신만 날 사랑해주면 무엇이든 극복할 수 있어요.)

Step IV : Pronunciation Drill

1 about Alice: [əbaut ælice]

about의 /t/가 자음이동과 단타음현상에 의해 [əbau-rælis]가 된다. about을 약어로 'bout 혹은 'but으로 표기하기도 한다.

2 I looked out side: [ai lukt aut said]

looked[lukt]의 /t/가 자음이동해서 [luk-taut said]가 된다.

3 rolled up: [rəld əp]

rolled의 /d/가 자음이동하여 [rəl-dəp]이 된다.

4 I guess she's: [a ges ʃiz]

guess의 /s/와 she[ʃi]의 /ʃ/가 동화작용을 일으켜 [geʃiz]가 된다.

5 Alice: [ælis]

Alice의 /i/는 약모음화현상에 의해서 [æləs]로 발음된다.

6 kids in: [kidṣ in]

kids의 /s/가 자음이동하여 [kid-sin]이 된다.

7 carved our initials: [kavd auər iniʃəls]

carved의 /d/가 자음이동하고 our의 /r/이 자음이동하여 [kav-dauə-riniʃəls]가 된다.

Step Ⅴ : Expression Checklist

1. Sally called when she got the word.
   (샐리가 전화해서 할 얘기가 있다고 했어요.)

   흔히 우리나라 사람들은 'call = 부르다'로 번역하지만 call은 엄연히 '전화하다'이다.
   call one's name인 경우 '~의 이름을 부르다'가 된다.
   > ex) Did you call my name?
   >> (내 이름을 불렀나요?)

   I got the word with you라고 하면 '할 얘기가 있다'가 된다.

2. I could hardly believe my eyes.
   (나는 내가 본 것을 믿을 수가 없어요.)

   hardly는 '거의 ~하지 않다'의 뜻으로서 hard와 혼동해서는 안 된다. 비슷한 뜻으로
   scarcely와 barely가 있는데 scarcely는 hardly와 비슷하고(단, 주로 hardly가 쓰임)
   barely는 다소 부정적인 뜻으로 쓰인다.

3. A big limousine rolled up into Alice drive.
   (큰 리무진이 앨리스네 주차장으로 들어갑니다.)

   여기서 리무진은 아마도 신부를 태우러 온 의전차량일 것이다. roll up은 원래 소매
   를 '걷어 올리다'의 뜻인데 여기서는 큰 리무진이 빨려 들어가듯이 앨리스의 차고로
   들어가는 장면을 묘사한 것이다.

4. get a second glance.
   (한순간이라도)

접속사 if가 생략된 상태이다. 아니면 해석은 거의 불가능하다. 이렇듯 pop이나 영화처럼 구어체 표현이 많이 나오는 경우는 반드시 생략된 단어들이 있다. 해석할 때 그 점을 염두에 두고 해야 한다. 24년간 이웃에 살면서 "짧은 순간이라도 고백할 기회가 있었다면" 하고 아쉬워하고 있다.

⑤ I know how to help get over Alice.

(네가 앨리스에 대한 괴로움을 잊도록 도울 수가 있어)

여기서는 help 뒤에 you가 생략되었다. 네가 앨리스 문제를 극복하도록(get over) 내가 돕고 싶다는 것이다. get over는 '극복하다(recover)'의 뜻도 있고, 획득하다(gain)도 있는데 여기서는 전자의 뜻으로 쓰였다.

Step Ⅵ : Grammar Catch

① She said "I suppose you've heard about Alice"

She said "I know how to help get over Alice"

→ 화법에 대한 간단한 소개

A. 직접화법과 간접화법

직접화법

She said, **"I am busy"**.

(그녀는 '나는 바쁘다'라고 말했다.)

간접화법

She said that she **was busy**.

(그녀는 바쁘다고 말했다.)

B. 화법의 전환

직접화법을 간접화법으로 바꾸는 데는 다음 사항에 주의해야 한다.

첫째 - 전달되는 원문의 종류가 서술문인가, 의문문인가, 명령문인가를 정확하게 알고 있어야 한다.

둘째 - 원문의 발언자, 듣는 사람, 전달하는 사람과 전달 받는 사람과의 관계와 같이 누가 누구에게 한 말을 누가 누구에게 전달하는가 하는 내용이 확인되어야만 한다.

셋째 - 말한 때와 이것을 전달할 때의 시간적 관계를 알아야 한다.

넷째 - 말한 장소와 이것을 전달하는 장소와의 관계성을 살펴야 한다.

C. 서술문의 전달

Ⅰ. 간접화법을 형성하는 데 있어서 직접화법의 인용부(" ")를 제거하고 접속사 that을 쓴다.

He says, "I am ill and I cannot go."

He says *(that)* he is ill and *that* he cannot go.

(그는 몸이 불편하여 가지 않는다고 한다.)

Ⅱ. 전달동사가 과거에 속하는 동사일 경우에는 피전달문의 동사는 보통 시제의 일치의 법칙을 받는다.

He said, "I *am* ill."

He said that he *was* ill.

(그는 몸이 불편하다고 말했다.)

Ⅲ. 피전달문 안에 있는 대명사는 그것이 누가 누구에게 말하는가에 따라서 달라진다. 피전달자가 명시되어 있을 때 전달동사는 tell로 변한다.

He said to me, "You are kind."

He told me that I was kind.

(그는 나에게 '당신은 친절하세요'라고 말했다.)

He said to her, "You are kind."

He told her that she was kind.

(그는 그 여자에게 '당신은 친절하십니다'라고 말했다.)

I said to him, "I don't know your father."

I told him that I didn't know his father.

(나는 그에게 '나는 네 아버지를 모른다'고 말했다.)

2 hardly는 빈도부사이다. 문장 안에서 위치가 주요 관심사가 될 수 있다.

A. 빈도부사

ever, never, rarely, seldom, hardly ever

B. 빈도부사의 위치

- 조금 자유롭게 위치

frequently, occasionally, often, sometimes, usually, once, twice, repeatedly

- 위치에 제약이 있음

always, ever, never, rarely, seldom, hardly ever

Ⅰ. 일반 동사 앞에 주로 위치한다.

Jane sometimes stays up all night.

(Jane은 가끔 밤을 지새운다.)

Jane always comes on time.

(Jane은 항시 정시에 온다.)

Jane frequently asks questions of mathematics to Jack.

(Jane은 자주 Jack에게 수학문제에 관한 질문을 한다.)

Ⅱ. be 동사 뒤에 위치한다.

Jack is always in time for meals.

(Jack은 항상 식사 시간에 맞춘다.)

Jack is often late for school.

(Jack은 가끔 학교에 지각한다.)

III. 조동사 뒤에 위치한다.

They can never understand each other.

(그들은 서로를 결코 이해하지 못한다.)

They could hardly see the film because it is a horror.

(영화가 공포물이라서 그 영화를 거의 보지 못했다.)

You have often been told not to do that.

(그것을 하지 말라고 가끔 말을 듣곤 하였지.)

IV. 의문문에서는 조동사 + 주어 다음에 온다.

Have you ever ridden a horse?

(말을 타본 적이 있는가?)

V. used to, have to는 일반적으로 그 앞에 위치한다.

You hardly ever have to remind him of the promise.

(그에게 약속을 상기시킬 필요가 거의 없다.)

VI. 조동사 뒤에 아무런 요소도 없을 때는 빈도부사가 조동사 앞에 위치한다.

Can I leave my bike in front of the door? Yes, I usually can.

(문 앞에 자전거를 세워도 괜찮을까요? 항시 그렇게 하세요.)

Although he wants me to be ready when he comes, I very rarely am.

(자신이 올 때 준비가 돼있기를 바라지만 나는 거의 그렇지 못하고 있다.)

VII. 조동사를 강조할 때는 빈도부사가 조동사 앞에 위치한다.

Jack never can remember her phone number.

(Jack은 그녀의 전화번호를 전혀 기억하지 못한다.)

Jane hardly ever has visited the place.

(Jane은 거의 그곳에 가본 적이 없었다.)

VIII. 빈도부사 중 부정의 의미가 있을 때 부사 자체를 문장 앞에 놓아 주어-동사 도치를 유발시킨다.

Hardly ever did they give a speech in front of the audience.

(청중 앞에서 연설을 거의 할 수 없었다.)

Never have I heard of such a story so publicly.

(그렇게 공공연히 그런 말을 결코 들은 적이 없었다.)

 도치구문의 경우를 예로써 살펴보자.

Little did I expect that I would succeed in the project.

(그 계획에 성공하리라고 전혀 기대하지 않았다.)

Nowhere is clearer than in the lake of Alaska.

(그렇게 맑은 물은 알래스카 호수 말고 어디에도 없다.)

Not until last winter did I realize the danger of climbing the mountain.

(작년 겨울까지도 산을 탄다는 것이 위험하다는 사실을 몰랐다.)

Large as the palace was the king wanted to make it much bigger.

(궁전이 매우 넓음에도 불구하고 왕은 더 크게 짓기를 원하였다.)

③ a big limousine rolled up into Alice's drive

→ 형용사들이 명사 앞에서 수식하는 경우를 생각해본다.

형용사군의 순서

한 개의 명사를 수식하는 데 하나 이상의 형용사가 사용되는 경우 이들 형용사들 사이에는 정해진 순서가 있다.

   a. 견해(opinion)와 관련된 형용사

⇒ b. 크기(size), 모양(shape), 시간 정도(age), 색깔(color) 형용사

⇒ c. 발생 장소(origin)의 형용사

⇒ d. 재료(material)와 관련된 형용사

관사	a.견해	b.형태 묘사 형용사				c. 발생 장소	d. 재료	명사 수식어	명사
		크기	모양	시간	색깔				
the a(an) my	pretty	tall	flat	new	red	Korean	ebony	coffee	table

4 Now I gotta get used to **not living next door to Alice.**

→ get used to + ~ing와 is used to + 동사원형의 차이점

A. used to

과거에 반복법으로 했던 일을 묘사할 때 사용한다.

Jack used to drink beer a lot everyday, but now he quit.

(매일 맥주를 많이 마시곤 했지만, 지금은 끊었다.)

Although Jane is really friendly, she didn't used to speak with anybody.

(Jane이 매우 친절하지만, 예전에는 누구와도 말을 나누지 않았다.)

 would ~ (~하곤 했다: 불규칙적 습관)

'과거의 불규칙적인 습관'을 가리키며, often, sometimes를 동반하기도 한다.

We would often sit together and talk about the issue all night.

(우리는 종종 밤새도록 자지 않고 그 문제에 대하여 이야기를 하곤 했다.)

불규칙적인 행위

Jane and Jack would sometimes take a long walk along the street.

(Jane과 Jack은 길을 따라 오랫동안 산책하곤 했다.)

규칙적인 행위

Jane and Jack used to take walks along the street every evening.

(Jane과 Jack은 매 저녁마다 산책을 하곤 했다.)

B. be used to

특정 행위에 익숙해진 상태를 가리킨다.

Jane is used to the style of the fashion business.

(Jane은 패션 사업에 익숙해졌다.)

Jane is used to wearing the glasses that she bought last month.

(한 달 전에 산 안경에 익숙해졌다.)

→ 익숙해지다(accustomed, be familiar with)

5 Sally called when she got the word

She said, "I suppose you've heard about Alice"

Well, I rushed to the window

and I looked outside

→ 전화 연락을 받자마자 창가로 달려가는 모습에서 '～하자마자 곧'이라는 표현을 읽을 수 있다. 다음에는 이와 유사한 표현의 용례를 생각해 보기로 하겠다.

A. No sooner ～ than ～ (～하자마자 곧 ～)

No sooner had the baseball game started than it began to rain heavily.

(야구 시합을 시작하자마자 곧 비가 억수같이 내리기 시작했다.)

No sooner had Jane come home than she went to sleep in her room.

(Jane은 집에 오자마자 자신의 방에서 곧 잠들었다.)

B. hardly[scarcely] ~when[before]~ (~하자마자 곧 ~한)

hardly, scarcely의 뒤에는 '과거 완료시제'

when, before 뒤에는 '과거 시제'

Hardly had I left my office, when it began to snow.

(내 사무실을 나오자마자 곧 비가 오기 시작했다.)

C. the moment ~ (~ 하자마자 곧, ~하는 순간에)

The moment the plan was announced, a political rally was started.

(정책이 발표되자마자, 정치집회가 시작되었다.)

→ No sooner had the plan been announced, than a political rally was started.

→ Hardly had the plan been announced, when a political rally was started.

D. as soon as ~ (~ 하자마자 곧)

As soon as my son learned how to read, he began to ask questions to me.

(내 아들이 글을 배우자마자 내게 질문을 해대기 시작했다.)

As soon as Jane was informed that her mother was ill, she flew to Korea.

(어머니께서 아프시다는 연락을 받고는 곧 한국행 비행기에 올랐다.)

<앞에서 '동시'에 발생하는 상황을 설명하는 표현들의 연관성>

As soon as Jane returned from her school, she went upstairs.

(집에 돌아오자마자 곧 2층에 올라가버렸다.)

→ **No sooner** had Jane come from the school **than** she went upstairs.

→ **Hardly** had Jane returned from school, **when** she went upstairs.

→ **On returning** home, Jane went upstairs to sleep.

Step VII: Workout Exercise

A▪▪ Listen to the song and fill in the blanks.

01_ Well, I rushed to the window and I looked outside
Well, I could _____ my eyes
as a big limousine _____ into Alice's drive.

02_ I've been living next door to Alice
Twenty four years just waiting _____.
to tell her how I feel and maybe get a second _____.
Now I gotta get used to not living next door to Alice

03_ We _____ together, two kids in park.
Carved our initials deep in the park, me and Alice.

04_ Now she walks through the door with her head held high,
Just for a moment I caught her eyes
as a big limousine _____ of Alice's drive

05_ Then Sally _____ and asked how I felt
She said "I know how to help get over _____".
She said, now Alice is gone but I'm still here
You know I've been waiting twenty four years
And the big limousine disappeared.

B▪▪ Choose the right answer for the questions.

01_ 다음 중 이 노래에 등장하는 인물이 아닌 것은? (　　)

① Sally　　　　　　　　② Alice

③ I   ④ Tom

02_ 노래의 내용과 다른 것은? (   )

① I've lived near Alice.
② Alice is leaving.
③ Sally is marring.
④ Alice and Sally are friends.

03_ Why am I sad? (   )

① Because Alice is gone.
② Since Sally hates me.
③ Because Alice is back.
④ Since Sally is gone.

04_ 빈칸에 맞는 단어의 형태를 고르시오. (   )

I've gotta get used not _____ next door to Alice.

① lived
② living
③ to live
④ is living

05_ 올바른 영작을 고르시오. (   )

나는 내 눈을 의심할 수밖에 없었어요.

① I hardly could believe my eyes.
② I could hardly believe my eyes.
③ I could believe hardly my eyes.
④ Hardly I could believe my eyes.

지은이 소개

김형엽 (khyoub@korea.ac.kr)

서울 출생. 고려대학교 영문과 졸업. 동 대학원 영어학 석사. 미국 일리노이대학교(University of Illinois at Urbana-Champaign) 언어학 박사(음운형태론 전공). 1991년부터 고려대학교 인문대학 영문과 교수로 재직 중. 현대영어교육학회 회장. 고려대학교 국제어학원장 역임. 日本 中央大學校 人文科學 研究所 객원교수. 현 입학홍보처장.
저서로는 『인간과 언어』(한울), 『영문법의 실체와 이해』(고려대학교출판부), 『언어의 산책』(경진문화사), 『고등학교 교과서』(시사영어사) 등 다수가 있다.

곽영일 (powerenglish@hanmail.net)

방송영어 전문가. 고려대학교 석사 및 동 대학원 박사수료(응용언어학). 미국 오클라호마주립대학원 (University of Oklahoma at Norman) 수학(M.P.A.). 스탠포드경영대학원 수학(e-MBA). 1985년 MBC 생활영어를 시작으로 KBS 굿모닝팝스(1987-90), 걸프전 CNN 뉴스 동시통역(1991), KBS-TV 영어(1992-93), KBS 골든팝스(1993-97), SBS 파워영어(1999-2004) 진행. 1996년 세계음악박람회 최우수 영어 DJ상 수상. 상명여대, 건국대 초빙교수 역임. 현재 단국대 및 S.D.U. 겸임교수, 곽영일 영어나라 대표.

한울아카데미 1065

팝스 잉글리시 와이즈

팝송을 통한 7단계 영어학습법

ⓒ 김형엽·곽영일, 2008

지은이 | 김형엽·곽영일
자료조사·정리 | 이숙희
영문교정 | Allan Johnston

펴낸이 | 김종수
펴낸곳 | 도서출판 한울
편집책임 | 김현대

초판 1쇄 발행 | 2008년 9월 10일
2판 4쇄 발행 | 2012년 1월 20일

주소 | 413-756 파주시 문발동 535-7 302(본사)
         121-801 서울시 마포구 공덕동 105-90 서울빌딩 1층(서울 사무소)
전화 | 영업 02-326-0095, 편집 031-955-0606, 02-336-6183
팩스 | 02-333-7543
홈페이지 | www.hanulbooks.co.kr
등록 | 1980년 3월 13일, 제406-2003-051호

Printed in Korea.
ISBN 978-89-460-4322-0 93740

* 책값은 겉표지에 표시되어 있습니다.

부록 CD에 수록된 곡은 원곡의 커버곡입니다.

CD에는 MP3 파일이 들어 있으며, 일반 오디오에서는 재생되지 않습니다.